Qiye Nashui Guanli

企业纳税管理

田淑华　主编

东北财经大学出版社
Dongbei University of Finance & Economics Press

大连

图书在版编目（CIP）数据

企业纳税管理/田淑华主编. —大连：东北财经大学出版社，2015.8
（2017.2重印）
ISBN 978-7-5654-2040-5

Ⅰ．企… Ⅱ．田… Ⅲ．企业管理-税收管理-中国 Ⅳ．F812.423

中国版本图书馆CIP数据核字（2015）第167340号

东北财经大学出版社出版
（大连市黑石礁尖山街217号　邮政编码　116025）
网　　　址：http：//www.dufep.cn
读者信箱：dufep@dufe.edu.cn

大连理工印刷有限公司印刷　　　东北财经大学出版社发行
幅面尺寸：170mm×240mm　字数：303千字　印张：14.5　插页：1
2015年8月第1版　　　　　　　2017年2月第2次印刷
责任编辑：李智慧　李　栋　王　玲　　　责任校对：何　莉
封面设计：冀贵收　　　　　　　　　　　版式设计：钟福建

定价：30.00元

前　言

目前，我国大学本科经济、管理类学科中，非税收专业开设的税收类课程主要是"国家税收"或"税法"，这两门课程的内容差异不大，主要以流转税、所得税、财产税、资源税和行为目的税为主线，讲授我国目前开征的各税种相关知识。学生通过"国家税收"或"税法"课程的学习，可以系统地掌握各税种的构成要素。但是仅仅一门"国家税收"或"税法"课程不能满足实际工作对经济管理人员税务知识的需要。随着税收法制化进程的加快，企业应该进行更高层次的纳税管理。"企业纳税管理"课程能够更好地体现应用型人才的培养目标。

企业纳税管理是指企业为了实现财务管理目标，运用科学的管理手段与方法，对企业涉税事项进行计划、组织、协调、控制，以实现规范纳税、规避纳税风险的目标。因此，"企业纳税管理"课程能够更好地让学生掌握企业工作所需的税务知识。但是，目前此类教材并不多见。因此，本书编写组精心编写了《企业纳税管理》，相信本教材的出版可以满足这一课程的用书需要。

《企业纳税管理》教材是配合"企业纳税管理"课程的教学用书。该教材的主要内容包括：企业经营活动的纳税管理、企业纳税筹划管理、企业纳税业务的核算管理、企业同税务机关征纳关系的管理以及企业纳税风险管理，即教材的第二章至第六章。第二章从企业设立活动的纳税管理开始，进入日常经营活动的纳税管理，至清算活动的纳税管理结束。企业日常经营活动的纳税管理是企业纳税管理的中心环节与核心内容。企业经营活动的纳税管理理应包括企业纳税筹划管理，但鉴于企业纳税筹划管理的重要性，本教材在第三章中对其进行单独讲述。企业纳税筹划管理内容重要且技术性强，本教材在第三章中通过大量的例子进行了说明。第四章是企业纳税业务的核算管理，本章将企业涉税事项的会计核算进行了系统化归类，注重会计核算与税法差异的处理。第五章为企业与税务机关的征纳关系管理。企业与税务机关是税收法律关系主体的两个方面，企业在接受税务机关税务管理时要积极同税务机关进行沟通，接受税务机关对企业纳税工作的指导，当与税务机关产生争议时，必须寻求适当、有效的方式及时予以解决，以最大限度地确保企业的利益。第六章为企业纳税风险管理。通过对纳税风险的管理，可以及时纠正企业纳税活动中存在的错误，最大限度地降低纳税风险，保证企业纳税管理总目标的实现。

本教材的主要特点是：第一，注重同"企业纳税管理"前期课程"国家税收"或"税法"课程的知识衔接；第二，注重企业纳税管理过程中的实务操作性，并通过大量案例进行说明；第三，注重教材的实用性，将练习题答案作为电子资源提供给读者，方便读者检测学习效果。

本教材由主编田淑华对全书进行了总体的设计与安排，并负责第二章的编写，其余作者的具体分工如下：第一章由王晓军编写；第三章由伊虹编写；第四章由李川编写；第五章由王建聪编写；第六章由李凯英编写。

2015 年 8 月东北财经大学出版了本教材。2016 年 5 月 1 日全面实施"营改增"后，教材的很多内容需要修改。2016 年 11 月，编者根据"营改增"的最新政策对本书进行了全面的修改。

由于"企业纳税管理"是一门新课程，本书在诸多方面会存在一些疏漏或不足之处，希望读者给予指正。

编　者
2016 年 11 月

目　录

第一章　企业纳税管理概述 1
第一节　企业纳税管理的概念和特点 1
第二节　企业纳税管理的原则和内容 5
第三节　企业纳税管理的工作基础 9
　　　　思考题 16
　　　　练习题 16

第二章　企业经营活动的纳税管理 18
第一节　企业设立的纳税管理 18
第二节　企业采购活动的纳税管理 20
第三节　企业生产或营运活动的纳税管理 25
第四节　企业销售活动的纳税管理 28
第五节　企业经营成果形成与分配的纳税管理 36
第六节　企业筹资活动的纳税管理 40
第七节　企业投资活动的纳税管理 42
第八节　企业重组的纳税管理 47
第九节　企业清算的纳税管理 53
　　　　思考题 55
　　　　练习题 56

第三章　企业纳税筹划管理 61
第一节　纳税筹划的成本与收益分析 61
第二节　增值税的纳税筹划 70
第三节　消费税的纳税筹划 95
第四节　企业所得税的纳税筹划 105
第五节　个人所得税的纳税筹划 123
第六节　其他税种的纳税筹划 129
　　　　思考题 143
　　　　练习题 144

第四章　企业纳税业务的核算管理 161
第一节　增值税涉税业务的会计处理 161
第二节　消费税涉税业务的会计处理 177
第三节　企业所得税涉税业务的会计处理 182

第四节　个人所得税的会计处理　　186
第五节　其他税种的涉税会计处理　　188
　　　　练习题　　195
第五章　企业与税务机关的征纳关系管理　　202
第一节　企业日常纳税活动与税务机关的协调　　202
第二节　企业接受纳税评估与税务机关的协调　　205
第三节　企业接受税务检查时与税务机关的协调　　208
　　　　思考题　　215
　　　　案例分析题　　215
第六章　企业纳税风险管理　　216
第一节　企业纳税活动的相关风险　　216
第二节　企业纳税风险管理的主要内容　　219
　　　　思考题　　225
　　　　案例分析题　　225
主要参考文献　　226
附录　相关税收法规　　227

第一章

企业纳税管理概述

企业纳税管理是企业内部管理者为了实现企业利益最大化，依据国家法律法规，运用科学的管理手段与方法，对企业纳税过程中涉及的人、财、物、信息等资源进行计划、组织、协调、控制等活动的总称。企业实施有效的纳税管理，可以降低纳税成本及纳税风险，实现经济利益最大化，促进企业可持续发展。

第一节 企业纳税管理的概念和特点

一、企业纳税管理的概念

税收是国家为了满足社会公共需要，凭借政治权力，按照法律规定，强制、无偿地参与社会产品分配以取得财政收入的一种方式，具有强制性、无偿性和固定性三个基本特征。在市场经济的今天，税收已经浸透到经济生活的各个领域。只要纳税主体从事了税法所规定的应税活动，就要依法纳税，否则就要受到法律的制裁，承担相应的法律责任。

企业是依法设立的以营利为目的、从事商品的生产经营和服务活动的独立核算经济组织。对于企业，税收始终是一个无法回避的问题。企业是社会经济运行的基本单位，其运行结果是国家税收产生的源泉。由于税收具有强制性，使得依法纳税成为企业必须履行的义务；由于税收具有无偿性，企业向国家纳税的同时并没有从国家手中取得等价的回报，是社会产品从企业向国家的单方面转移；由于税收具有固定性，企业纳税义务发生后，必须按税法规定的时间、地点及时足额纳税。我国的税收征管模式是以纳税人自行申报纳税为基础的，纳税人应纳税款自行计算，申报纳税自行办理，并对申报内容的真实性、税款计算的准确性、申报资料的完整性、申报纳税的及时性承担相应的法律责任。

企业的目标是·"实现财务成果的最大化"，创立企业的目的是营利。已经创立起来的企业，虽然有改善职工待遇、改善劳动条件、扩大市场份额、提高产品质量、减少环境污染等多重目标，但是，营利、实现利润最大化是其最基本、最重要的目标。税收是企业营利的减项，无论纳税多么正当合理，如何"取之于民，用之于民"，对企业而言都是既得收益的丧失。在市场竞争压力越来越大的当今社会，如何节税、减轻税收负担就成为企业管理中一项不可或缺的重要内容。当然，企业要实现减轻税收负担的目的，就必须对企业的涉税活动进行有效的管理，这是由企业所处的外部环境和内部环境所决定的。一方面，由于税收制度越来越完善，税收管理活动越来越严格，要求纳税人必须严格按税法的规定履行纳税义务，做到"完全纳税遵从",不允许企业在纳税方面发生错误。但是,由于受到企业内部管理人员专业素质的局限,或是税法的透明度不够、在对税法的理解过程中存在偏差等原因,要实现"完全纳税遵从"似乎不太可能。这就使得企业要承担相应的纳税风险,这种风险一旦出现,就会给企业带来经济与名义上的损失。另一方面,国家在制定税收法律法规时,为了实现税收的调节功能,达到一定的政治经济目的,给予了某些纳税人或某些经济活动相应的税收优惠政策,作为企业,能否充分利用好国家给予的税收优惠政策,合法合理地降低纳税成本,直接影响着企业的盈利水平。许多企业的实践证明:实施有效的纳税管理,可以降低纳税成本及纳税风险,实现经济利益最大化,促进企业可持续发展。

管理是指一定组织的管理者,在一定的条件下,为了达到一定的目的,通过各种手段,对所掌控的人力、物力、财力、信息等资源进行计划、组织、领导、协调、控制等行为。管理的本质就是"各种资源的最佳组合(或配置)和利用"。从经济学的角度讲就是用最小的投入获取最大的价值。

通过上述分析,可以对企业纳税管理定义如下:企业纳税管理是企业内部管理者为了实现企业利益最大化,依据国家法律法规,运用科学的管理手段与方法,对企业纳税过程中涉及的人、财、物、信息等资源进行计划、组织、协调、控制等活动的总称。对企业纳税管理概念的理解需要把握以下几层含义:

(一)企业纳税管理的主体——各类企业

企业纳税管理的主体是负有纳税义务的各类企业,管理的具体执行者是企业内部管理人员。

企业是社会经济运行的基本单位,依法纳税是企业必须履行的义务,其税收法律责任不可以转嫁。特别是在税收法制不断完善的当今社会,纳税管理是企业管理中不可回避且必须做好的工作。企业纳税管理的主体是具有纳税义务的企业,具体执行者为企业内部的管理人员。

随着我国税务代理行业的不断发展和完善,许多企业已将全部或部分纳税管理工作委托税务咨询机构办理,但纳税管理的外包不会影响企业在纳税管理中的主体地位。税务代理是一个独立于税务机关和纳税人之间,专门从事税收中介服务的行业。税务代理指代理人接受纳税主体的委托,在法定的代理范围内依法代其办理相关税务事宜的行为。税务代理人在其权限内,以纳税人(扣缴义务人)的名义代为办理纳税事宜。代理合同关系的建立不能转移企业与税务机关之间固有的征纳关系,不能改变企业纳税管理主体的地位。

(二)企业纳税管理的客体——企业的纳税活动

企业纳税管理的客体是企业的纳税活动,企业的纳税活动与企业生产经营的各个方面有着密切的联系,涉及企业采购、生产、销售、分配等日常生产经营活动的各个环节,涉及投资、筹资等重大决策活动,涉及与纳税相关的人、财、物、信息等资源的计划、组织、协调与控制。

企业纳税管理包括企业日常纳税活动的涉税管理、企业重大决策活动的涉税管理、纳税程序管理、企业同税务机关关系的协调以及纳税风险管理五个方面。

（三）企业纳税管理的依据——法律、法规、规章、制度

企业纳税管理必须以国家已颁布实施的现行法律法规为依据，这些法律法规包括税法、财务会计法规及相关经济法规等，其中，税法是企业进行纳税管理所依据的核心法规。

随着经济全球化的发展，很多企业已跨出国门走向国际市场，其纳税问题跨出了国门，纳税管理的法律依据也跨越了国界，纳税管理中所运用的税法、财务会计法规等法律法规也将不限于一国一地。企业进行纳税管理的过程中，也必须遵守相关国家的法律法规。

（四）企业纳税管理的目标——节约纳税成本

纳税成本是指纳税人在履行其纳税义务时所支付的各种资源的价值，在西方又称为"纳税服从成本""税收奉行成本"。由于纳税成本中的时间成本和精神成本不易计量，所以纳税成本又称为隐性成本。纳税成本有狭义和广义之分，狭义的企业纳税成本单指企业上缴的各种实体税款，即企业的纳税实体成本；广义的企业纳税成本不仅包括纳税实体成本，还包括纳税遵从成本，即为上缴税款、履行纳税义务而发生的与之相关的一切费用，既包括可计量的成本，也包括不可计量的成本。纳税遵从成本可以概括为纳税管理成本、纳税风险成本和纳税心理成本。纳税管理成本是指企业办理纳税时支付的办税费用、税务代理费用等。办税费用是指企业为办理纳税申报、上缴税款及其他涉税事项而发生的必不可少的费用，包括企业为申报纳税而发生的办公费，如购买申报表、发票、收据、税控机、计算机网络费、电话费、邮电费（邮寄申报）等；企业为配合税务机关工作和履行纳税义务而聘用专门办税人员的费用，如办税人员的工资、福利费、交通费、办公费等；企业为接待税务机关的税收检查、指导而发生的必要的接待费用。纳税风险成本是指由于选择某项纳税筹划方案可能发生的损失，其与方案的不确定度正相关。方案越不确定，风险成本发生的可能性就越大。纳税风险成本具体包括税收滞纳金、罚款和声誉损失成本。纳税心理成本是指纳税人可能认为自己纳税却没有得到相应回报而产生的不满情绪，或者担心误解税收规定可能遭受处罚而产生的焦虑情绪。

企业纳税管理是现代企业管理的重要组成部分。纳税管理应服从于企业管理的整体发展目标。在社会主义市场经济条件下，作为市场经济的利益主体，追求利润最大化是企业生产经营的根本目标，企业纳税管理活动也应围绕此目标展开。因此，企业纳税管理的目标是节约纳税成本，降低纳税风险，提高企业资金使用效益，实现利润最大化。

二、企业纳税管理的特点

（一）目的性

企业纳税管理的目的性是指企业通过对纳税过程中人、财、物、信息等各类资源的计划、组织、协调与控制，以达到减少不合理纳税支出、降低纳税风险、实现企业整体利益最大化的目的。企业纳税管理的目标不是单一的，而是符合企业整体

发展目标的一系列目标，减轻纳税负担是纳税管理最本质、最核心的目标。企业纳税管理包括以下四个层面的具体目标：

1.涉税活动发生前，根据国家有关税收法律法规的规定，对有关涉税活动做出预先安排，降低税收成本。

2.涉税活动发生后，保证财务核算真实、合法、正确，确保纳税申报正确、及时，坚持诚信纳税。避免因纳税操作不当遭受处罚，产生经济或名誉上的损失，实现纳税零风险。

3.维护自身合法权益，确保企业实现自身的合法权益。如：享受税收优惠权、延期纳税等权利的行使。

4.实现延缓纳税，无偿使用财政资金，以获取较大的资金时间价值。

资金有时间价值，延长纳税期限，企业可享受与无息贷款相类似的利益。一般而言，应纳税款期限越长，所获得的利益越大。如将折旧方法由直线折旧法改为加速折旧法，可以把前期的利润推迟到以后期间，也就推迟了纳税的时间，企业即可获得延缓缴税的利益。

（二）合法性

合法性是在法律法规许可范围内进行的，是纳税人在遵守国家法律及税收法规的前提下，在多种纳税方案中，做出选择税收利益最大化方案的决策，具有合法性。企业违反法律法规逃避纳税义务将受到相应的经济制裁、行政处罚或追究刑事责任。征纳关系是税收管理中最基本的关系，税法是处理征纳关系的法律准绳。税务机关要依法征税，纳税义务人要依法纳税。纳税管理是在企业纳税义务没有确定的条件下，通过实施相应的管理措施，实现降低纳税成本与纳税风险的目标。因此，企业纳税管理只能是在合法的前提下进行，应得到征税机关的认可。如果纳税管理超越了这个前提，就有可能演变成偷税、骗税等违法行为，纳税人将受到相应的法律制裁。

（三）技术性

企业纳税管理是一项专业技术性很强的管理活动。它要求管理者要熟悉国家税收法律、法规，熟悉财务会计制度；熟练运用预测、决策的方法。随着经济的发展，会计制度、税法亦将日趋复杂，纳税管理的技术含量将越来越高。

（四）超前性

企业涉税活动的发生是企业纳税义务产生的前提，从这个角度来看，纳税义务通常具有滞后性。纳税活动发生后再想办法减轻税负是不可能的，要合法减轻税收负担的办法只能是在涉税活动发生之前，通过运用现行税收法律法规，对企业的涉税活动进行事先安排。因此，纳税管理是一种合理合法的事先管理，具有超前性。

（五）时效性

国家的税收政策法令是纳税人进行纳税管理的外部环境，纳税人只能遵守它，而无法改变它，纳税管理受现行税收政策法规所约束。然而，任何事物都不是一成不变的，国家税收政策法规也不例外，随着国家经济环境的变化，国家的税收法律也会不断修正和完善。税收作为国家掌握的一个重要的经济杠杆，税收政策必然根据一定时期的宏观经济政策的需要而修订，也就是说，当国家税收政策变动时，纳税管理的方案也应及时进行调整。

第二节 企业纳税管理的原则和内容

一、企业纳税管理的原则

（一）合法性原则

合法性原则是指企业的纳税管理活动必须严格遵守国家法律法规的规定。征税主体依法征税、纳税主体依法纳税是"税收法治"的核心。国家税务总局提出"法治、公平、文明、效率"的治税思想时，把"法治"摆在了首要位置。税务机关必须认真执行税法，不得自立章法或滥用职权，有法不依，以权代法、以言代法；纳税人也必须认真履行依法纳税义务。作为纳税人，企业在实施纳税管理过程中必须坚持合法性原则。只有坚持这一原则，才能真正保护自身的合法权益，提高和维护自身信用，企业纳税管理的目标才能顺利实现。

合法性原则主要有两个方面的内容：

1.全面、准确地理解和掌握税收相关法律法规。

企业要合法管理，首先应遵守国家相关法律法规，这就要求纳税管理者应熟知国家各项法律法规，掌握法律法规的变动情况，只有在知法、懂法的基础上，才能实施依法管理。全面、准确地理解和掌握税收相关法律、法规是实施有效纳税管理的前提。

2.在全面、准确地理解和掌握税收国家法律法规的基础上，将其正确运用于纳税管理的实践活动。

企业纳税管理是否有效，效果的大小，取决于纳税管理者是否能正确地按照税收法律法规进行纳税管理的实践活动。如果企业能正确运用法律法规，纳税管理的效果就高，否则会违背法规的基本精神，使纳税管理行为演化为避税、偷税等违法行为，导致纳税风险加大，纳税成本提高，给企业带来经济利益的损失。

在纳税管理实践中，税法的运用不能脱离财务会计及其他经济法规，否则会导致纳税管理活动无效，甚至违法。因此，在纳税管理工作中，不但要熟知税收法律法规，还应结合企业经济活动的实际，了解和掌握相关法律法规。

（二）诚信原则

诚信，即诚实守信，要求纳税人具有诚实的品德并信守自己的承诺。诚信原则要求企业在纳税管理中要遵守规则，恪守信用。在诚信原则下，充分披露信息，及时履行相关义务，不得违背相对方基于合法权利的合理期待。诚信原则是现代税收法制的必然要求，也是企业提高和维护自身信用的需要。

（三）事前性原则

事前性原则是指在企业经营行为发生之前对未来将要发生的纳税事项进行预先安排，以获取最大的税收利益。由于税法规定在先，税收法律行为在后，企业行为在先，缴纳税款在后，这就为纳税管理创造了有利条件。企业可以在充分了解现行税收法规政策、金融政策、财会制度等的基础上，事先对未来的生产经营、投资等活动等进行全面的统筹规划与安排，寻求未来税负相对最轻、经营效益相对最好的决策方案。

虽然企业纳税管理分为事前、事中、事后三个管理阶段，但是在纳税管理实践中，必须坚持事前性原则，将纳税风险与纳税成本控制在经济业务发生之前，确保纳税管理有效性的实现。如果事前不进行规划和安排，待纳税行为变为既成事实，再想减轻税负就不太可能了，纳税管理也就失去了意义。

（四）成本效益原则

成本效益原则是指做出一项纳税管理安排要以效益大于成本为原则，即某一方案的预期效益大于其所需成本时，这一方案才可行，否则应放弃。纳税管理可以减轻企业的税收负担，减少现金流出，这已经引起越来越多企业的高度重视。然而，在实际操作中，许多纳税管理方案理论上虽然可以降低部分税负，但在实际运作中往往达不到预期效果，其中有很多方案未考虑成本效益原则，使其在降低税收负担、取得节税收益的同时，却付出了额外的费用，增加了企业的相关成本。纳税管理的目的与财务管理的目的是相同的，都是为了实现企业利润最大化，因此，在纳税管理方案选择上必须考虑成本效益，对方案进行分析比较，决定取舍。例如，企业通过设立关联企业，采用转移定价的方式来分散利润，减轻税负，这种做法只考虑了企业所得税的筹划，却没有考虑到可能重复缴纳流转税的问题。所以，纳税方案要综合考虑给企业带来的收益，与企业的重大投资决策一样，必须遵循成本效益原则，只有当选择的纳税方案所得大于支出时，该项管理方案才是有效的。

（五）整体性原则

纳税管理的整体性原则是指企业制定的纳税管理方案应符合企业管理的整体目标要求。纳税管理的目的是使企业"获取最大的经济利益"。企业为"获取最大的经济利益"，要受到诸多错综复杂的因素的影响，这些因素之间有的是相互独立的，有的是相互关联的，而这种关联关系又有两种类型，一种是互补关系，另一种是互斥关系。因此，在确立纳税规划方案时，要详细判断各个因素的关系及对其他因素的影响程度。只有这样，才能最大限度地实现纳税管理的目标。例如，企业涉及的税种比较多，在进行规划时，不但要考虑某一税种的税收负担，还要充分考虑规划方案中该税种对其他税种的影响，如果独立审视某一税种的规划方案可能是最佳的，但从企业整体税负状况来看却不一定可取，因为个别税种税负的降低，可能会导致其他税种税负的升高，从而引起整体税收成本的增加。这就要求管理者在选择确定纳税规划总体方案时，应将各个税种的不同方案采用多种组合进行综合评估，然后选择整体税负较轻的方案。考虑整体性原则是保障纳税管理效益性的关键。

应该明确的是，整体性原则的应用不能仅仅着眼于税法的选择，而要着眼于企业总体的管理决策，并与企业的发展战略结合起来，才能真正实现企业整体利益最大化的目的。实际上，真正意义的纳税管理，有可能是节税，也有可能是增税。一般来说，节税能增加企业的经济利益，增税则减少企业的经济利益。但在有些情况下，结果可能正好相反。如上市公司在经营不景气时，为吸引潜在投资者或扩大市场份额，就可能通过纳税安排来增税增利，以牺牲眼前利益来换取企业长期的整体利益，这种情况屡见不鲜。

（六）风险防范原则

企业纳税风险是企业的涉税行为因未能正确有效遵守税收法规而导致企业未来利益的可能损失。由于企业涉税活动的复杂性、管理者对税法的认知程度不同等原因，企业的纳税管理活动在给纳税人带来税收利益的同时，也蕴藏着一定的纳税风险。因为税法规定在前，纳税管理在后，所以，征纳双方获得税收信息的不对称性以及对税收政策理解上的偏差是纳税风险产生的主要原因。面对纳税风险，管理者应当未雨绸缪，针对风险产生的原因，采取积极有效的措施，预防和减少风险的发生。

（七）协调性原则

一方面，由于征纳双方获得税收信息的不对称性以及对税收政策理解上存在的偏差，决定了税务机关在企业纳税管理有效性中的关键作用。因此，纳税管理人员应与税务部门保持密切的联系和沟通，多做协调工作，在某些模糊或新生事物的处理上得到其认可，以提高纳税管理的效率，这一点在纳税管理过程中尤其重要。另一方面，企业在经营过程中，必然要与相关企业发生大量的涉税往来业务，对这些涉税往来业务进行怎样的预先安排，也直接影响着纳税管理的效率。因此，企业应与相关企业保持密切的联系和沟通，在不损害对方利益的前提下，获得其理解与支持，使企业制定的纳税方案顺利实施。

（八）经济性原则

经济性原则要考虑两个方面：一是便利，当纳税人可选择的纳税管理方案有多个时，应选择简单、容易操作的方案。能够就近解决的，不舍近求远。即纳税管理方案的操作方法越容易越好，操作过程越简单越好。二是节约，企业的纳税管理要达到人、财、物的最小消耗，成本最小。

二、企业纳税管理的内容

企业纳税管理的内容是指纳税管理涉及的具体范畴，包括企业经营活动的纳税管理、企业纳税活动的筹划管理、企业纳税活动的核算管理、企业纳税活动涉税关系的协调以及企业纳税风险管理5个方面。

（一）企业经营活动的纳税管理

企业经营活动是指企业为完成其经营目标所从事的经营活动。企业的经营活动从企业的设立开始，进入日常的经营活动，至清算结束。从再生产的环节看，企业日常的经营活动主要包括采购活动、生产活动、销售活动、经营成果的形成与分配活动；从资金的流转看，企业日常经营活动期间包括资金的筹集与投资活动。从活动内容看，企业日常经营活动主要包括采购活动、生产经营活动和销售活动等方面，每一方面都涉及不同的纳税事项。企业日常经营活动的纳税管理是企业纳税管理的中心环节与核心内容。通过对企业日常经营活动涉税事项进行有效的管理，可以降低企业的纳税成本，取得最大的税收收益。

（二）企业纳税活动的筹划管理

纳税筹划是纳税人以降低纳税风险、实现企业价值最大化为目的，在遵守国家税收法律法规的前提下，对企业纳税事项进行事先安排、选择和策划的总称。企业进行纳税筹划的核心是成本与收益分析。

纳税筹划的成本，是指纳税人因进行纳税筹划而增加的支出或放弃的资源。纳税筹划的成本主要包括以下几方面内容：新增的制定和执行纳税筹划方案的成本、因进行纳税筹划而新增的纳税成本、纳税筹划的心理成本、机会成本、风险成本及非税成本。纳税筹划成本的分类不是非常严格的，有些纳税筹划成本可能同时属于其中的两类或多类。例如，纳税筹划被认定为偷税等违法行为而导致的罚款及缴纳的滞纳金，既属于因进行纳税筹划而新增的纳税成本，也属于纳税筹划的风险成本。

纳税筹划的收益，是指纳税人因进行纳税筹划而获得的各种利益。纳税筹划收益主要包括以下几方面内容：因进行纳税筹划而新增的收入、因进行纳税筹划而减少的纳税成本、因进行纳税筹划而新增的货币时间价值和纳税筹划的非税收益。

（三）企业纳税活动的核算管理

纳税核算是纳税企业依据税收法规及会计制度的规定对企业发生的涉税经济活动或事项分税种进行计量、记录、核算、反映，准确传达纳税信息的一种专门工作。纳税管理是综合性非常强的一种管理活动，而纳税核算规范、账证完整是纳税管理最重要、最基本的要求，如果企业会计核算不规范，不能依法取得并保全会计凭证，或会计记录不完整，那么纳税管理的结果可能大打折扣或无效。

（四）企业纳税活动涉税关系的协调

企业从事生产经营活动，不可避免地涉及纳税义务，向征税主体纳税，成为纳税义务人。我国的征税主体主要包括各级税务机关和海关（以下简称税务机关）。企业要按照税法规定的要求如实、准确、及时地履行自己的纳税义务，税务机关要按照国家税法规定履行自己的征税职责。目前，税务机关对纳税人的税务管理模式为纳税服务、纳税评估和税务稽查并存。因为"纳税服务"的目的是帮助纳税人履行纳税义务，"纳税评估"的目的是发现纳税人的不遵从行为并督促其提高遵从度，"税务稽查"的目的是打击严重不遵从行为，三者共同构成税务管理的重要内容，缺一不可。企业与税务机关是税收法律关系主体的两个方面，企业的纳税活动不可避免地要与税务机关发生关系。一方面，企业在接受税务机关的税务管理时要积极同税务机关进行沟通，接受税务机关对企业纳税工作的指导；另一方面，在税收征收管理过程中，由于多种原因，税务机关与管理相对人之间对于税务具体行政行为的合法性或适当性问题，常常会产生认识上的分歧，并由此产生税务行政争议。这种争议的存在，既涉及税务行政行为的有效性，同时又关系到企业的合法权益，因此必须寻求适当、有效的方式及时予以解决，以最大限度地确保企业的利益。

（五）企业纳税风险管理

企业纳税风险管理是企业依据税收法律法规及相关经济法规，对其纳税计划、纳税过程和纳税结果进行全面检查和评估，并对发现的问题进行及时纠正的活动。企业纳税风险是企业的涉税行为因未能正确、有效地遵守税收法规而导致企业未来利益的可能损失。由于经济活动的多样性、税法的复杂性和模糊性、管理者对税法的认知程度不同等原因的存在，使得纳税风险成为每个企业纳税活动中必须面对的问题。风险是客观存在的，当然这种风险是可以控制的，通过对纳税风险的管理，可以及时纠正企业纳税活动中存在的错误，最大限度地降低纳税风险，保证企业纳税管理总体目标的实现。

第三节 企业纳税管理的工作基础

一、企业纳税政策管理

企业纳税政策管理是纳税管理的前提条件和重要内容，是企业对自身纳税管理活动中所涉及的税收法律法规以及其他经济政策法规的收集、整理、分析，并应用于纳税管理实践的一系列管理活动。企业对自身纳税管理活动中所涉及的税收法律法规及其他经济政策法规进行系统的收集、整理与分析，有助于提高企业对税法及相关法律法规的理解和认识，有助于企业正确处理生产经营活动中出现的涉税问题，纠正过去纳税中存在的错误行为，促进企业对纳税风险的防范与纳税成本的控制。

企业纳税政策管理是纳税管理的基础环节。企业纳税管理必须依法管理，这是纳税管理的前提，因此搜集、掌握和了解国家税收法律法规及其相关法规是进行纳税管理的基础。

（一）收集纳税政策

每个企业所从事的行业、业务不同，其涉及的税种、纳税环节、适用税率、纳税地点等纳税具体情况也不相同，其使用的税收法律法规也不相同。纳税管理人员应在深入了解企业生产经营、投资、融资等基本情况后，从企业实际情况出发，有针对性地收集、整理与企业经济业务有关的税收政策及相关经济政策。

生产制造企业和流通企业涉及的税种包括：房产税、城镇土地使用税、车船税、印花税、增值税、消费税、城市维护建设税、教育费附加、企业所得税等。服务企业涉及的税种主要包括：房产税、城镇土地使用税、车船税、印花税、增值税、城市维护建设税、教育费附加、企业所得税等。房地产开发企业涉及的税种包括：房产税、城镇土地使用税、车船税、印花税、增值税、城市维护建设税、教育费附加、土地增值税、企业所得税等。企业应结合自身业务情况，明确所涉及的税种情况，在此基础上对相应税收法律法规进行搜集、整理并归档。

收集纳税政策是纳税管理的第一步工作。纳税政策收集得是否全面直接关系到纳税管理的效率，关系到纳税成本的高低、纳税风险的大小。企业纳税政策管理应依据本企业实际生产经营状况、未来发展目标，有针对性地收集、整理税法及相关法律法规，对这些法律法规进行深入细致的分析，结合本企业实际运用于纳税管理实践活动中。

1.税收政策与法规的收集。

企业收集的税收政策与法规主要包括：我国现行税收法律、税收行政法规、税收行政规章、税收行政解释、税收司法解释、税收地方性法规、地方行政规章。如果企业在境外投资从事生产经营活动，或者有涉外经济往来，应收集所在国家的现行税收法律法规，我国与有关国家或地区间的国际税收协定等。在收集税收政策法规的过程中，一定要及时关注税收法律法规的变化情况，对于失效的税收政策法规及时进行清理，对新的税收政策法规及时进行补充。

2.财务会计法规的收集。

企业相关的财务会计制度是企业纳税政策管理的重要内容，因为企业依法进行纳税管理的所有活动结果最终要靠企业财务会计核算资料加以体现。企业财务会计核算的法律依据是财务会计法规和有关税收法律法规。企业在收集过程中，应注意补充规定和新出台的财务会计法律法规。

根据《中华人民共和国税收征收管理法》第二章第二节第二十条第二款的规定："纳税人、扣缴义务人的财务、会计制度或财务、会计处理办法与国务院或者国务院财政、税务主管部门有关税收的规定抵触的，依照国务院或国务院财政、税务主管部门有关税收的规定计算应纳税款、代扣代缴和代收代缴税款"。由此可见，虽然财务会计法规是企业进行财务会计核算的基本法律依据，但在计算应纳税额时，如果同税法发生冲突则应按税法规定执行。

企业应该遵循的财务会计方面的法律法规及规范性文件有：《中华人民共和国会计法》《企业财务通则》《企业会计准则》《小企业会计准则》等。我国企业会计准则体系包括基本准则、具体准则和应用指南。以基本准则为主导，对企业财务会计的一般要求和主要方面做出原则性的规定，为制定具体准则和会计制度提供依据。具体准则是在基本准则的指导下，处理会计具体业务标准的规范。应用指南从不同角度对企业具体准则进行强化，解决实务操作，包括具体准则解释部分、会计科目和财务报表部分。自2011年以来，国际会计准则理事会先后发布、修订了公允价值计量、合并财务报表等一系列准则，发起了国际财务报告准则的新一轮变革。为保持我国企业会计准则与国际财务报告准则的持续趋同，财政部在2012年发布了一系列准则征求意见稿后，于2014年正式修订了5项、新增了3项企业会计准则，发布了1项准则解释，并修改了《企业会计准则——基本准则》中关于公允价值计量的表述。

3.相关经济法规的收集。

因为企业纳税管理活动涉及企业投资、筹资、生产经营等各个方面，因此企业纳税政策管理还应包括收集与之相关的经济法规，例如公司法、合同法、票据法、破产法以及贸易、价格等方面的法律法规。

企业收集纳税政策可以采取查询等方式，通过报纸、杂志、网络等渠道进行。收集法规应注意的问题：

第一，结合本企业实际，有针对性地进行收集、整理；

第二，不要忽略对地方性税收政策及相关法规的收集；

第三，有出口贸易或跨国经营行为的企业还应注意收集贸易国或经营所在国（地区）的税收政策及法规，以及相关国家（地区）之间签订的国际税收协定；

第四，及时了解税法及相关法律法规的调整与修改。

（二）纳税政策的分类整理与归档

为了提高纳税政策管理的有效性，企业应在收集纳税政策的基础上对纳税政策进行分类整理。分类整理纳税政策的过程是全面理解税收政策与法规的过程，是发现纳税政策收集是否全面、及时的过程，是将税收政策法规、财务会计法规及其他经济法规融合理解的过程。纳税政策可以采用按税收政策法规、财务会计法规、相关经济法规、涉外税收法规分类整理，对于税收法律法规还可以按税种进行分类整理，整理后将其归档保管，以便及时调用。

（三）正确理解、运用纳税政策

企业在全面、准确理解纳税政策的基础上，将其正确运用于纳税管理的实践活动是保证企业纳税管理活动合法、有效的前提。企业通过对筹资、经营、投资、理财等各项经济活动的事先周密筹划，利用纳税政策给予的对自己有利的可能选择，从多种纳税方案中进行科学合理的选择和规划，确定最优的纳税方案，减低企业的纳税成本和纳税风险。

企业在运用纳税政策时应注意的问题主要有：

第一，注意根据法规的变化与调整，及时调整纳税管理的方案、计划。虽然税法具有相对的稳定性，但是随着国家政治、经济形势的变化，税收法律法规要进行相应的调整和完善，税法的这些调整必然对企业的纳税策略、纳税方案产生影响。如果企业不及时按新法规的要求调整自己的纳税管理策略与方案，就可能会导致纳税风险的出现和纳税成本的提高。

第二，注意根据企业经营活动的变化，及时调整纳税管理的方案、计划。由于市场经济的特点，决定了企业生产经营活动的内容和范围随时可能发生改变，与此相适应，企业原有的纳税管理的方案、计划就要及时进行修正与完善。加强纳税政策管理，有助于企业及时解决由于生产经营变化而带来的新的纳税问题，从而有效消除纳税风险，降低纳税成本。

二、企业纳税管理的组织形式

企业纳税管理的组织形式主要有三种：第一种是内部管理，即在企业内部设立纳税管理机构，配备管理人员，对企业的纳税活动进行全面管理；第二种是外部管理（委托管理），即委托外部中介机构（如注册税务师事务所、注册会计师事务所）对企业的纳税活动进行全面管理；第三种是内外管理相结合的管理形式，是指企业将部分纳税事项委托外部中介机构办理，部分业务由企业内部管理。企业选择哪种组织形式，取决于企业的规模、纳税事项的复杂程度及其企业管理者对企业纳税事项的重视程度等因素。企业应根据本单位的实际情况，选择适宜的纳税管理组织形式。

（一）内部管理形式

内部管理形式具体包括以下三种形式：

1.设有专门的纳税管理机构和专业的人员，实行专业化管理。

企业设有专门的纳税管理机构，由专设的税务经理负责领导工作，向企业税务总监或财务总经理负责，纳税管理人员由专（兼）职纳税管理人员及税务顾问组成。该种组织形式的优点是管理科学规范，专业化比较强，管理水平比较高，对企业纳税成本和纳税风险能起到较好的控制效果；缺点是成本开支较大。设专门机构和相应人员，会加大企业纳税成本的开支，但是对于规模大、业务复杂的企业来说，也是非常必要的。该种组织形式适用于规模比较大、纳税事项比较复杂的大型企业。

2.不设专门的纳税管理机构，只设纳税管理岗位，实行专人管理。

该种组织形式的优点是纳税管理工作由专业人员担任，具有一定的纳税管理水平，对企业纳税成本和纳税风险能起到相应的控制效果；缺点是成本开支较大。该种组织形式适用于中等规模，纳税事项较复杂的企业。企业可以在财务部门内部专门设立纳税管理岗位，根据企业的实际情况，安排1~2人专职负责纳税管理工作。

3.既不设专业的纳税管理机构，也不设专门岗位，纳税管理岗位由财务部门的相关人员兼任。

该种组织形式的优点是成本开支较小；缺点是由于纳税管理工作由相关人员兼任，工作繁杂，在一定程度上会影响纳税管理工作效率。该种组织形式适用于纳税事项简单的小型微利企业。

（二）外部管理形式

外部管理形式是指利用企业外部专业税务咨询公司对企业的纳税事务进行全部管理的一种纳税管理组织形式。

企业与某家税务咨询机构签订长期提供纳税管理服务的协议，将企业全部的纳税事务委托税务咨询机构办理，企业财务部门只负责提供与纳税相关的资料与情况。

该种形式的优点是：由于聘请税务专业人员为企业提供全方位的纳税管理专业化服务，基本可以保证企业纳税零风险及纳税成本的合理支付，保证企业经营目标的实现。缺点是：所支付的咨询费用可能高于企业雇用纳税管理人员的工资。但是如果选择的税务咨询机构信誉及专业素质较好，与企业之间有良好的沟通，企业未来的实际税收收益将远远高于其所支付的费用。该种形式适用于各类规模、性质的企业。

（三）内外相结合的管理形式

内外相结合的管理形式是指企业将部分比较复杂的纳税事项委托外部中介机构办理，部分业务由企业内部管理，该种管理形式的优点是内外结合，有利于企业借助税务专业咨询的力量对纳税成本与纳税风险进行切实有效的控制。

企业应及时向受委托的税务咨询机构提供真实的经济活动情况和会计核算资料，委托的税务咨询机构也应经常深入到企业进行调查与研究。如果企业所提供的资料或者调查不全面，税务咨询机构所代理的纳税事项就有可能出现偏差，从而增加纳税风险和纳税成本。为此，企业应注意以下问题：首先，应选择专业素质及信誉度较好的税务咨询机构。其次，要与其签订有约束力、可分担相关风险的委托协议书，明确双方的责任与义务。再次，应强化与税务咨询机构的业务协调，经常沟通相关情况。最后，应重视内部管理人员纳税管理素质的培养与提高。

三、企业纳税管理的运行条件

企业纳税管理的运行条件是指企业外部及企业自身所应具备的一些条件。

（一）企业外部应具备的条件

1.较完善的社会法制体系及法制环境。

健全、合理、规范的税收法律制度，将大大缩小纳税人偷逃税款等违法行为的空间，从而促使其通过税务筹划寻求自己的税收利益，这也是企业逐步成熟和行为理性化的标志。

对企业（纳税人）而言，税收执法环境包括其外部环境和内部环境。外部环境是指税收征收管理人员的专业素质和执业水平。税收征管人员的专业素质和执业水平的高低直接影响纳税人的纳税行为。如果其整体素质和执业水平较高，能够做到严格依法监管、依法治税、依率计征、公平高效，保证税法在具体执法环节及时、准确到位，形成良好的税收执法环境，纳税人要想获得税收利益，只能通过税务筹划方式进行，而一般不会或不易、不敢做出违反税法等有关法律法规之事。如果在税收征管中"人治"泛滥，税款征收没有统一标准和规范，执法弹性空间大，违反税法的行为不能受到应有的惩罚，此时，纳税人采用最简单、最"便捷"的方法（如违法、违规的方法）就能达到其少缴税或不缴税的目的，而且其成本、风险又非常低，那么企业当然不会苦心孤诣地去进行纳税管理。

2.税法体系中存在大量的税收优惠及差异。

税收法律制度作为贯彻国家意志的杠杆，不可避免地会在其立法中体现国家推动整个社会经济运行的导向意图，会在公平税负、税收中性的一般原则下，渗透税收优惠政策。如不同产品税基的宽窄，税率的高低，不同行业、不同经济事项进项税额的抵扣办法，减税、免税、退税政策等。因存在税收的优惠政策（即税式支出），使同一种税在实际执行中的差异造成了非完全统一（非中立性）的税收法制，无疑为企业选择自身利益最大化的经营理财行为，即进行纳税管理提供了客观条件。企业利用税收法规的差异或"缺陷"进行旨在减轻税负的纳税管理，如果仅从单纯的、静态的税收意义上说，的确有可能影响国家收入的相对增长，但这是短期的。因为税制的这些差异或"缺陷"，其实质是国家对社会经济结构进行能动的、有意识的优化调整，即力图通过倾斜的税收政策诱导企业在追求自身利益最大化的同时，转换企业经营机制，实现国家的产业政策调整、资源的合理开发和综合利用，以及环境保护等意图。从发展及长远的角度来看，对企业、对国家都是有利的，这也是国家为将来取得更大的预期收益而支付的有限的机会成本。因此，企业利用税制的非完全统一性所实现的税负减轻，与其说是利用了税收制度的差异和"缺陷"，不如说是对税法意图的有效贯彻和执行。

（二）企业自身应具备的条件

企业可根据自身生产经营规模的大小、涉税活动的多少选择不同的管理组织形式。管理组织形式确立后，应具备如下条件：

1.树立"依法管理、正确纳税"的意识。

2.配备具有良好素质的纳税管理人员。

纳税管理是以合法管理为前提的，在此基础上，企业尽量少缴或不缴税款，以获得更大的利益。但是，税法规定的内容复杂又经常修改，企业自身的条件也不断发生变化，企业要想有效地实施纳税管理，必须配备具有良好素质的纳税管理人员；熟悉企业的生产经营活动；精通税法及相关法律法规；熟悉纳税管理的技巧与方法，具有良好的沟通和协调能力。

3.建立健全纳税管理制度，明确岗位责任制度和奖惩办法。

4.制定与企业经营管理目标相一致的明确的纳税管理目标。

企业的发展是由各种因素共同推动的，税收只是其中的一个因素，企业减轻纳税并不是企业目标的全部，不能等同于企业的长足发展，纳税管理方案必须最大限度地符合企业管理的总体目标，促进企业长远发展目标的实现。

四、企业纳税管理工作的流程

（一）确定纳税管理组织形式

每家企业生产经营规模的大小和涉税业务的繁杂程度各不相同，企业应依据自身的实际情况确定应采取的纳税管理组织形式。

（二）确定纳税管理人员

无论企业确定哪种纳税管理的组织形式，均需要考虑纳税管理人员的任用问题，企业应选用业务素质及职业道德较好的人员作为纳税管理人员。

（三）了解企业的基本情况

在进行纳税管理前，需要了解企业的基本情况，对企业纳税及财务管理情况进行"健康检查"，主要检查以下几个方面的问题：

1.企业的组织形式。

企业的组织形式不同，其税务待遇也不同。了解企业的组织形式，可以对不同组织形式的企业提出具有针对性的纳税管理目标、制度与措施。

2.企业的财务状况。

企业纳税管理要合理、合法地降低纳税成本，只有全面详细地了解企业真实的财务情况，才能制定出合理、合法的企业纳税管理目标、制度与措施。

3.企业的投资意向。

投资国家鼓励类产业可以享受税收优惠，投资额往往与企业的规模、注册资本、销售收入、利润总额有很大关系。纳税管理目标、制度与措施对企业投资至关重要。

4.企业的纳税情况。

了解企业以前和目前的纳税情况，尤其是纳税申报和缴纳税款情况，对企业纳税管理的有效实施会有很大帮助。作为纳税管理的直接操作者还应了解企业法定代表人的政策水平、开拓精神及对待风险的态度等，以知晓企业未来发展的总体思路。尤其是企业领导人的开拓精神及对待风险的态度对企业纳税管理目标、制度与措施的制定有较大的影响。

（四）收集与企业生产经营相关的财税法规

由于企业生产经营的情况不同，所发生的纳税事宜不同，所使用的税收法律法规也不同。因此，企业纳税管理者在搞清楚企业基本情况后，应有针对性地收集与企业生产经营相关的税收法律法规，收集与企业生产经营相关的其他经济法规，以此对照检查企业目前纳税管理中所存在的问题。

（五）确定纳税管理目标

纳税管理目标必须与企业的经营目标相一致。企业是以营利为目的，从事经营活动的组织。企业经营活动是在激烈的市场竞争中进行的，充满着风险，有时甚至面临着破产倒闭的危险。可见，企业必须生存下去才可能获利，同时，企业也只有在不断发展中才能获得永久的生存。因此，企业的目标可以概括为生存、发展、获利。

（六）制定纳税管理制度与流程

没有规矩不成方圆，制定纳税管理制度与流程是为了促使企业纳税管理更加规范且更有效果。针对企业实际纳税情况和纳税管理组织形式所制定的纳税管理具体制度，包括纳税管理岗位责任制度、纳税申报管理制度、纳税风险控制制度等。纳税管理流程是指与纳税管理具体制度相配套的各种管理流程。

（七）研究制订纳税管理方案

研究制订纳税管理方案，从广义上讲是指企业整体纳税管理目标、纳税管理原则、组织管理方法的制定；从狭义上讲是指企业依据不同发展时期的具体经营要求所进行的具体纳税方案的研究、设计与制订，例如，企业筹资及相关纳税方案的设计、企业成本管理方式的调整与纳税方案的设计与制订。

（八）组织纳税管理方案的实施

组织纳税管理方案的实施包括企业整体纳税方案的实施与不同发展时期具体纳

税方案的实施。

（九）信息反馈与归档

对纳税管理过程中所产生的纳税管理信息要及时进行整理、分析、归档，反映给实际管理部门及人员，以及时纠正错误的行为。

思 考 题

1.如何理解企业纳税管理的概念？

2.如何理解企业纳税管理的合法性原则？

3.企业如何选择纳税管理的组织形式？

4.企业在运用纳税政策时应注意哪些问题？

5.企业纳税管理的工作流程包括哪些内容？

练 习 题

一、单项选择题

1.企业在从事经营活动或投融资活动之前，就应当把税收作为影响最终成果的一个重要因素来设计和安排，这属于企业纳税管理的（　　　）原则。

A.风险性　　　　　B.事前性　　　　　C.目的性　　　　　D.协作性

2.以下不属于企业纳税管理原则的是（　　　）。

A.合法性原则　　　B.风险防范原则　　C.稳健性原则　　　D.整体性原则

3.（　　　）原则是指做出纳税管理安排要以效益大于成本为原则，即某一方案的预期效益大于其所需成本时，这一方案才可行。

A.合法性　　　　　B.成本效益　　　　C.收益性　　　　　D.风险防范

4.（　　　）为企业进行纳税管理提供了客观条件。

A.税收的中性原则　　　　　　　　　B.税收优惠政策

C.税收的公平原则　　　　　　　　　D.税收的强制性

5.企业纳税管理的目标是（　　　）。

A.逃税　　　　　　B.避税　　　　　　C.节约纳税成本　　D.偷税

6.纳税人因资金周转发生困难，经税务机关批准，推迟缴纳税款的行为，属于（　　　）。

A.延期纳税　　　　B.税收饶让　　　　C.税收抵免　　　　D.税收优惠

7.下列说法中不正确的是（　　　）。

A.纳税筹划所取得的收益是合法收益

B.纳税筹划所取得的收益是不合法收益

C.纳税筹划是企业的正当权利

D.纳税筹划是企业的一项财务活动

二、多项选择题

1.企业纳税管理的具体目标包括（　　　）等。

A.降低税收成本　　　　　　　　　　B.实现不纳税

C.实现纳税零风险　　　　　　　　　D.实现延期纳税

2.广义的纳税成本主要包括（　　　　）。

A.纳税实体成本　　　　　　　　　　B.纳税筹划成本

C.纳税遵从成本　　　　　　　　　　D.纳税核算成本

3.纳税人的自身情况是纳税管理的出发点，企业需要了解自身的基本情况，主要包括（　　　　）。

A.企业的组织形式　　　　　　　　　B.企业的财务情况

C.企业的投资意向　　　　　　　　　D.企业的纳税情况

4.纳税遵从成本主要包括（　　　　）。

A.企业缴纳的税款　　　　　　　　　B.纳税管理成本

C.纳税风险成本　　　　　　　　　　D.纳税心理成本

5.（　　　　）共同构成税务管理的重要内容，缺一不可。

A.纳税申报　　　　B.纳税服务　　　　C.纳税评估　　　　D.税务稽查

三、判断题

1.纳税人可以根据自身情况，合理选择会计政策，不需要税务机关批准。

（　　　　）

2.企业纳税管理采用外部管理形式最科学，税务专家可以提供最好的管理方案。

（　　　　）

3.企业在纳税管理总体方案的选择上，必须将各个税种的不同方案采用多种组合进行综合评估，选择整体税负最轻的方案。

（　　　　）

4.企业利用税收法规的差异或"缺陷"进行旨在减轻税负的纳税管理对国家是不利的，因此，企业的纳税管理空间很小。

（　　　　）

5.企业在选择纳税管理组织形式时，主要考虑的是企业的经济实力。　（　　　　）

6.纳税管理的风险是客观存在的，企业通常无法规避，对风险大的纳税事项企业最好予以放弃。

（　　　　）

第二章

企业经营活动的纳税管理

　　企业经营活动是指企业为完成其经营目标所从事的经营活动。企业的经营活动从企业的设立开始，进入日常的经营期间，至清算结束。企业设立环节涉及纳税主体确定等涉税事项；从再生产的环节看，企业日常的经营活动主要包括采购活动、生产活动、销售活动、经营成果的形成与分配活动，从资金的流转看，企业日常的经营活动主要包括资金的筹集与投资活动；企业的清算涉及纳税主体消亡等涉税事项。企业应做好经营活动各环节的纳税管理，以实现企业价值的最大化。由于纳税筹划是企业经营活动纳税管理的重要内容，本书将在第三章单独予以介绍。

第一节　企业设立的纳税管理

　　按照投资者承担的责任不同，企业的组织形式可分为个人独资企业、合伙企业和公司制企业。企业在设立阶段，无论设立何种组织形式都要在取得工商营业执照后，按照规定的时限到主管税务机关进行相关税务信息的登记。企业税务信息的登记主要包括增值税纳税人的登记和税种认定登记。企业在设立的阶段要按照规定设置账簿，向主管税务机关报送财务、会计制度办法和核算软件，按照《发票管理办法》的规定办理发票领购事宜。

一、设立企业时工商税务登记的管理

　　2015年10月1日前，设立企业时应该先到工商行政管理部门办理工商登记，取得营业执照，在取得营业执照后的30日内，分别到质量技术监督部门和税务机关申请组织机构代码和办理设立税务登记，即依法取得工商营业执照、组织机构代码和税务登记证（简称"三证"）。为降低设立企业的制度成本，2013年开始我国进行了企业登记制度改革试点。在试点的基础上，2015年10月1日起在全国全面推行工商营业执照、组织机构代码证、税务登记证"三证合一"登记制度改革。2016年10月1日开始，在全面实施"三证合一"的基础上，正式实施"五证合一"的企业登记模式，在原有"三证"的基础上，增加了社会保险登记证和统计登记证。在更大范围、更深层次实现信息共享和业务协同，降低创业准入的制度性成本。

　　新设立企业领取由工商行政管理部门核发的营业执照后，无须再次进行税务登记，不再领取税务登记证。企业办理涉税事宜时，在主管税务机关完成补充信息采集后，凭加载统一代码的营业执照可代替税务登记证使用。

二、企业纳税事项登记的管理

(一) 增值税一般纳税人资格的登记

现行增值税制度根据纳税人年应税销售额的大小、会计核算水平的高低和能否提供准确税务资料等标准为依据来划分一般纳税人和小规模纳税人。两类纳税人在税款计算方法以及管理办法上都有所不同。一般纳税人实行凭发票抵税的计税方法,小规模纳税人按照简易办法计税。

增值税一般纳税人是指年应税销售额超过财政部、国家税务总局规定的小规模纳税人标准的纳税人。小规模纳税人的标准是:从事货物生产或者提供劳务的纳税人,以及以从事货物生产或者提供劳务为主,并兼营货物批发或者零售的纳税人,年应征增值税销售额(以下简称应税销售额)在50万元以下(含本数);上述规定以外的纳税人(不含"营改增"试点纳税人),年应税销售额在80万元以下的;销售服务、无形资产或者不动产的年应税销售额未超过500万元的试点纳税人。"营改增"试点纳税人兼有销售货物、提供劳务和应税行为的,应税货物及劳务销售额应与应税行为销售额分别计算,分别适用增值税一般纳税人资格登记标准。

增值税一般纳税人资格实行登记制,登记事项由增值税纳税人向其主管税务机关办理。企业在设立时办理一般纳税人资格登记的程序为:纳税人向主管税务机关填报"增值税一般纳税人资格登记表",并提供税务登记证件;纳税人填报内容与税务登记信息一致的,主管税务机关当场登记;纳税人填报内容与税务登记信息不一致,或者不符合填列要求的,税务机关应当场告知纳税人需要补正的内容。

增值税一般纳税人资格原为税务机关的行政审批事项。自2015年4月起一般纳税人资格实行登记制,在具体登记程序中取消了税务机关审批环节,主管税务机关在对纳税人递交的登记资料信息进行核对确认后,纳税人即可取得一般纳税人资格。主管税务机关对符合登记要求的,一般予以当场办结,在一般纳税人税务登记证副本"资格认定"栏内加盖"增值税一般纳税人"戳记。新开业纳税人自主管税务机关受理申请的当月起,按照规定领购、使用增值税专用发票。除国家税务总局另有规定外,纳税人一经认定为一般纳税人后,不得转为小规模纳税人。

(二) 企业设立环节的税种认定

新设企业在领取"三证合一"或"五证合一"的营业执照后,在申报纳税前需要到主管税务机关申请税种认定登记,填写"纳税人税种登记表"。税务机关对新设企业报送的"纳税人税种登记表"及有关资料进行审核,对企业适用的税种、税目、税率、纳税期限、纳税方法等做出确认,在"纳税人税种登记表"的有关栏目中注明,或书面通知企业税种认定的结果,以此作为办税的依据。对于税种认定涉及国税、地税两套税务机构的新设企业,应分别办理税种认定。

三、企业账簿设置及会计核算办法备案的纳税管理

企业应当自领取营业执照或者发生纳税义务之日起15日内,按照国家有关规定设置账簿,并在自领取税务登记证件之日起15日内,将其财务、会计制度或者财务、会计处理办法报送主管税务机关备案。企业建立的会计电算化系统应当符

合国家有关规定，并能正确、完整地核算其收入或者所得。企业会计制度健全，能够通过计算机正确、完整地计算其收入和所得或者代扣代缴、代收代缴税款的，其计算机输出的完整的书面会计记录可视同会计账簿。如果会计制度不健全，不能通过计算机正确、完整地计算其收入和所得或者代扣代缴、代收代缴税款的，应当建立总账及与纳税或者代扣代缴、代收代缴税款有关的其他账簿。企业应当按照税务机关的要求安装、使用税控装置，并按照税务机关的规定报送有关数据和资料。

新设企业应按规定设置会计账簿，向主管税务机关进行财务、会计制度办法及会计核算软件的备案。企业未按规定设置、保管账簿资料，报送财务、会计制度办法核算软件，税务机关责令限期改正，可处以 2 000 元以下的罚款，情节严重的，处以 2 000 元以上 1 万元以下的罚款。

四、发票的领购管理

企业依法办理了工商税务登记并领取营业执照后，具备向主管税务机关申请领购发票的资格。企业如果是增值税纳税人，就应该按照规定安装增值税防伪税控系统。增值税一般纳税人和小规模纳税人初次购买增值税税控系统专用设备支付的费用以及缴纳的技术维护费允许在增值税应纳税额中全额抵减。办税人员根据企业日常业务需要，持本企业的税控 IC 卡到税务机关的"发票发售子系统"中购买所需种类的发票。税务机关把发售的发票张数、发票号码写入企业税控 IC 卡。企业购得发票后，必须将新购的发票及时从税控 IC 卡读入到企业开票金税卡中，以备使用。

新认定的一般纳税人和新办小规模纳税人发生增值税业务对外开具发票的，一律使用专用设备开具。增值税起征点以下的小规模纳税人发生增值税应税行为，如不需要对外开具普通发票，则可不使用专用设备；如需要对外开具增值税专用发票，则可按现行规定到税务机关申请代开。

第二节 企业采购活动的纳税管理

采购活动在企业中占据着非常重要的地位，是企业日常经营活动的起点。对制造业企业来说，采购活动是企业的重要业务活动。企业在采购活动中主要涉及增值税、资源税、关税、消费税、契税和车辆购置税等涉税事项。企业采购活动纳税管理的重点是保证取得发票的合规性。企业取得存货、设备、不动产以及接受劳务时，一律要取得合规发票，作为相关财税处理的依据。

一、取得货物的纳税管理

企业取得货物包括外购（含进口）货物、以物易物换入货物、抵偿债务收入货物、接受投资投入的货物等方式。纳税人取得货物的成本包括购货价格、购货费用和税金。税金主要涉及增值税、消费税、资源税、城市维护建设税等流转税。取得货物的增值税是否计入成本要视增值税纳税人的资格而定。增值税一般纳税人实行税款抵扣制，其应纳税额为销项税额抵扣进项税额后的余额，取得货物发生的进项税额可以从销项税额中抵扣，进项税额不计入取得货物的成本。小规模纳税人取得货物发生的增值税计入购货成本。一般纳税人和小规模纳税人企业购进存货发生的消费税、关税、资源税和城市维护建设税及教育费附加直接计入存货的成本。

对于增值税一般纳税人而言，取得货物的进项税额能否抵扣直接影响取得货物的成本。一般纳税人取得存货纳税管理的核心是处理好进项税额的抵扣问题。一是按照税法的规定取得准予抵扣的进项税额的凭证，二是按照规定的时限到税务机关办理认证。

（一）一般纳税人取得货物准予抵扣的进项税额

1.以票抵扣。

以票抵扣，即取得法定扣税凭证，并符合税法抵扣规定的进项税额。具体包括从销售方取得的增值税专用发票（含税控机动车销售统一发票）上注明的增值税税额，进口货物从海关取得的海关进口增值税专用缴款书上注明的增值税税额。另外，一般纳税人从小规模纳税人购进货物，通过其从主管税务局代开的增值税专用发票，也可以按照3%的征收率进行税款抵扣。

2.购进免税农产品的计算抵扣。

增值税一般纳税人从农业生产者手中购进免税农产品时，可以根据经主管税务机关批准使用的收购凭证上注明的收购金额，计算抵扣进项税额；从农业生产单位（含农民专业合作社）购进农产品时，农业生产单位开具的普通发票可以作为计算并抵扣进项税额的凭证。购进免税农产品计算抵扣的进项税额为：按照农产品收购发票或者销售发票上注明的农产品买价乘以13%的扣除率后的金额。

【例2-1】某饲料生产企业为一般纳税人，准备生产羽毛粉饲料产品，其原料为从流动商贩购得的未洗净的鸡毛。企业如何进行购进鸡毛业务的纳税处理，才能按照13%的税率计算抵扣进项税额？

解析：

企业应该取得流动商贩到税务机关缴税后代开的普通发票，并且要分析企业能否同时满足以下三个条件：

第一，分析羽毛粉饲料产品是否免税。

税法明确规定，免征增值税项目取得的进项税额不得从销项税额中抵扣。《国家税务总局关于部分饲料产品征免增值税政策问题的批复》（国税函〔2009〕324号）规定，单一大宗饲料产品仅限于糠麸等饲料产品。膨化血粉、膨化肉粉、水解羽毛粉不属于现行增值税优惠政策所定义的单一大宗饲料产品，应对其照章征收增值税。羽毛粉饲料产品属于应税产品，其购进的原料取得的进项税额可以抵扣。

第二，分析未洗净的鸡毛是否属于农产品。

《财政部、国家税务总局关于印发〈农业产品征税范围注释〉的通知》（财税〔1995〕52号）附列的《农业产品征税范围注释》中所列的动物毛绒是指未经洗净的各种动物的毛发、绒发和羽毛。洗净毛、洗净绒等不属于本货物的征税范围。本例中未洗净的鸡毛属于农产品。

第三，分析购进农产品取得的普通发票是否有抵扣功能。

购进农产品，除取得增值税专用发票或者海关进口增值税专用缴款书外，按照农产品收购发票或者销售发票上注明的农产品买价和13%的扣除率计算进项税额。进项税额计算公式为：

$$进项税额 = 买价 \times 扣除率$$

增值税扣税凭证，是指增值税专用发票、海关进口增值税专用缴款书、农产品收购发票和农产品销售发票。"销售发票"仅指小规模纳税人销售农产品，依照3%征收率按简易办法计算缴纳增值税而自行开具或委托税务机关代开的普通发票。批发、零售纳税人享受免税政策后开具的普通发票，不得作为计算抵扣进项税额的凭证。

经分析，该企业购进鸡毛取得的普通发票，满足以上三个条件，可以按照13%的税率计算抵扣进项税额。

为调整和完善农产品增值税抵扣机制，国家在部分以购进农产品为原料进行生产的行业开展了增值税进项税额抵扣的试点。纳税人购进农产品为原料生产销售液体乳及乳制品、酒及酒精、植物油，其进项税额的抵扣按照投入产出法、成本法和参照法进行核定。

一般纳税人企业在货物的取得环节会发生不准予抵扣进项税额的情况。不准予抵扣的进项税额包括取得货物直接用于简易方法计税项目、免征增值税项目、集体福利或者个人消费的购进货物或者应税劳务；小规模纳税人购进存货不得抵扣进项税额。

一般纳税人有下列情况之一的，不得抵扣进项税额，也不得使用增值税专用发票：一般纳税人会计核算不健全，或者不能提供准确的税务资料；纳税人超过小规模纳税人标准，未申请办理一般纳税人认定手续的。

（二）进项税额抵扣时限

一般纳税人取得的增值税专用发票（含税控机动车销售统一发票），应在开具之日起180日内到税务机关办理认证，并在认证通过的次月申报期内，向主管税务机关申报抵扣进项税额。

实行海关进口增值税专用缴款书"先比对后抵扣"管理办法的增值税一般纳税人取得的海关缴款书，应在开具之日起180日内向主管税务机关报送海关完税凭证抵扣清单，申请稽核比对。企业对稽核比对结果相符的海关缴款书，应在税务机关提供稽核比对结果的当月纳税申报期内申报抵扣，逾期的进项税额不予抵扣。

二、取得固定资产的纳税管理

固定资产是企业的劳动手段，也是企业赖以生存的主要资产。企业的固定资产包括以机器设备为代表的动产类和以建筑物为代表的不动产类。取得动产类固定资产，主要涉及增值税进项税额的抵扣问题；2016年5月1日全面"营改增"前取得不动产类固定资产不涉及增值税的问题，这之后取得不动产的，进项税额可以抵扣。企业取得固定资产纳税管理的重点是做好不同固定资产的增值税进项税额抵扣工作。

（一）取得动产类固定资产的纳税管理

可以抵扣进项税额的固定资产主要是机器、机械、运输工具以及其他与生产经营有关的设备、工具、器具等动产类的固定资产。增值税一般纳税人购进（包括接受捐赠、实物投资）或者自制（包括改扩建、安装）动产类固定资产发生的进项税额，可凭增值税专用发票、海关进口增值税专用缴款书从销项税额中抵扣。企业对符合条件的固定资产进项税额抵扣后，应建立已抵扣固定资产备查账，接受税务机关的抽查。在具体操作中，应注意准确掌握动产设备进项税额的抵扣条件。能够抵扣进项税额的固定资产需要满足以下条件：该固定资产用于增值税应税项目或同时在应税项目与非应税项目间混用；可抵扣进项税额的固定资产为使用期限超过12个月的机器、机械、运输工具以及其他与生产经营活动有关的设备、工具、器具等；应取得符合要求的扣税凭证；企业账面上按固定资产核算。

此外，企业购置（包括购买、进口、自产、受赠、获奖或者以其他方式取得并自用）车辆时，按规定缴纳车辆购置税，所缴纳的税款计入所购车辆成本。

（二）取得不动产的纳税管理

2016年5月1日全面"营改增"后，增值税一般纳税人取得并在会计制度上按固定资产核算的不动产，以及2016年5月1日后发生的不动产在建工程，其进项税额应按照规定分2年从销项税额中抵扣，第1年抵扣比例为60%，第2年抵扣比例为40%。房地产开发企业自行开发的房地产项目，融资租入的不动产，以及在施工现场修建的临时建筑物、构筑物，其进项税额不适用上述分2年抵扣的规定。

纳税人按照规定从销项税额中抵扣进项税额，应取得2016年5月1日后开具的合法有效的增值税扣税凭证。上述进项税额中，60%的部分于取得扣税凭证的当期从销项税额中抵扣，40%的部分为待抵扣进项税额，于取得扣税凭证的当月起第13个月从销项税额中抵扣。待抵扣进项税额记入"应交税费——待抵扣进项税额"科目核算，并于可抵扣当期转入"应交税费——应交增值税（进项税额）"科目。

纳税人应注意不动产进项税额采用分期抵扣，第1年抵扣比例为60%，第2年抵扣比例为40%，避免出现在购进时全额抵扣，从而被税务机关处罚的风险。

企业购进或承受土地、房屋权属，按规定缴纳契税和耕地占用税，所缴税款计入所购进或承受土地、房屋的成本。

三、取得劳务的纳税管理

（一）取得加工、修理、修配劳务的纳税管理

企业取得加工劳务，也就是通常所说的委托加工。委托加工业务是指由委托方提供原料和主要材料，受托方只代垫部分辅助材料，按照委托方的要求加工货物并收取加工费的经营活动。企业收到受托方开具的增值税专业发票中注明的增值税可以抵扣。如果纳税人委托加工的是应税消费品，加工的应税消费品还应该缴纳消费

税，应缴纳的消费税由受托方于委托方提货时代收代缴。委托个人加工的应税消费品，由委托方收回后自行交纳消费税。其中，代扣代缴的城市维护建设税和教育费附加计入加工货物的成本；收回的委托加工货物，如果以不高于受托方计税价格出售的，不再缴纳消费税，代扣代缴的消费税计入加工货物成本。如果以高于受托方计税价格出售或用于连续生产应税消费品，代扣代缴的消费税应单独核算，在计税时准予抵扣。

企业购进对损伤和丧失功能的货物进行修复的修理、修配劳务，如果能够取得增值税专用发票，其进项税额可以从销项税额中抵扣。

（二）取得服务的纳税管理

服务是指交通运输、邮政、电信、建筑、金融、现代及生活服务业劳务。自2016年5月1日全面"营改增"起，有偿提供上述服务要缴纳增值税。增值税一般纳税人企业购买上述服务取得的增值税专用发票注明的增值税税额可以抵扣进项税额。

一般纳税人购进的旅客运输服务、贷款服务、餐饮服务、居民日常服务和娱乐服务的进项税额不得从销项税额中抵扣。

四、取得无形资产的纳税管理

无形资产是指不具有实物形态，但能够带来经济利益的资产，包括技术、商标、著作权、商誉、自然资源使用权和其他权益性无形资产。增值税一般纳税人企业购买无形资产取得的增值税专用发票注明的增值税税额可以抵扣进项税额。

五、企业采购过程取得发票的管理

（一）采购业务发生后应及时取得发票

发票是重要的商事凭证，企业在购买货物、劳务、接受服务以及从事其他经营活动支付款项，应当向收款方取得发票。对于经济业务发生后不能立即取得发票的情况应给予重点关注，以免发生没有发票产生的纳税风险。

【例2-2】某企业在进行2015年度企业所得税汇算清缴工作时发现，该企业2015年11月份从乙企业购入一批原材料，合同约定收到货款后开具发票，该企业收到原材料后，按当时不含税市场价格46 000元暂估入账，以该批原材料生产的产品在2015年已全部售出并结转了成本。截至2015年度企业所得税汇算清缴时限前，企业因疏忽仍未支付货款，也未取得发票，该种情况下企业应如何操作？

解析：《国家税务总局关于企业所得税若干问题的公告》（国家税务总局公告2011年第34号）第六条规定："企业当年度实际发生的相关成本、费用，由于各种原因未能及时取得该成本、费用的有效凭证，企业在预缴季度所得税时，可暂按账面发生金额进行核算，但在汇算清缴时，应补充提供该成本、费用的有效凭证。"

根据上述规定，该企业财务人员应及时要求相关人员向乙企业支付货款并取得其开具的发票。只有在汇算清缴时，能补充提供该原材料的有效凭证，相关成本才可以税前扣除，这样就可以有效规避因没有取得扣税凭证而产生的纳税风险。

（二）采购过程中要注意发票的合规性

企业遇到不符合规定的发票时应该拒收，不得作为财务报销凭证。发票不符合规定的情况主要有：

1.发票本身不符合规定。这主要包括：白条，即使用空白纸张直接制作收付款凭证；其他收付款凭证，如内部结算凭证、普通收据等；伪造的假发票；作废的发票。

2.发票开具不符合规定。如填写项目不全，内容不真实，字迹不清楚，没有加盖发票专用章等。未按照规定开具的发票，不具备证明经济活动的效力，不能成为合法的原始凭证。

3.发票来源不符合规定。发票必须是购买商品、接受服务以及从事经营活动支付款项时向销售商品、提供服务的收款方取得的，向第三方取得的发票、转借的发票、购买的发票均是不合法的。

第三节　企业生产或营运活动的纳税管理

虽然不同行业的生产或运营各不相同，但概括起来主要包括消耗材料、使用固定资产和无形资产、发生人工费用等事项。企业生产或运营过程中，还可能发生存货、固定资产和无形资产改变用途及发生非正常损失等情况。这个环节的涉税事项主要与企业所得税的核算相关，还会涉及房产税、城镇土地使用税、个人所得税、增值税等税种。企业生产过程中纳税管理应重点关注需要进行进项税额转出的情况。

一、生产过程中消耗材料的纳税管理

生产过程中消耗的材料是生产成本的重要项目。计算应纳税所得额时，销售成本是各项扣除的内容。企业在成本计算中，要按照税法规定进行发出材料的计价。发出材料的计价方法可以在先进先出法、加权平均法、个别计价法中选用一种，并且计价方法一经选用，不得随意变更。

增值税一般纳税人企业在生产或营运活动中，要注意购进或生产的存货需要作进项税额转出的情况。需要进行进项税额转出的情况有：

1.发生的非正常损失。

企业在生产或营运过程中如果发生非正常损失，要按照税法的规定进行税务处理。非正常损失是指企业日常生产经营活动中，因管理不善造成货物被盗窃、发生霉烂变质等损失以及其他非正常损失。已抵扣进项税额的货物发生非正常损失，应在当月计算不得抵扣的进项税额，并记入"应交税费——应交增值税（进项税额转出）"科目。企业应该正确理解非正常损失的范围。非正常损失是指因管理不善造成被盗、丢失、霉烂变质的损失。对于企业由于资产评估减值、市场价格波动的贬值而发生的流动资产损失，如果流动资产未丢失或损坏，只是由于市场发生变化，

价格降低，价值量减少，那么不属于《增值税暂行条例实施细则》中列举的非正常损失的情形，不作进项税额转出处理。企业应该重点关注税法与会计对非正常损失界定的差别，正确对发生的非正常损失进行税务处理。

2.非正常损失之外的需要进项税额转出的情况。

增值税一般纳税人企业在生产或营运过程中，其购进或生产的存货用于简易计税方法计税项目、免征增值税项目、集体福利或者个人消费，已抵扣的进项税额在当月应做进项税额转出处理。

二、生产过程中使用固定资产、无形资产的纳税管理

企业的固定资产、无形资产通过计提折旧、摊销的形式形成费用，计提的折旧和摊销的费用可以在计算的应纳税所得额中扣除。企业按照《企业会计准则》的规定进行固定资产折旧和无形资产摊销的计提。《企业所得税法》对固定资产、无形资产的计税基础，折旧或摊销的范围、方法、年限都有明确规定，以保证企业所得税的缴纳。企业应该正确处理会计与税法的差异。

《企业会计准则》对固定资产折旧的规定主要有：企业应根据固定资产的性质和使用情况，合理确定固定资产的使用寿命和预计净残值。固定资产的使用寿命、预计净残值一经确定，不得随意变更。而《企业所得税法》对固定资产折旧规定了最低的折旧年限和应用加速折旧的条件。企业对固定资产进行加速折旧时要严格按照税法规定的加速条件和方法进行。《企业所得税法》规定的固定资产最低折旧年限为：房屋、建筑物，为20年；飞机、火车、轮船、机器、机械和其他生产设备，为10年；与生产经营活动有关的器具、工具、家具等，为5年；飞机、火车、轮船以外的运输工具，为4年；电子设备，为3年。当企业会计折旧年限短于税法最低折旧年限时，应按税法规定进行纳税调增。企业会计折旧提足后，在剩余的税收折旧年限已没有会计折旧，但由于前期已提折旧按税法规定进行了纳税调增，也就是说，税收与会计之间差异部分已实际进行了会计处理，因此，应当准予将前期纳税调增的部分在后期按税法规定进行纳税调减。当企业会计折旧年限长于税法最低折旧年限时，如果企业固定资产采用的会计折旧年限长于税法规定的最低折旧年限，视同会计与税法无差异，应按会计年限计算折旧扣除，不需要在年度汇算清缴时进行纳税调减。

增值税一般纳税人企业在生产或营运过程中，已抵扣进项税额的固定资产、无形资产用于简易计税方法计税项目、免征增值税项目、集体福利或者个人消费，以及发生非正常损失，已抵扣的进项税额在当月应做进项税额转出处理。企业应按照下列公式计算不得抵扣的进项税额：

不得抵扣的进项税额 = 固定资产、无形资产净值×适用税率

固定资产、无形资产净值，是指纳税人根据财务会计制度计提折旧或摊销后的余额。

增值税一般纳税人企业应明确，计算固定资产、无形资产进项税额转出的依据是净值，而不是原值，避免因计算错误而多转出进项税额。

三、生产过程中发生职工薪酬的纳税管理

企业在生产过程中发生的职工薪酬，涉及企业所得税和个人所得税。

根据企业所得税法及实施条例的规定，企业的职工薪酬只要在规定的范围和合理的标准内，均可以在企业所得税前扣除。企业发生的职工福利费、拨缴的工会经费、发生的职工教育经费，均以工资薪金总额作为企业所得税前扣除的基数，分别在不超过工资薪金总额的14%、2%、2.5%的额度内扣除。按照国家规定，企业为职工个人缴付的基本养老保险金、基本医疗保险金、失业保险金、住房公积金，可以从应纳税所得额中扣除。企业发放的符合条件的福利性补贴，可作为工资薪金处理。在企业实际经营中，有一些福利性补贴，列入企业员工工资薪金制度，固定与工资薪金一起发放，可作为企业发生的工资薪金支出，予以税前扣除。不符合条件的，按职工福利费计算限额税前扣除。

对于企业接受外部劳务派遣用工支出的税前扣除问题，应分为两种情况进行税务处理。一是按照协议（合同）约定直接支付给劳务派遣公司的费用，作为劳务费支出。二是直接支付给员工个人的费用，作为工资薪金支出和职工福利费支出。其中，属于工资薪金支出的费用准予计入企业工资薪金总额的基数，作为计算其他各项相关费用扣除的依据。

职工从企业所获得的薪酬，减除费用扣除标准和个人按照规定缴纳的"五险一金"，按照工资、薪金所得计缴个人所得税。企业为职工个人所得税的代扣代缴义务人。如果税务机关发现企业未代扣代缴或少代扣代缴个人所得税，则可直接向企业追缴税款，然后再由企业向个人追缴。企业应及时履行代扣代缴个人所得税的义务，避免因未履行代扣代缴个人所得税而产生的纳税风险。

四、房产税的纳税管理

房产税是以房产为征税对象，以房产的计税余值或房产的租金收入为计税依据，向房产所有人或经营人征收的一种税。房产税应纳税额依照规定的计税余值或租金收入乘以适用的税率计算征收。其中，房产税计税余值，是指从房产的原值中一次减除10%~30%后的余值。具体的减除幅度由各省、自治区、直辖市人民政府规定。

企业对其经营用的房产要准确确定房产的原值。税法规定，对依照房产原值计税的房产，不论是否记载在会计账簿"固定资产"科目中，均应按照房屋原价计算缴纳房产税。房屋原值应根据国家有关会计制度规定进行核算。对纳税人未按国家会计制度规定核算并记载的，由房产所在地主管税务机关比照同类结构、同等新旧程度的房产予以调整或重新评估。

企业在计算应缴纳房产税时，关于房产原值有两个问题要明确：一是土地的价值。财政部、国家税务总局明确规定，对按照房产原值计税的房产，无论会计上如何核算，房产原值均应包含地价，包括为取得土地使用权支付的价款、开发土地发生的成本费用等。宗地容积率低于0.5的，按房产建筑面积的2倍计算土地面积，并据此确定计入房产原值的地价。二是房屋附属设施和配套设施的问题。根据《国

家税务总局关于进一步明确房屋附属设备和配套设施计征房产税有关问题的通知》，为了维持和增加房屋的使用功能或使房屋满足设计要求，凡以房屋为载体，不可随意移动的附属设备和配套设施，如给排水、采暖、消防、中央空调、电气及智能化楼宇设备等，无论在会计核算中是否单独记账与核算，都应计入房产原值，计征房产税。对于更换房屋附属设备和配套设施的，在将其价值计入房产原值时，可扣减原来相应设备和设施的价值；对附属设备和配套设施中易损坏、需要经常更换的零配件，更新后不再计入房产原值。

五、城镇土地使用税的纳税管理

城市、县城、建制镇、工矿区范围内使用土地的单位和个人，为城镇土地使用税的纳税人，应当依照规定缴纳城镇土地使用税。城镇土地使用税以纳税人实际占用的土地面积为计税依据，依照规定税额计算征收。土地使用税按年计算、分期缴纳。缴纳期限由省、自治区、直辖市人民政府确定。纳税人新征用的耕地，自批准征用之日起满1年时开始缴纳城镇土地使用税；征用的非耕地，自批准征用次月起缴纳城镇土地使用税。

城镇土地使用税除法定的免缴优惠外，对省、自治区、直辖市地方税务局在特定情况下对城镇土地使用税赋予了减免权利。如，民政部门举办的安置残疾人占一定比例的福利工厂用地，集体和个人办的各类学校、医院、托儿所、幼儿园用地等。企业应该加强对本单位占用土地情况的分类管理，并将城镇土地使用税与房产税的纳税情况进行综合管理。

第四节 企业销售活动的纳税管理

企业销售活动主要涉及流转税和企业所得税，流转税包括增值税、消费税和城市维护建设税及教育费附加。另外，国家出于特殊目的还会对一些特殊商品的销售征收土地增值税和资源税。企业在销售过程中要向付款方开具发票，发票的开具与使用也是销售活动重要的涉税事项。企业应按照税法要求建立发票使用管理流程及发票使用基本管理制度。企业销售活动纳税管理的重点是增值税销项税额的确认。

一、企业销售活动增值税的纳税管理

（一）销售活动一般业务增值税的确认

1.一般纳税人增值税销项税额的确认。

增值税一般纳税人销售货物、劳务、服务、无形资产和不动产，按照销售额和适用税率计算并向购买方收取的增值税税额，为销项税额。影响销项税额确认的主要因素是销售额和税率。

（1）销售额。

销售额是指纳税人销售货物、劳务、服务、无形资产和不动产向购买方收取的全部价款和价外费用。价外费用，是指价外收取的各种性质的收费，但不包括：①代为收取并符合规定条件的政府性基金或者行政事业性收费；②以委托方名义开

具发票代委托方收取的款项。增值税一般纳税人企业向购买方收取的价外费用，无论其会计上如何核算，均应并入销售额计算应纳税额，目的是为了防止纳税人通过各种名目的收费减少销售额逃避纳税。

纳税人销售货物或应税劳务的价格明显偏低且无正当理由的，或者是纳税人发生了视同销售货物的行为，而无销售额的，主管税务机关有权核定其销售额。

（2）增值税税率。

①增值税一般纳税人销售货物或者进口货物、提供劳务，除另有规定者外，均适用基本税率。

增值税的基本税率为17%，增值税一般纳税人销售或者进口规定的低税率货物，按13%的税率计征增值税。

②增值税一般纳税人销售服务、无形资产或不动产，除另有规定适用税率者外，均适用6%的税率。

提供交通运输、邮政、基础电信、建筑、不动产租赁服务，销售不动产，转让土地使用权，税率为11%；提供有形动产租赁服务，税率为17%。

③零税率。纳税人出口的货物和财政部、国家税务总局规定的应税服务，税率为零。

2.小规模纳税人增值税的确认。

小规模纳税人实行简易计税办法，其缴纳增值税的金额为销售额乘以征收率。小规模纳税人计税销售额的确认同一般纳税人一样，均为销售货物、劳务及服务向购买方收取的全部价款和价外费用。小规模纳税人的增值税征收率为3%，财政部国家税务总局另有规定的除外。

（二）销售活动特殊业务增值税的确认

1.视同销售行为增值税销项税额的确认。

视同销售行为增值税销项税额的确认视每一种具体的行为而不同。

（1）将货物交付其他单位或者个人代销，委托方收到代销清单时按实际售价确认增值税销项税额，受托方收取的代销手续费，应按现代服务业中商务辅助服务的经纪代理服务依据6%的税率征收增值税。受托方销售代销商品时按实际售价确认增值税销项税额。收到委托方的增值税专用发票可以抵扣进项。

（2）设有两个以上机构并实行统一核算的纳税人，将货物从一个机构移送其他机构用于销售，但相关机构设在同一县（市）的除外，货物在移送时按实际售价确认增值税销项税额。

（3）将自产或委托加工的货物用于非增值税应税项目，在货物移送时按售价或组成计税价格确认增值税销项税额。

（4）将自产或委托加工的货物用于集体福利或者个人消费，在货物用于集体福利或者个人消费时按售价或组成计税价格确认增值税销项税额。如将自产彩电分发给本厂职工，按照售价计算销项税额，因此生产彩电购进货物的进项税额允许抵扣；将外购电暖器分发给本厂职工，不允许抵扣进项税额，直接按价税合计数记账。

（5）将自产、委托加工或者购进的货物作为投资，提供给其他单位或者个体工商户，在将货物提供给其他单位或者个体工商户时按售价或组成计税价格确认增值税销项税额。

（6）将自产、委托加工或者购进的货物分配给股东或者投资者，在将货物分配给股东或者投资者时按售价或组成计税价格确认增值税销项税额。

（7）将自产、委托加工或者购进的货物无偿赠送给其他单位或者个人，在将货物赠送给其他单位或者个人时按售价或组成计税价格确认增值税销项税额。

2.特殊销售方式下增值税销项税额的确认。

（1）折扣销售。如果销售额和折扣额在同一张发票上分别注明的，可按折扣后的余额作为销售额征收增值税；如果将折扣额另开发票，不得从销售额中减除折扣额；如果给予实物折扣，按视同销售中"无偿赠送"处理；如果给予现金折扣，不得从销售额中减除现金折扣额，现金折扣应记入"财务费用"科目。

（2）销售折让。可以从销售额中减除折让额，纳税人发生销售退回或销售折让时，依据退回的增值税专用发票或购货方主管税务机关开具的"开具红字增值税专用发票通知单"，按退货或折让金额冲减原销售额，应当注意的是，在账务处理时用红字贷记销项税额。

（3）以旧换新。一般货物按新货物同期销售价格确定销售额，不得扣减旧货物的收购价格。金银首饰可按销售方实际收取的不含增值税的全部价款征收增值税。

（4）还本销售。还本销售不得扣减还本支出，还本支出应计入财务费用或销售费用。

（5）以物易物。双方均作购销处理，以各自发出的货物核算销售额并计算销项税额，以各自收到的货物按规定核算购货额并计算进项税额。应当注意的是在以物易物活动中，应分别开具合法的票据，如收到的货物不能取得相应的增值税专用发票或其他合法扣税凭证的，不能抵扣进项税额。

（6）带包装销售货物。按照所包装货物适用税率征收增值税，随同产品出售但单独计价的包装物，按规定应缴纳增值税。

（7）包装物押金。一般货物如单独记账核算，时间在1年以内，又未逾期的，不并入销售额征税。因逾期未收回包装物不再退还的押金，应并入销售额征税。逾期包装物押金为含税收入，需换算成不含税价格再并入销售额。税率为所包装货物适用税率。除啤酒、黄酒外的其他酒类产品，无论是否返还以及会计上如何核算，均应并入当期销售额征税。

（8）包装物租金。随同货物销售收取的包装物租金，应并入销售额计算增值税销项税额。单独出租收取的包装物租金，属于租赁服务，应计算缴纳增值税。

3.混合销售行为增值税的确认。

一项销售行为如果既涉及服务又涉及货物，为混合销售。从事货物的生产、批发或者零售的单位和个体工商户的混合销售行为，按照销售货物缴纳增值税；其他单位和个体工商户的混合销售行为，按照销售服务缴纳增值税。

4.兼营行为增值税的确认。

纳税人兼营销售货物、劳务、服务、无形资产和不动产，适用不同税率或者征收率的，应当分别核算适用不同税率或者征收率的销售额；未分别核算的，从高适用税率。

全面"营改增"试点后，增值税的适用税率包括17%、13%、11%、6%和零税率5种，征收率为3%。企业兼有上述适用不同税率或征收率的增值税应税事项，但未能对上述事项分别核算的，根据其实际经营的应税事项中适用最高一档的税率或征收率进行征收。纳税人发生兼营行为，一定要分别核算适用不同税率或者征收率的销售额，避免未分别核算，从高适用税率的情况发生，使企业多缴增值税。

【例2-3】某一般纳税人企业，主营业务为家电销售，同时开展设计、制作各类户外商品广告业务。该企业如何进行增值税的确定？

解析：

该企业销售家电适用17%的税率，开展设计、制作商品广告业务为兼营应税服务项目，设计、制作户外广告属于现代服务业中的文化创意服务，税率为6%。该企业应将家电销售收入和设计、制作广告收入分开核算，否则从高适用税率。

（三）一般纳税人按简易办法征收增值税，不得抵扣进项税额的情况

1.一般纳税人销售自产的下列货物，可选择按照简易办法依照3%的征收率计算缴纳增值税，不得抵扣进项税额。

县级及县级以下小型水力发电单位生产的电力（各类投资主体建设的装机容量为5万千瓦以下的小型水力发电单位）；建筑用和生产建筑材料所用的砂、土、石料；以自己采掘的砂、土、石料或其他矿物连续生产的砖、瓦、石灰（不含黏土实心砖、瓦）；用微生物、微生物代谢产物、动物毒素、人或动物的血液或组织制成的生物制品；自来水；商品混凝土（仅限于以水泥为原料生产的水泥混凝土）等。一般纳税人选择简易办法计算缴纳增值税后，36个月内不得变更。

2."营改增"一般纳税人适用征收率的税法规定。

（1）一般纳税人发生下列应税行为，可按简易办法按3%的征收率计算缴纳增值税，不得抵扣进项税额：

①公共交通运输服务；

②经认定的动漫企业为开发动漫产品提供的动漫设计、制作等服务及在境内转让动漫版权等动漫服务；

③电影放映服务、仓储服务、装卸搬运服务、收派服务和文化体育服务；

④以纳入营改增试点之日前取得的有形动产为标的物提供的经营租赁服务；

⑤在纳入营改增试点之日前签订的尚未执行完毕的有形动产租赁合同。

（2）一般纳税人提供下列建筑服务，选择适用简易计税方法，按3%的征收率计算应纳税额：

①以清包工方式提供的建筑服务；

②为甲供工程提供的建筑服务；

③为建筑工程老项目提供的建筑服务。

（3）一般纳税人销售下列不动产，选择适用简易计税方法，按5%的征收率计算应纳税额：

①销售其2016年4月30日前取得（不含自建）的不动产；

②销售其2016年4月30日前自建的不动产；

③房地产开发企业中的一般纳税人，销售自行开发的房地产老项目。

（4）一般纳税人提供不动产经营租赁服务，选择适用简易计税方法征收率的相关规定：

①一般纳税人出租其2016年4月30日前取得的不动产，可以选择适用简易计税方法，按照5%的征收率计算应纳税额。

②公路经营企业中的一般纳税人收取试点前开工的高速公路的车辆通行费，可以选择适用简易计税方法，减按3%的征收率计算应纳税额。

③一般纳税人收取试点前开工的一级公路、二级公路、桥、闸通行费，可以选择适用简易计税方法，按照5%的征收率计算缴纳增值税。

（5）一般纳税人提供劳务派遣服务，可以选择差额纳税，按照简易计税方法依5%的征收率计算缴纳增值税。

3. 销售自己使用过的物品增值税的确认。

（1）一般纳税人销售自己使用过的属于《增值税暂行条例》规定不得抵扣且未抵扣进项税额的固定资产，按简易办法依3%的征收率减按2%征收增值税。一般纳税人销售自己使用过的其他固定资产，按适用税率的执行。一般纳税人销售自己使用过的除固定资产以外的物品，应当按照适用税率征收增值税。

（2）小规模纳税人（除其他个人外）销售自己使用过的固定资产，减按2%的征收率征收增值税。小规模纳税人销售自己使用过的除固定资产以外的物品，应按3%的征收率征收增值税。

（3）纳税人销售旧货，按照简易办法依照3%征收率减按2%征收增值税。

二、销售活动涉及消费税的纳税管理

按照税法的规定，我国在对所有商品征收增值税的基础上，对一部分消费品即应税消费品还要征收消费税。纳税人生产的应税消费品，由生产者于销售环节纳税；纳税人生产的应税消费品用于非应税产品、在建工程、管理部门、非生产机构、提供劳务，以及用于馈赠、赞助、集资、广告、样品、职工福利、奖励等方面的，应视同销售征收消费税。

消费税实行从价定率、从量定额，或者从价定率和从量定额复合计税的办法计算应纳税额。应纳税额的计算公式如下：

实行从价定率办法计算的应纳税额 = 销售额×比例税率

实行从量定额办法计算的应纳税额 = 销售数量×定额税率

实行复合计税办法计算的应纳税额 = 销售额×比例税率 + 销售数量×定额税率

　　纳税人兼营不同税率的应当缴纳消费税的消费品，应当分别核算不同税率应税消费品的销售额、销售数量；未分别核算销售额、销售数量，或者将不同税率的应税消费品组成成套消费品销售的，从高适用税率。

三、销售活动涉及土地增值税的纳税管理

　　土地增值税是指转让国有土地使用权、地上的建筑物及其附着物并取得收入的单位和个人，就其转让国有土地使用权及地上建筑物和其他附着物产权所取得的增值额征收的一种税。增值额是指转让房地产取得的收入减除规定的房地产开发成本、费用等支出后的余额。土地增值税实行四级超率累进税率。我国土地增值税在征管上主要实行平时预征，竣工结算后汇算清缴的管理办法。

　　非房地产开发企业，因偶尔发生房地产转让行为，很容易忽略土地增值税，纳税人应避免发生未按规定缴纳土地增值税的风险。

四、销售活动涉及资源税的纳税管理

　　资源税，是对在我国领域及管辖海域从事应税矿产品开采以及生产盐的单位和个人，就其应税产品的销售额或销售数量为计税依据而征收的一种税。

　　资源税的纳税人是指在中华人民共和国领域及管辖海域开采应税资源的矿产品或者生产盐的单位和个人，收购未税矿产品的单位为资源税的扣缴义务人。资源税的应纳税额，按照从价定率的办法，以应税产品的销售额乘以纳税人具体适用的比例税率计算。按照从量定额的办法，以应税产品的销售数量乘以纳税人具体适用的定额税率计算。

　　自2016年7月1日起，资源税改革全面推行从价计征，只对经营分散、多为现金交易且难以控管的黏土、砂石仍实行从量定额计征。

五、出口货物涉税事项的纳税管理

　　出口货物退（免）税是国际贸易中通常采用并为世界各国普遍接受的税收措施，目前我国主要对出口货物已承担或应承担的增值税和消费税实行退还或者免征。

　　（一）增值税的退（免）税规定

　　1.出口免税并退税

　　出口免税并退税政策适用于以下两种情况：一是"免抵退税办法"，即生产企业出口自产货物和视同自产货物及对外提供加工修理修配劳务，以及列名生产企业出口非自产货物，免征增值税，相应的进项税额抵减应纳增值税税额（不包括适用增值税即征即退、先征后退政策的应纳增值税税额），未抵减完的部分予以退还。二是"免退税办法"，即不具有生产能力的出口企业（以下称外贸企业）或其他单位出口货物劳务，免征增值税，相应的进项税额予以退还。

　　2.出口免税不退税

　　出口免税不退税政策适用出口货物和劳务及应税服务增值税免税政策的相关规定，出口免税，是指对货物在出口环节不征增值税、消费税。出口不退税是指适用这个政策的出口货物因前一道生产、销售环节或进口环节是免税的，因此，出口时

该货物的价格中本身就不含税，也无须退税。

3.出口不免税也不退税

出口不免税也不退税政策适用出口货物和劳务及应税服务增值税征税政策的相关规定，出口不免税是指对国家限制或禁止出口的某些货物的出口环节视同内销环节，照常征税；出口不退税是指对这些货物出口不退还出口前所负担的税款。

（二）消费税的退（免）税规定

1.出口免税并退税

出口免税并退税政策适用于有出口经营权的外贸企业购进应税消费品直接出口，以及外贸企业受其他外贸企业委托代理出口的应税消费品。外贸企业从生产企业购进的应税消费品，已征的消费税，在出口时予以退还。

2.出口免税不退税

出口免税不退税政策适用于有进出口经营权的生产企业自营出口或生产企业委托外贸企业代理出口自产的应税消费品。生产企业出口的自产应税消费品，因已免征生产环节的消费税，不再含有消费税，所以无须退还消费税。

3.出口不免税也不退税

出口不免税也不退税是对国家不鼓励出口的货物，出口时需要缴纳出口环节的消费税，而且以前环节已经缴纳的消费税也不予退还。

六、销售过程中发票的使用管理

（一）按照规定使用税控装置

企业应当按照规定安装、使用税控装置，不得损毁或者擅自改动税控装置。安装税控装置的企业，应当按照规定使用税控装置开具发票，并按期向主管税务机关报送开具发票的数据。使用非税控电子器具开具发票的，应当将非税控电子器具使用的软件程序说明资料报主管税务机关备案，并按照规定保存、报送开具发票的数据。

（二）严格按照发票的开具要求开具发票

1.发票开具的一般要求。

企业应明确发票的开具主体与时间，并严格遵循发票的开具要求。企业应在发生经营业务、确认营业收入时开具发票；未发生的经营业务一律不准开具发票。企业不得有下列虚开发票的行为：为他人、为自己开具与实际经营业务情况不符的发票；让他人为自己开具与实际经营业务情况不符的发票；介绍他人开具与实际经营业务情况不符的发票。

开具发票应该按照规定的时限、顺序、栏目，全部联次一次性如实开具，并加盖发票专用章。开具发票后，如发生销货退回，对方未入账，则收回原发票并注明"作废"字样，然后，重新开具发票；开具发票后，如发生销售折让，则对方未入账，收回原发票并注明"作废"字样后重新按折让后的金额开具销售发票。

自2016年5月1日起，国家税务总局编写了《商品和服务税收分类与编码（试行）》，并在"金税三期系统"中增加了编码相关功能。纳入新系统推行范围的试点纳税人及新办增值税纳税人，应使用新系统选择相应的编码开具增值税发票。

2.开具增值税专用发票的要求。

（1）一般纳税人开具专用发票的情形和时间。

纳税人发生应税行为，应当向索取增值税专用发票的购买方开具增值税专用发票，但是以下两种行为不得开具专用发票：①向消费者个人销售货物、劳务、服务、固定资产、无形资产或者不动产；②适用免征增值税规定的应税行为。免税收入也可以开具专用发票，但开具专用发票就相当于放弃免税。所以严格来讲，真正不得开具专用发票的情况，就是不得向个人开具专用发票。小规模纳税人尽管不能抵扣进项税，但可以向销售方索取增值税专用发票。

关于何时开具增值税专用发票，根据《国家税务总局关于修订〈增值税专用发票使用规定〉的通知》（国税发〔2006〕156）规定，纳税义务发生时，开具专用发票。纳税义务发生时间的标准如下：

①纳税人在销售货物、劳务、服务、固定资产、无形资产、不动产过程中或完成后收到款项。

②书面合同确定的付款日期。

③没有签订合同或合同没有付款日期的，为劳务、服务完成的当天，或货物、固定资产、无形资产和不动产权属变更的当天。

④提供建筑服务、租赁服务采取预收款方式的，为收到预收款的当天。

⑤关于纳税义务发生时间的规定，先开具发票的，为开具发票的当天。只要一开票，纳税义务也就发生了。

（2）小规模纳税人开具专用发票。

小规模纳税人发生应税行为，购买方索取增值税专用发票的，可以向主管税局申请代开。即小规模纳税人不是不能开具专用发票，只是不能自己开，需要请税务局代开。

3.增值税发票开具的特殊要求。

（1）差额计税发票的开具。

企业按照现行政策规定适用差额征税办法缴纳增值税，且不得全额开具增值税发票的情况下（财政部、税务总局另有规定的除外），自行开具或者税务机关代开增值税发票时，通过新系统中差额征税开票功能，录入含税销售额（或含税评估额）和扣除额，系统自动计算税额和不含税金额，备注栏自动打印"差额征税"字样，不同的应税行为不应混开发票。

（2）建筑服务企业的开票要求。

提供建筑服务的企业自行开具或者税务机关代开增值税发票时，应在发票的备注栏注明建筑服务发生地县（市、区）名称及项目名称。

（3）销售不动产。

销售不动产时，纳税人自行开具或者税务机关代开增值税发票时，应在发票"货物或应税劳务、服务名称"栏填写不动产名称及房屋产权证书号码（无房屋产权证书的可不填写），"单位"栏填写面积单位，"备注"栏注明不动产的详细地址。

（4）出租不动产。

纳税人自行开具或者税务机关代开增值税发票时，应在备注栏注明不动产的详细地址。

第五节　企业经营成果形成与分配的纳税管理

企业经营成果形成的涉税事项主要涉及企业所得税。企业在进行所得税汇算时，应在会计利润总额的基础上，加（或减）按照税法规定调整的项目金额，计算出应纳税所得额，作为计算企业所得税的计税依据。纳税调整项目金额包括两方面内容：一是企业会计处理和税收规定不一致的应予以调整应纳税所得额的金额；二是体现在企业所得税申报表中的税收优惠项目。企业经营成果分配的涉税事项主要涉及企业所得税及个人所得税。企业经营成果形成的纳税管理主要是正确确认应纳税所得额；企业经营成果分配纳税管理的重点是要处理好企业与法人投资者和个人投资者的分配关系。

一、企业经营成果形成的纳税管理

（一）会计处理和税收规定不一致予以调整的项目

企业实际发生的与取得收入有关的、合理的支出，包括成本、费用、税金、损失和其他支出，准予在计算应纳税所得额时扣除。在此原则基础上，为了防止企业通过加大某些扣除项目金额，减少企业所得税的缴纳，对会计上已作扣除的某些项目，税法规定了扣除条件。

1.限定条件的扣除项目。

限定条件的扣除项目，在限定条件范围内的金额允许税前扣除，超过扣除标准的金额不允许税前扣除，需要调增应纳税所得额。限定条件扣除项目主要包括：非金融企业向非金融企业借款的利息支出、职工福利费支出、拨缴的工会经费、职工教育经费支出、业务招待费支出、广告费和业务宣传费支出、公益性捐赠支出等项目。

2.不得税前扣除的项目。

对一些项目支出，税法明确规定不允许税前扣除，主要包括：向投资者支付的股息、红利等权益性投资收益款项；企业所得税税款；税收滞纳金；罚金、罚款和被没收财物的损失；非公益性捐赠；赞助支出；未经核定的准备金支出；与取得收入无关的其他支出等。

3.因资产的会计处理与资产的税务处理不一致而进行的纳税调整。

资产的会计处理以《企业会计准则》为准，资产的税务处理要按照《企业所得税法》进行。纳入税务处理范围的资产形式主要包括固定资产、生物资产、无形资产、长期待摊费用、投资资产、存货等。资产均以历史成本作为计税依据。对于资本性支出以及无形资产受让、开办、开发费用，不允许作为成本或费用从纳税人的收入总额中一次性扣除，而只能采取分次计提折旧或分次摊销的方式予以扣除。企业持有各项资产期间资产增值或者减值，除国务院财政、税务主管部门规定可以确认损益的以外，不得调整该资产的计税基础。对于因资产的会计处理和税收规定不一致而产生的差异，纳税人应按税法规定予以调整。

（二）体现在企业所得税申报表中的税收优惠项目的处理

为了发挥税收调节经济的作用，税法制定了一系列税收优惠政策，这些规定对会计处理不产生影响，但企业在计算应纳税所得额时允许扣除，体现在企业所得税申报表中。这些项目主要包括：减免税收入、减计收入、加计扣除等税收优惠政策。这些纳税调整项目只体现在企业所得税纳税申报表中，纳税人不需要进行会计处理，将税收优惠反映在企业所得税纳税申报表中。

减免所得税项目主要包括：符合条件的小型微利企业、国家需要重点扶持的高新技术企业、减免地方分享所得税的民族自治地方企业和其他专项优惠等。抵免所得税主要是指企业购置符合规定条件的环境保护、节能节水、安全生产等专用设备，该专用设备的投资额的10%可以从企业当年的应纳税额中抵免；当年不足抵免的，可以在以后5个纳税年度结转抵免。减计收入，是指企业综合利用资源，生产符合国家产业政策规定的产品所取得的收入，符合条件的企业可以在计算应纳税所得额时减计收入。加计扣除，包括研发费用的加计扣除和安置残疾人员及国家鼓励安置的其他就业人员所支付的工资的加计扣除两方面。

（三）企业资产损失所得税税前扣除管理

1.准予在企业所得税税前扣除的资产损失。

准予在企业所得税税前扣除的资产损失包括实际资产损失和法定资产损失。

实际资产损失，是指企业在实际处置、转让上述资产过程中发生的合理损失，应当在其实际发生且会计上已作损失处理的年度申报扣除。

法定资产损失，是指企业虽未实际处置、转让资产，但符合《财政部、国家税务总局关于企业资产损失税前扣除政策的通知》和《企业资产损失所得税税前扣除管理办法》规定条件计算确认的损失。法定资产损失，应当在企业向主管税务机关提供证据资料证明该项资产已符合法定资产损失确认条件，且会计上已作损失处理的年度申报扣除。

2.资产损失税前扣除的时间规定。

企业以前年度发生的资产损失未能在当年税前扣除的，可以向税务机关说明并进行专项申报扣除。其中，属于实际资产损失，准予追补至该项损失发生年度扣除，其追补确认期限一般不得超过5年；属于法定资产损失，应在申报年度扣除。

企业因以前年度实际资产损失未在税前扣除而多缴的企业所得税税款，可在追补确认年度企业所得税应纳税款中予以抵扣，不足抵扣的，向以后年度递延抵扣。企业实际资产损失发生年度扣除追补确认的损失后出现亏损的，应先调整资产损失发生年度的亏损额，再按弥补亏损的原则计算以后年度多缴的企业所得税税款。

3.资产损失的申报。

企业在进行企业所得税年度汇算清缴申报时，可将资产损失申报材料和纳税资料作为企业所得税年度纳税申报表的附件一并向税务机关报送。企业资产损失按其申报内容和要求的不同，分为清单申报和专项申报两种申报形式。

下列资产损失，应以清单申报的方式向税务机关申报扣除：企业在正常经营管理活动中，按照公允价格销售、转让、变卖非货币性资产的损失；企业各项存货发生的正常损耗；企业固定资产达到或超过使用年限而正常报废清理的损失；企业生产性生物资产达到或超过使用年限而正常死亡发生的资产损失；企业按照市场公平交易原则，通过各种交易场所、市场等买卖债券、股票、期货、基金以及金融衍生产品等发生的损失。

属于清单申报的资产损失，企业可按会计核算科目进行归类、汇总，然后再将汇总清单报送税务机关，有关会计核算资料和纳税资料留存备查。

不属于清单申报的资产损失，应以专项申报的方式向税务机关申报扣除。企业无法准确判别是否属于清单申报扣除的资产损失，可以采取专项申报的形式申报扣除。

属于专项申报的资产损失，企业应逐项（或逐笔）报送申请报告，同时附送会计核算资料及其他相关的纳税资料。

4.资产损失确认证据。

企业资产损失相关的证据包括具有法律效力的外部证据和特定事项的企业内部证据。

具有法律效力的外部证据，是指司法机关、行政机关、专业技术鉴定部门等依法出具的与本企业资产损失相关的具有法律效力的书面文件，主要包括：司法机关的判决或者裁定；公安机关的立案结案证明、回复；工商部门出具的注销、吊销及停业证明；企业的破产清算公告或清偿文件；行政机关的公文；专业技术部门的鉴定报告；具有法定资质的中介机构的经济鉴定证明；仲裁机构的仲裁文书；对投保资产出具的出险调查单、理赔计算单等保险单据；符合法律规定的其他证据。

特定事项的企业内部证据，是指会计核算制度健全、内部控制制度完善的企业，对各项资产发生毁损、报废、盘亏、死亡、变质等内部证明或承担责任的声明，主要包括：有关会计核算资料和原始凭证；资产盘点表；相关经济行为的业务合同；企业内部技术鉴定部门的鉴定文件或资料；企业内部核批文件及有关情况说明；对责任人由于经营管理责任造成损失的责任认定及赔偿情况说明；法定代表人、企业负责人和企业财务负责人对特定事项真实性承担法律责任的声明。

企业应当建立健全资产损失内部核销管理制度，及时收集、整理、编制、审核、申报、保存资产损失税前扣除证据材料，方便税务机关检查。

二、企业经营成果分配的纳税管理

（一）企业与投资企业之间利润分配的纳税管理

企业向投资人进行经营成果的分配，包括向投资者进行股息、红利和利润的分配。被投资企业取得的股息、红利和利润如果符合条件可以享受投资收益的免税。企业所得税法规定，免税的权益性投资收益包括两种情况：一是符合条件的居民企业之间的股息、红利等权益性投资收益；二是在中国境内设立机构、场所的非居民企业从居民企业取得与该机构、场所有实际联系的股息、红利等权益性投资收益。符合条件的居民企业之间的股息、红利等权益性投资收益，是指居民企业直接投资于其他居民企业取得的投资收益。股息、红利等权益性投资收益，不包括连续持有居民企业公开发行并上市流通的股票不足12个月取得的投资收益。

根据上述规定，权益性投资收益免税须符合以下5项条件：一是投资的性质为权益性投资。二是被投资方只能为居民企业。三是投资方一般为居民企业。如果投资方为非居民企业，则仅限于在中国境内设立机构、场所的非居民企业，且取得的股息、红利收入与所设机构场所有实际联系。实际联系是指非居民企业在中国境内设立的机构场所拥有据以取得股息、红利的股权、债券以及拥有、管理、控制据以取得股息红利的财产。四是投资的方式为直接投资。直接投资是指投资者将货币资金或非货币性资金直接投入被投资企业，形成实物资产或者购买现有企业的投资。通过直接投资，投资者可以拥有被投资企业净资产一定份额的所有权，或可直接进行参与生产经营管理。五是如果投资的是上市公司公开发行的股票，要求投资时间必须是连续持有12个月以上（包括12个月），不足12个月的不得免税。

（二）企业与个人投资者之间利润分配的纳税管理

个人投资者取得的投资分红，按照"利息、股息、红利所得"税目缴纳个人所得税。我国个人所得税法规定，个人获得的股息、红利所得，以每次收入额为应纳税所得额，适用20%的比例税率，按次征收个人所得税。以下6种情形应视为股利分配，对于个人取得分配股息、红利所得，需要申报缴纳个人所得税。

1.股东向公司取得长期借款视同股利分配。

根据规定，企业投资者个人、投资者家庭成员或企业其他人员向企业借款用于购买房屋及其他财产，将所有权登记为投资者、投资者家庭成员或企业其他人员，借款年度终了后未归还借款的，不论所有权人是否将财产无偿或有偿交付企业使用，其实质均为企业对个人进行了实物性质的分配，应依法计征个人所得税。

2.盈余公积金转增资本视同股利分配。

公司将从税后利润中提取的法定公积金和任意盈余公积金转增注册资本，实际上是该公司将盈余公积金向股东分配了股息、红利，股东再以分得的股息、红利增加注册资本。因此，对属于个人股东分得并再投入公司、转增注册资本的部分应按照"利息、股息、红利所得"项目征收个人所得税。税款由股份有限公司在有关部门批准增资、公司股东大会决议通过后代扣代缴。

3.资本公积金转增资本视同股利分配。

这里的"资本公积金"是指股份制企业股票溢价发行收入所形成的资本公积金。将此转增股本由个人取得的数额，不作为应税所得征收个人所得税。而与此不相符合的其他资本公积金分配个人所得部分，应当依法征收个人所得税。其中，包括企业接受捐赠、拨款转入、外币资本折算差额、资产评估增值等形成资本公积金转增个人股本要征收个人所得税。

4.应付股利挂账未支付，视同股利分配。

如果企业将属于个人股东应得的股息、红利收入，通过与投资人的往来会计科目分配到个人名下，收入所有人有权随时提取，应认为所得支付，及时代扣代缴个人所得税。也就是说，企业将应分配给投资者个人的股利挂在"应付股利""其他应付款"等往来会计账户中，虽然没有支付，仍然视同个人取得了股息、红利，企业应当代扣代缴个人所得税。

5.股东将公款用于消费性支出，视同股利分配。

个人投资者以企业资金为本人、家庭成员支付与企业经营无关的消费性支出及购买汽车、住房等财产性支出，应认定为个人投资者的股息、红利所得，征收个人所得税。

6.股东将公款用于财产性支出，视同股利分配。

企业出资购买房屋、汽车、电脑、股票、基金及其他财产，将所有权登记为投资者个人、投资者家庭成员的，不论所有权人是否将财产无偿或有偿交付企业使用，其实质均为企业对个人进行了实物性质的分配，应视同投资者取得股息、红利所得，缴纳个人所得税。同时，为企业所用的个人资产提取的折旧不得在企业所得税税前扣除。

第六节　企业筹资活动的纳税管理

筹资是指筹集资金。例如，发行股票、发行债券、取得借款、赊购、租赁等都属于筹资。筹资决策要解决的问题是如何取得企业所需的资金，包括向谁、在什么时候、筹集多少资金。企业在筹资决策时，应该算好税收账，争取以较低的税收成本取得较好的经济效益。企业可供选择的资金来源有许多，我国习惯上称"资金渠道"。按照取得资金来源的不同可以分为债务资金和权益资金。债务资金是指债权人提供的资金，需要偿还本金和支付利息，有一定的风险，但由于利息支出可以在企业所得税前扣除，其资金成本低。权益资金是指企业股东提供的资金，它不需要归还，筹资风险小，但其期望的报酬率高。企业筹资决策活动是一项重要而复杂的工作，企业的决策者在进行筹资活动的纳税管理时，要重点考虑不同筹资方式下税收因素对资金成本的影响，对各种筹资方式进行分析、对比，选择经济、可行的筹资方式，以便降低筹资成本，降低风险。

一、筹集债务资金的纳税管理

企业筹集债务资金的渠道主要有：向金融机构贷款、发行债券、向其他企业或自然人借款等。由于债务筹资债务人支付给债权人的利息可以在税前抵扣，因此债务筹资有"税收挡板"的作用。财务管理中分析债务筹资的资金成本时，都考虑到了借款费用的所得税方面的抵税作用。必须指出的是，国家对不同渠道的债务资金规定的利息费用税前扣除标准不同，超过标准的借款费用不能起到"税收挡板"的作用。因此，企业在进行筹资决策时，应考虑到该因素，根据不同的规定制定不同的纳税管理措施。

（一）企业发生的借款费用应严格划分资本化支出和费用化支出

税法规定企业为购置、建造固定资产、无形资产和经过12个月以上的建造期才能达到预定可销售状态的存货发生借款的，在有关资产购置、建造期间发生的合理的借款费用，应当作为资本性支出计入有关资产的成本；购置、建造期结束后发生的借款费用不予资本化，应在发生的当期扣除，即资本化的利息支出不应计入当期的财务费用。

（二）严格掌握不需要资本化的借款费用的税前扣除标准

税法对于企业在生产经营活动中发生不需要资本化的借款费用制定了扣除标准。总的原则是"合理"的借款费用可以在税前扣除。判断是否"合理"的标准包括以下几点：

1. 企业向金融企业借款的利息支出可以据实扣除。鉴于目前我国对金融企业利率要求的具体情况，企业在按照合同要求首次支付利息并进行税前扣除时，应提供"金融企业的同期同类贷款的利率情况说明"，以证明其利息支出的合理性。"金融企业的同期同类贷款的利率情况说明"中，应包括在签订该借款合同时，任何一家金融企业提供同期同类贷款的利率情况。该金融企业应为经政府有关部门批准成立的可以从事贷款业务的企业，包括银行、财务公司、信托公司等金融机构。"同期同类贷款利率"是指在贷款期限、贷款金额、贷款担保以及企业信誉等条件基本相同的情况下，金融企业提供贷款的利率。既可以是金融企业公布的同期同类平均利率，也可以是金融企业对某些企业提供的实际贷款利率。

2. 企业向非金融企业借款的利息支出，不超过按照金融企业同期、同类贷款利率计算的数额的部分，准予在税前扣除。企业向非金融企业的借款，包括向无关联的一般企业借款，也包括向股东或其他与企业有关联关系的自然人借款和向企业向内部职工或其他人员借款。企业对不同渠道的借款应掌握国家的税收政策，加强不同类型借款的纳税管理。企业在进行筹资活动的纳税管理时，应重点关注企业向关联方借款和向企业内部职工或其他人员的借款的纳税管理问题。

由于债务人支付给债权人的利息可以在税前抵扣，而股东从被投资方获得的股息却不能在税前扣除，因此一些企业在融资时采用加大向关联方借款（债权性投资）而减少股份资本（权益性投资）比例的方式降低企业税负，这种行为叫做资本弱化。对于债务人和债权人同属于一个利益集团的跨国公司也愿意选择资本弱化，原因在于许多国家对非居民纳税人获得的利息征收的预提所得税税率通常比对股息征收的企业所得税税率低，采用债权性投资比采用权益性投资更易于降低集团整体的税收负担。

《企业所得税法》规定，企业从其关联方接受的债权性投资与权益性投资的比例超过规定标准而发生的利息支出，不得在计算应纳税所得额时扣除。企业的债权性投资既包括直接从其所有关联方获得的债权性投资，又包括间接从关联方接受的债权性投资。直接从关联方获得的债权性投资，是指由关联方直接将资金借给企业，企业按照合同偿还本金和支付利息的投资；间接从关联方获得的债权性投资，则包括三部分，一是关联方通过无关联第三方提供的债权性投资，即关联方将资金借给无关联第三方，然后由无关联第三方借给企业的投资。二是无关联第三方提供的、由关联方担保且负有连带责任的债权性投资，即虽然该债权性投资是由无关联第三方提供的，但无关联第三方可以选择由关联方偿还，关联方代企业偿还本金和支付利息后，对企业享有追偿权。三是其他间接从关联方获得的具有负债实质的债权性投资。企业实际支付给关联方的利息支出，一般情况下其接受关联方债权性投资与其权益性投资比例为：金融企业为5：1；其他企业为2：1。不超过上述比例的规定计算的利息支出准予扣除（不超过金融机构同期贷款利率的部分），超过的部分不得在发生当期和以后年度扣除，除非能够提供证明其符合独立交易原则或者该企业的实际税负不高于境内关联方。

3.企业向内部职工或其他人员借款的利息支出，符合条件的利息支出在不超过按照金融企业同期同类贷款利率计算的数额的部分，准予在企业所得税前扣除。税前扣除的条件是：企业与个人之间的借贷是真实、合法、有效的，并且不具有非法集资目的或其他违反法律、法规的行为；企业与个人之间签订了借款合同。

二、筹集权益资金的纳税管理

企业筹集权益资金的渠道主要有：发行股票、吸收投资等。权益资金的资金成本不包括税收的因素，被投资企业在支付股息、红利时，企业投资者获得的股息、红利所得为免税收入，只要投资期超过12个月，则分得的股息、红利免征企业所得税；自然人投资者收到的股息、红利所得，由支付方代扣代缴个人所得税。另外，在吸收非货币性投资时，投资方和被投资方都要考虑到流转税的问题。

第七节 企业投资活动的纳税管理

企业对外投资是指企业为通过分配来增加财富，或谋求其他利益，而将其资产让渡给其他单位所获得的另一项资产。企业对外进行的投资，从性质上划分，可以分为权益性投资和债权性投资。企业对外投资都要发生货币性或非货币性流出，并期望取得更多的现金流入。企业对外权益性投资的纳税管理的重点一方面是准确确定投资的计税基础，当投资转让或收回时准确计算投资转让所得；另一方面在投资的取得、持有及处置环节正确处理投资的会计处理与税法的差异。如果企业以非货币性资产投资，企业还应正确确认非货币性资产转让所得及其所涉及的流转税等纳税事项。

一、企业权益性投资的纳税管理

（一）初始投资成本计税基础的确定

企业权益性投资按对被投资单位的影响程度划分，可以分为对子公司投资、合营企业投资、联营企业投资和对其他企业投资。在企业会计核算中，对子公司投资、合营企业及联营企业投资适用《企业会计准则第2号——长期股权投资》，其他投资适用金融工具确认与计量准则。投资企业根据对被投资企业单位的影响程度以及是否存在活跃市场、公允价值是否可以可靠取得等情况，对长期股权投资分别采用成本法和权益法进行会计核算。无论采取哪一种方法，都不会改变所得税的处理方法。

　　长期股权投资的计税基础是指处置投资时允许税前扣除的成本。正确确定长期股权投资的计税基础是计算股权转让或股权清算损益的基础。在投资的取得环节，税法中投资的计税基础与企业会计核算中确定的股权投资成本基本相同，在特殊情况下存在差异。在成本法下，企业合并以外方式取得的长期股权投资投资成本的确定与税法的规定不存在差异，都是以购买价款作为成本的。在权益法下，当长期股权投资初始成本调整时，会计与税法可能会产生差异。在使用权益法核算长期股权投资成本的情况下，如果初始投资成本小于应享有被投资单位可辨认净资产价值的份额，那么其相差的差额计入当期的营业外收入，即会计利润增加。税法以实际发生的成本确定计税基础，因此该项营业外收入应作调减应纳税所得额处理。

　　【例2-4】A公司2014年1月1日以银行存款150万元购入B公司普通股股票100万股，占B公司总股本的60%，该投资不准备在1年内变现。在购买过程中另支付了相关税费2 000元。该投资取得时的会计与税务处理如下：

　　（1）会计处理：

　　借：长期股权投资——B公司　　　　　　　　　　　　　　　　1 502 000

　　　贷：银行存款　　　　　　　　　　　　　　　　　　　　　　　　1 502 000

　　（2）税务处理：长期股权投资的计税基础也为1 502 000元。

　　【例2-5】C公司于2014年1月以银行存款3 000万元投资购买D公司普通股，占D公司普通股的30%，取得投资时D公司可辨认净资产公允价值为12 000万元。该投资取得时的会计与税务处理如下：

　　（1）会计处理：

　　借：长期股权投资——成本（D公司）　　　　　　　　　　　　36 000 000

　　　贷：银行存款　　　　　　　　　　　　　　　　　　　　　　30 000 000

　　　　营业外收入　　　　　　　　　　　　　　　　　　　　　　 6 000 000

　　（2）税务处理：长期股权投资的计税基础为3 000万元。营业外收入600万元作纳税调整，调减应纳税所得额。

　　（二）长期股权投资投资收益的确定

　　会计核算采用成本法，当被投资企业宣告分派现金股利或利润时，投资单位要将被投资企业分派的现金股利或利润记入"投资收益"科目。税法中规定：股息、红利等权益性投资收益，除国务院财政、税务主管部门另有规定外，按照被投资方做出利润分配决定的日期确认收入的实现。但是，符合条件的居民企业之间的股息、红利等权益性收益免税。符合条件的居民企业之间的股息、红利等权益性收益，是指居民企业直接投资于其他居民企业取得的投资收益，不包括连续持有居民企业公开发行并上市流通的股票不足 12 个月取得的投资收益。因此，居民企业之间的投资收益在进行企业所得税的汇算时要调减应纳税所得额。

【例 2-6】沿用【例 2-4】相关资料，2015 年 3 月 B 公司分配 2014 年股利 100 万元。A 公司持有该投资的会计与税务处理如下：

（1）会计处理：

借：应收股利   600 000

  贷：投资收益   600 000

（2）税务处理：企业在进行所得税的申报时，应确定股息所得 600 000 元。但该股息所得免征企业所得税，在以会计利润为基础计算应纳税所得额时，可作纳税调减处理。

会计核算采用权益法，投资企业取得长期股权投资后，应根据被投资单位经营的情况按照投资的份额确认投资收益或损失，记入"投资收益"账户的贷方或借方。被投资企业宣告分派现金股利或利润，投资企业不确认投资收益，相应地减少长期股权投资的成本。税法规定，只有当被投资单位宣告分配股息、红利时，投资企业才确认投资收益，符合居民企业的股息、红利免税。因此，在权益法下核算的长期股权投资，在年末对企业所得税进行汇算时，企业应将会计核算中确定的投资收益进行具体分析，对计算的投资损失调增应纳税所得额，对计算的不符合免税条件的投资收益调增应纳税所得额。

【例 2-7】沿用【例 2-5】相关资料，2014 年 D 公司实现净利润 100 万元，2015年宣告分派现金股利 10 万元。C 公司持有该投资的会计与税务处理如下：

（1）会计处理：

借：长期股权投资——损益调整   300 000

  贷：投资收益   300 000

借：应收股利   30 000

  贷：长期股权投资——损益调整   30 000

（2）税务处理：税法不确认 C 公司根据权益法计算的投资收益 30 万元，企业应收股利 3 万元，企业在进行所得税纳税申报时，应确定股息所得，但该股息所得免征企业所得税，在以会计利润为基础计算应纳税所得额时，可作纳税调减处理。

（三）期末长期股权投资发生减值

投资企业的长期股权投资无论采取成本法还是权益法，投资企业均应当在会计期末判断其投资是否存在减值迹象，如果发生减值，应该计提减值准备，计入资产减值损失。税法规定：未经核定的资产减值准备不得在税前扣除，只有在长期股权投资符合条件并经过税务机关审批后才可以在税前扣除。当企业计提了长期股权投资减值准备后，会计计量的长期股权投资的账面价值与税法的计税基础就出现了暂时性差异，期末要通过递延所得税进行调整。

（四）处置长期股权投资

投资企业处置长期股权投资时，应将出售所得的价款减除长期股权投资的账面价值，确定处置损益，记入"投资收益"账户的借方或贷方。

税法规定：投资企业从被投资企业撤回或减少投资，其取得的资产中，相当于初始投资的部分，应确认为投资收回；相当于被投资企业累计未分配利润和累计盈余公积按减少实收资本比例计算的部分，应确认为股息所得；其余部分确认为投资资产转让所得。

被投资企业发生的经营亏损，由被投资企业按规定结转弥补，投资企业不得调减其投资成本，也不得将其确认为投资损失。

因此，如果持有期间长期股权投资的账面价值与计税基础不同，其产生的暂时性差异应一次性转回。

【例2-8】沿用【例2-4】相关资料，A公司于2015年年底转让B公司股权，转让价格为1 200 000元，转让过程中支付了相关税费1 000元。A公司处置该投资的会计与税务处理如下：

（1）会计处理：

借：银行存款　　　　　　　　　　　　　　　　　　　　　　　1 199 000

　　投资收益　　　　　　　　　　　　　　　　　　　　　　　　303 000

　贷：长期股权投资　　　　　　　　　　　　　　　　　　　　　　1 502 000

（2）税务处理：企业发生的投资损失为303 000元，应在申报企业所得税时一次性扣除，该损失应通过证券交易所进行确认。

（五）非货币性资产投资的纳税管理

1.非货币性资产投资的流转税。

非货币性资产，是指现金、银行存款、应收账款、应收票据以及准备持有至到期的债券投资等货币性资产以外的资产。投资企业用非货币性资产进行对外投资时，对于投出的存货、固定资产、无形资产，应缴纳增值税等税金及附加。

【例2-9】A公司2016年10月拟向B公司投资500万元，占B公司股份的10%。A企业拟订了以下两个投资方案：

方案一：货币资金投资100万元，厂房投资300万元（2000年1月购入，原值为380万元，折旧为100万元），自产产品投资100万元（成本80万元，市场不含税售价100万元）。

方案二：8辆小汽车投资400万元（2007年6月5日购入，原值为380万元，折旧为60万元），原材料投资100万元（成本为80万元，市场不含税售价为100万元）。

要求对以上两个方案进行分析（不考虑土地增值税、印花税）。

解析：

（1）方案一：

以不动产投资入股应该缴纳增值税。因不动产为2016年4月30日前购入的，企业可按简易方法计算增值税，在进行投资时以取得的全部价款扣除不动产购置原价后的余额为销售额，按照5%的征收率计算应纳增值税税额。由于该企业对外投资的不动产的原价高于投资价格，因此无须缴纳增值税。

自产产品对外投资的，视同销售，应该计算缴纳增值税。

应纳增值税＝100×17%＝17（万元）

应纳城建税＝17×7%＝1.19（万元）

应纳教育费附加＝17×3%＝0.51（万元）

应纳企业所得税＝［300－（380－100）＋（100－80）－1.19－0.51］×25%＝9.58（万元）

（2）方案二：

用小汽车投资视同销售，应纳增值税＝400÷（1＋3%）×2%＝7.77（万元）。

外购原材料用于投资，应该视同销售，计算缴纳增值税。

应纳增值税＝100×17%＝17（万元），所以，共计应缴纳增值税＝7.77＋17＝24.77（万元）。

应纳城建税＝24.77×7%＝1.73（万元）

应纳教育费附加＝24.77×3%＝0.74（万元）

应纳企业所得税＝［400÷（1＋3%）－（380－60）＋（100－80）－1.73－0.74＋400÷（1＋3%）×1%］×25%

＝22.44（万元）

减免的增值税税款作为补贴收入，要并入应纳税所得额计税。

2.非货币性资产投资的所得税。

企业以非货币性资产对外投资，应于投资协议生效并办理股权登记手续时，确认非货币性资产转让所得的实现。转让所得的计算以公允价值减除计税基础后的余额确定。企业以非货币性资产对外投资确认的非货币性资产转让所得，可在不超过5年的期限内，分期均匀计入相应年度的应纳税所得额，按规定计算缴纳企业所得税。

二、企业债券投资的纳税管理

（一）企业债券投资利息收入的纳税管理

目前，企业的间接投资主要为企业债券投资，以下内容主要说明企业债券投资的纳税管理。

企业购买债券的主要种类有国债、金融债券、企业债券等。企业购买债券获取的收入来自于债券的利息收入和转让收入。企业购买的债券中，取得的国债利息收入免征企业所得税，其他种类债券的利息收入应该缴纳企业所得税。因此，企业对于债券投资取得的利息收入，应该分别核算，分清应税收入和免税收入。

对于国债利息收入，具体按以下规定执行：企业从发行者那里直接投资购买的国债持有至到期，其从发行者那里取得的国债利息收入，全额免征企业所得税。如果企业到期前转让国债，或从非发行者那里投资购买国债，那么按照下列公式计算的国债利息收入，免征企业所得税：

国债利息收入＝国债金额×（适用年利率÷365）×持有天数

上述公式中的"国债金额"按国债发行面值或发行价格确定；"适用年利率"按国债票面年利率或折合年收益率确定；企业不同时间多次购买同一品种国债的，

"持有天数"可按平均持有天数计算确定。

其他债券的利息收入不免征企业所得税,利息收入按照合同约定的债务人应付的利息确定收入的实现。对于企业持有至到期的长期债券取得的利息收入,会计准则要求按照实际利率法确认收入。税法考虑到实际利率法的会计处理结果与现行税法规定的名义利率差别不大,所以认同企业采用实际利率法来确认利息收入。

（二）企业债券投资转让收入的纳税管理

企业转让债券应在转让债券合同、协议生效的日期,或者债券移交时确认转让收入的实现。企业投资购买国债,到期兑付的,应在国债发行时约定的应付利息的日期,确认国债转让收入的实现。企业转让或到期兑付债券取得的价款,减除其购买债券的成本,并扣除其持有期间利息收入以及交易过程中相关税费后的余额,为企业转让收益（损失）。企业转让债券,应作为转让财产,其取得的收益（损失）应作为企业应纳税所得额计算纳税。

$$\frac{债券转让收益}{（损失）} = \frac{转让或到期兑付}{债券取得的价款} - \frac{债券}{成本} - \frac{持有期间利息收入以及}{交易过程中的相关税费}$$

其中,债券的成本以取得的实际成本确定。企业在不同时间购买同一品种债券的,其转让时的成本计算方法,可在先进先出法、加权平均法、个别计价法中选用一种。计价方法一经选用,不得随意改变。

第八节 企业重组的纳税管理

企业重组,是指企业在日常经营活动以外发生的法律结构或经济结构重大改变的交易,包括企业法律形式改变、债务重组、股权收购、资产收购、合并、分立等。纳税人在资产重组过程中,将全部或者部分实物资产以及与其相关联的债权、债务和劳动力一并转让给其他单位和个人的行为,其中涉及的不动产、土地使用权转让、货物转让,不征收增值税。在企业重组中,除企业组织形式的简单改变外的情况,企业所得税的税务处理区分不同条件,分别适用一般性税务处理规定和特殊性税务处理规定。企业重组的特殊性税务处理比较复杂,企业重组纳税管理的重点是特殊性税务处理规定的运用。

企业重组同时符合下列条件的,适用特殊性税务处理规定。一是具有合理的商业目的,且不以减少、免除或者推迟缴纳税款为主要目的。二是被收购、合并或分立部分的资产或股权比例符合本通知规定的比例。三是企业重组后的连续12个月内不改变重组资产原来的实质性经营活动。四是重组交易对价中涉及股权支付金额符合规定比例。五是企业重组中取得股权支付的原主要股东,在重组后连续12个月内,不得转让其所取得的股权。

一、企业法律形式改变的纳税管理

企业由法人转变为个人独资企业、合伙企业等非法人组织,或将登记注册地转移至中华人民共和国境外（或者我国港澳台地区），应视同企业进行清算、分配，股东重新投资成立新企业。企业的全部资产以及股东投资的计税基础均应以公允价值为基础确定。

【例2—10】甲有限责任公司由A、B两个自然人投资设立，二人各自投资200万元，持股比例相同，股东投资成本共370万元。甲公司拟于2016年9月份变更为乙合伙企业，原股东变为合伙人，除公司法律形式发生改变以外，其他内部结构均未变化。已知甲公司变更前拥有资产账面价值及计税基础均为500万元，公允价值为610万元，预计甲公司清算将发生清算费用和相关税费10万元。假设企业无纳税调整事项，甲公司需要清偿债务50万元。甲公司累计未分配利润和累计盈余公积为80万元。计算企业因法律形式的改变应缴纳的企业所得税。

解析：

（1）清算过程需要缴纳的企业所得税。

甲公司如果于2016年9月份变更为乙合伙企业，则甲公司应将2016年1月1日至9月30日作为清算期计算清算所得。

根据《财政部国家税务总局关于企业清算业务企业所得税处理若干问题的通知》（财税〔2009〕60号）的规定，企业的全部资产可变现价值或交易价格，减除资产的计税基础、清算费用、相关税费，加上债务清偿损益等后的余额，为清算所得。

甲公司的清算所得 = 610-500-10 = 100（万元）

应纳企业所得税 = 100×25% = 25（万元）

（2）投资者分得的财产需要缴纳的个人所得税。

企业全部资产的可变现价值或交易价格减除清算费用，职工的工资、社会保险费用和法定补偿金，结清清算所得税、以前年度欠税等税款，清偿企业债务，按规定计算可以向所有者分配的剩余资产。

被清算企业的股东分得的剩余资产的金额，其中相当于被清算企业累计未分配利润和累计盈余公积中按该股东所占股份比例计算的部分，应确认为股息所得；剩余资产减除股息所得后的余额，超过或低于股东投资成本的部分，应确认为股东的投资转让所得或损失。

应确认股息所得 = 80万元

应确认股东的投资转让所得 = 610-10-25-80-400 = 95（万元）

A、B两个自然人应纳个人所得税 = （80+95）×20% = 35（万元）

共需要缴纳的企业所得税 = 25+35 = 60（万元）

此外，企业发生其他法律形式简单改变的，可直接变更税务登记，除另有规定外，有关企业所得税纳税事项（包括亏损结转、税收优惠等权益和义务）由变更后企业承继，但因住所发生变化而不符合税收优惠条件的除外。纳税人应注意住所的改变对税收优惠的影响，使企业能够继续享受税收优惠政策。

二、企业债务重组的纳税管理

债务重组，是指在债务人发生财务困难的情况下，债权人按照其与债务人达成的书面协议或者法院裁定书，就其债务人的债务做出让步的事项。

（一）企业债务重组的一般税务处理规定

企业债务重组，相关交易应按以下规定处理：

1.以非货币性资产清偿债务，应当分解为转让相关非货币性资产、按非货币性资产公允价值清偿债务两项业务，确认相关资产的所得或损失。

2.发生债权转股权的，应当分解为债务清偿和股权投资两项业务，确认有关债务清偿所得或损失。

3.债务人应当按照支付的债务清偿额低于债务计税基础的差额，确认债务重组所得；债权人应当按照收到的债务清偿额低于债权计税基础的差额，确认债务重组损失。

4.债务人的相关所得税纳税事项原则上保持不变。

（二）企业债务重组的特殊税务处理规定

企业债务重组确认的应纳税所得额占该企业当年应纳税所得额50%以上，可以在5个纳税年度内均匀计入各年度的应纳税所得额。企业发生债权转股权业务，对债务清偿和股权投资两项业务暂不确认有关债务清偿所得或损失，股权投资的计税基础以原债权的计税基础确定。企业的其他相关所得税事项保持不变。

根据上述规定，企业在条件许可的情况下，应当尽量选择债权转股权的方式进行债务重组，这样可以避免缴纳企业所得税。

【例2-11】甲公司欠乙公司6 000万元的债务。2016年7月甲、乙公司准备签署一项债务重组协议：甲公司用2013年购入的原值为5 000万元、已提折旧500万元、公允价值为6 000万元的办公楼抵偿乙公司的债务。已知契税的税率为4%。要求确认甲、乙公司债务重组应纳税情况（假设不考虑城市维护建设税、教育费附加和印花税）。

解析：

根据甲、乙公司准备签署的债务重组协议，相应计算如下：

甲公司应纳增值税 =（6 000－5 000）÷（1+5%）×5% = 47.62（万元）

甲公司应纳企业所得税 =（6 000－5 000－300）×25% = 175（万元）

乙公司应纳契税 = 6 000×4% = 240（万元）

甲、乙公司合计应纳税总额 = 47.62+175+240 = 462.62（万元）

如果乙公司将债权转化为股权，并按照特殊债务重组的其他条件设计债务重组协议，则不需要缴纳企业所得税，因不涉及办公楼的转让，也不需要缴纳增值税和契税，甲、乙公司共节约税款462.62万元。

三、股权收购、资产收购的纳税管理

股权收购，是指一家企业（以下称为"收购企业"）购买另一家企业（以下称为"被收购企业"）的股权，以实现对被收购企业控制的交易。收购企业支付对价的形式包括股权支付、非股权支付或两者的组合。

资产收购，是指一家企业（以下称为"受让企业"）购买另一家企业（以下称为"转让企业"）实质经营性资产的交易。受让企业支付对价的形式包括股权支付、非股权支付或两者的组合。

（一）股权收购、资产收购的一般性税务处理规定

企业股权收购、资产收购重组交易，相关交易应按以下规定处理：

1.被收购方应确认股权、资产转让所得或损失。

2.收购方取得股权或资产的计税基础应以公允价值为基础确定。

3.被收购企业的相关所得税事项原则上保持不变。

（二）股权收购、资产收购的特殊性税务处理规定

1.股权收购。收购企业购买的股权不低于被收购企业全部股权的50%，且收购企业在该股权收购发生时的股权支付金额不低于其交易支付总额的85%，可以选择按以下规定处理：

（1）被收购企业的股东取得收购企业股权的计税基础，以被收购股权的原有计税基础确定。

（2）收购企业取得被收购企业股权的计税基础，以被收购股权的原有计税基础确定。

（3）收购企业、被收购企业的原有各项资产和负债的计税基础和其他相关所得税事项保持不变。

2.资产收购。受让企业收购的资产不低于转让企业全部资产的50%，且受让企业在该资产收购发生时的股权支付金额不低于其交易支付总额的85%，可以选择按以下规定处理：

（1）转让企业取得受让企业股权的计税基础，以被转让资产的原有计税基础确定。

（2）受让企业取得转让企业资产的计税基础，以被转让资产的原有计税基础确定。

（三）股权收购、资产收购的纳税管理

1.企业在条件许可的情况下，应选择购买的股权不低于被收购企业全部股权的50%，且股权支付金额不低于其交易支付总额的85%，这样被收购方可以不确认股权转让所得，避免缴纳企业所得税。

2.企业在条件许可的情况下，应选择购买的资产不低于被收购企业全部资产的50%，且受让企业在该资产收购发生时的股权支付金额不低于其交易支付总额的85%，这样被收购方可以不确认资产转让所得，避免缴纳企业所得税。

3.提供满足特殊性税务处理的相关资料。

企业发生股权收购业务，应提供以下资料：①当事方的股权收购业务总体情况说明，情况说明中应包括股权收购的商业目的；②双方或多方所签订的股权收购业务合同或协议；③由评估机构出具的所转让及支付的股权公允价值；④证明重组符合特殊性税务处理条件的资料，包括股权比例，支付对价情况，以及12个月内不

改变资产原来的实质性经营活动和原主要股东不转让所取得股权的承诺书等；⑤工商等相关部门核准相关企业股权变更事项证明材料；⑥税务机关要求提供的其他材料。

【例2-12】2016年10月甲公司准备用6 000万元现金收购乙公司80%的资产。这些资产包括2014年购入的原值为1 800万元，现公允价值为2 500万元的不动产；2013年购入价格为2 600万元，现公允价值为3 500万元的土地使用权。若只考虑企业所得税和增值税的影响，为该资产收购业务做出纳税管理方案。

解析：

以现金收购资产不适用资产收购的特殊税务处理规定，乙公司应纳税情况如下：

应纳增值税 = [（2 500−1 800）+（3 500−2 600）] ÷（1+5%）×5%=76.19（万元）

应确认的资产转让收益 =（2 500−1 800）+（3 500−2 600）= 1 600（万元）

应纳企业所得税 = 1 600×25% = 400（万元）

应纳税合计 = 76.19+400 = 476.19（万元）

如果甲公司用自己的股权收购乙公司的资产，满足资产收购的特殊税务处理规定，则乙公司不需要缴纳任何税款。乙公司若需要现金，则可以在12个月后将甲公司的股权转让给甲公司或其他企业，这时只需要缴纳企业所得税，而不需要缴纳增值税。

企业发生资产收购业务，应提供以下资料：①当事方的资产收购业务总体情况说明，情况说明中应包括资产收购的商业目的；②当事各方所签订的资产收购业务合同或协议；③评估机构出具的资产收购所体现的资产评估报告；④受让企业股权的计税基础的有效凭证；⑤证明重组符合特殊性税务处理条件的资料，包括资产收购比例，支付对价情况，以及12个月内不改变资产原来的实质性经营活动、原主要股东不转让所取得股权的承诺书等；⑥工商部门核准相关企业股权变更事项证明材料；⑦税务机关要求提供的其他材料证明。

四、企业合并的纳税管理

合并，是指一家或多家企业（以下称为"被合并企业"）将其全部资产和负债转让给另一家现存或新设企业（以下称为"合并企业"），被合并企业股东换取合并企业的股权或非股权支付，实现两个或两个以上企业的依法合并。

（一）企业合并的一般性税务处理规定

企业合并，当事各方应按下列规定处理：

1.合并企业应按公允价值确定接受被合并企业各项资产和负债的计税基础。

2.被合并企业及其股东都应按清算进行所得税处理。

3.被合并企业的亏损不得在合并企业结转弥补。

（二）企业合并的特殊性税务处理规定

企业合并，企业股东在该企业合并发生时取得的股权支付金额不低于其交易支付总额的85%，以及同一控制下不需要支付对价的企业合并，可以选择按以下规定处理：

1.合并企业接受被合并企业资产和负债的计税基础，以被合并企业的原有计税基础来确定。

2.被合并企业合并前的相关所得税事项由合并企业承继。

3.可由合并企业弥补的被合并企业亏损的限额计算公式如下：

$$可由合并企业弥补的被合并企业亏损的限额 = 被合并企业净资产公允价值 × 截至合并业务发生当年年末国家发行的最长期限的国债利率$$

4.被合并企业股东取得合并企业股权的计税基础，以其原持有的被合并企业股权的计税基础确定。

五、企业分立的纳税管理

分立，是指一家企业（以下称为"被分立企业"）将部分或全部资产分离转让给现存或新设的企业（以下称为"分立企业"），被分立企业股东换取分立企业的股权或非股权支付，实现企业的依法分立。

（一）企业分立的一般性税务处理规定

企业分立，当事各方应按下列规定处理：

1.被分立企业对分立出去的资产应按公允价值确认资产转让所得或损失。

2.分立企业应按公允价值确认接受资产的计税基础。

3.被分立企业继续存在时，其股东取得的对价应视同被分立企业分配进行处理。

4.被分立企业不再继续存在时，被分立企业及其股东都应按清算进行所得税处理。

5.企业分立相关企业的亏损不得相互结转弥补。

（二）企业分立的特殊性税务处理规定

企业分立，被分立企业所有股东按原持股比例取得分立企业的股权，分立企业和被分立企业均不改变原来的实质经营活动，且被分立企业股东在该企业分立发生时取得的股权支付金额不低于其交易支付总额的85%，可以选择按以下规定处理：

1.分立企业接受被分立企业资产和负债的计税基础，以被分立企业的原有计税基础确定。

2.被分立企业已分立出去的资产相应的所得税事项由分立企业承继。

3.被分立企业未超过法定弥补期限的亏损额可按分立资产占全部资产的比例进行分配，由分立企业继续弥补。

4.被分立企业的股东取得分立企业的股权（以下简称"新股"），如需部分或全部放弃原持有的被分立企业的股权（以下简称"旧股"），新股的计税基础应以放弃旧股的计税基础确定。如不需放弃旧股，则其取得新股的计税基础可从以下两种方法中选择确定：直接将新股的计税基础确定为零，或者以被分立企业分立出去的净资产占被分立企业全部净资产的比例先调减原持有的旧股的计税基础，再将调减的计税基础平均分配到新股上。

另外，在企业存续分立中，分立后的存续企业性质及适用税收优惠的条件未发生改变的，可以继续享受分立前该企业剩余期限的税收优惠，其优惠金额按该企业分立前一年的应纳税所得额（亏损计为零）乘以分立后存续企业资产占分立前该企业全部资产的比例计算。

第九节　企业清算的纳税管理

企业清算，是指企业按章程规定解散以及由于破产或其他原因宣布终止经营后，对企业的财产、债权、债务进行全面清查，并进行收取债权、清偿债务和分配剩余财产的经济活动。

清算的原因包括：合同期满清算、法律规定清算、无法经营清算、违法经营清算、产权变动清算、破产解散清算。企业进行清算时，首先应该结清税款，然后根据不同的情况变更或注销税务登记。企业清算的税务处理主要是所得税，分配和处置实物资产还会涉及流转税。企业进行清算时，首先应该结清税款，然后办理注销税务登记。企业清算活动的纳税管理主要是进行清算业务的所得税处理。企业清算所得税的纳税管理应当正确确认清算应纳税所得额与股息分配等事项。

一、正确确认清算所得税及股东的投资所得

（一）明确清算对象

企业发生按照《中华人民共和国公司法》（以下简称《公司法》）、《中华人民共和国企业破产法》（以下简称《企业破产法》）等规定需要进行清算的情形之一的，应当进行企业所得税清算。《公司法》《企业破产法》等规定需要进行清算的有：①企业章程规定的营业期限届满或者其他解散事由出现；②企业股东会、股东大会或类似机构决议解散；③企业依法被吊销营业执照、责令关闭或者被撤销；④企业被人民法院依法予以解散或宣告破产；⑤企业因其他原因解散或注销。

企业重组中需要进行清算的有：①企业由法人转变为个人独资企业、合伙企业等非法人组织；②企业将登记注册地移至中华人民共和国境外（或者我国港澳台地区）；③企业因重组不再保留法人资格，且按规定应按清算进行所得税处理的重组方。

企业发生注册名称、住所以及企业组织形式等的简单改变，涉及征管税务机关发生变化需办理征管转移的，其所得税不需清算，但转出地主管税务机关必须在转出前进行相关所得税事项的清理。

（二）正确确定清算期间

企业所得税清算期间是指企业自终止正常的生产经营活动开始清算之日起，至主管税务机关办理注销税务登记前的期间。企业所得税清算期间应当作为一个独立

纳税年度。

企业清算开始之日，可按以下规定确定：①企业章程规定的经营期限届满或其他解散事由出现之日；②企业股东会、股东大会或类似机构决议解散之日；③企业依法被吊销营业执照、责令关闭或者被撤销之日；④企业被人民法院依法予以解散或宣告破产之日；⑤有关法律、行政法规规定清算开始之日；⑥企业重组批准之日；⑦企业因其他原因进行清算或无法确定清算之日的，以终止正常的生产经营活动之日作为清算开始之日。

（三）正确计算清算应纳税所得额及清算所得税

1.清算所得。

清算所得是指企业的全部资产可变现价值或者交易价格，减除资产计税基础、清算费用、相关税费，加上债务清偿损益等后的余额。

（1）企业的全部资产可变现价值。

企业清算的全部资产包括货币性资产、固定资产、生物资产、无形资产、投资资产、存货等。清算资产的可变现价值和实际交易价的确定应遵循公允价值原则。

对清算时未实际处置的资产价值，主管税务机关应要求其提供具有法定资质的中介机构出具的资产评估报告，并按规定确认清算资产的可变现价值。

对清算时已经处置的资产价值，一般按实际交易价确定，但实际交易价明显偏低且无正当理由的，主管税务机关可按文件规定确定清算资产可变现价值。

（2）清算资产的计税基础。

清算资产的计税基础是指企业取得资产时确定的计税基础减除在清算开始日以前纳税年度内按照税收规定已在税前扣除的折旧、摊销、准备金等的余额。其中：货币性资产的计税基础为企业货币性资产的账面原价减除在清算开始日以前纳税年度内按照税收规定已在税前扣除的准备金后的余额。存货、投资资产、在建工程、固定资产、生产性生物资产、无形资产（含外购商誉）、长期待摊费用的计税基础为企业取得该项资产时实际发生的支出（即历史成本），减除在清算开始日以前纳税年度内按照税收规定已在税前扣除的折旧、摊销后的余额。其中，"实际发生的支出"不包括外购时未取得合法凭证的部分。

（3）清算费用。

清算费用是指企业清算过程中发生的与清算业务有关的费用支出，包括清算组人员的报酬，清算财产的管理、变卖及分配所需的评估费、咨询费等费用，清算过程中支付的诉讼费用、仲裁费用及公告费用，以及为维护债权人和股东的合法权益支付的其他费用。

（4）清算税金及附加。

清算税金及附加是指企业清算过程中发生的除企业所得税和允许抵扣的增值税以外的各项税金及其附加。

2.清算应纳税所得额及清算所得税。

企业清算的应纳税所得额以清算所得减除清算期间取得的符合规定的免税收入、不征税收入、其他免税所得、弥补以前年度亏损后的余额确定。清算应纳税所得额乘以企业所得税的税率即计算出清算所得税。

（四）正确确认股东的投资所得或损失

企业在计算确认所得税清算所得的同时，应确定可向股东分配的剩余财产和应付股息。企业清算的剩余财产以全部资产的可变现价值（交易价格）减除清算费用、职工的工资、社会保险费用、法定补偿金，清算税费、清算所得税、以前年度欠税和企业其他债务后的余额。

被清算企业的股东分得的剩余资产的金额，其中相当于被清算企业累计未分配利润和累计盈余公积中按该股东所占股份比例计算的部分，应确认为股息所得；剩余资产减除股息所得后的余额，超过或低于股东投资成本的部分，应确认为股东的投资转让所得或损失。被清算企业的股东从被清算企业分得的非货币性资产应按可变现价值或实际交易价格确定计税基础。

二、办理注销税务登记

企业进行清算时，在向工商行政管理部门办理注销登记前，应持有关证件向原税务登记机关申请办理注销税务登记。纳税人提交注销税务登记申请前，需办结以下事项：①完成各税种的纳税申报和税款、滞纳金、罚款缴纳事项；②缴销发票和发票领购簿；③接受税务违法违章处理；④申请退还多缴税款；⑤如总机构申请注销税务登记的，其下辖的分支机构需先注销税务登记。

办理税务登记注销需提供的资料包括：①注销税务登记申请审批表；②税务登记证正本、副本原件；③相关证明文件和资料一份。相关证明文件和资料是指与纳税人发生解散、破产、撤销以及其他情形，依法终止纳税义务的证明文件和资料，例如，法院的判决书、工商部门吊销营业执照或者被其他机关予以撤销登记的证明文件和资料等。

思考题

1."五证合一"后企业设立活动纳税管理的内容包括哪些？

2.企业如何进行一般纳税人资格的登记？

3.企业采购活动的纳税管理包括哪些内容，涉及哪些税种？

4.如何做好生产过程中发生非正常损失的纳税管理工作？

5.特殊业务增值税销项税额的确认包括哪些内容？

6.简述全面"营改增"后增值税的征税范围及适用税率情况。

7.企业经营成果分配的纳税管理工作包括哪些内容？

8.企业筹资活动如何考虑税收因素？

9.企业投资活动如何考虑税收因素？

10.企业清算活动如何进行税务处理？

练习题

一、单项选择题

1.企业购进货物发生的下列相关税金中，不应计入相关资产成本的是（　　）。

A.进口商品支付的关税

B.收购未税矿产品代缴的资源税

C.签订购买合同缴纳的印花税

D.小规模纳税人购买材料支付的增值税

2.购进农产品，除取得增值税专用发票或者海关进口增值税专用缴款书外，按照农产品收购发票或者销售发票上注明的农产品买价按照（　　）的扣除率计算进项税额。

A.17%　　　　　　　　B.13%　　　　　　　C.10%　　　　　　　D.8%

3.增值税一般纳税人的下列经济业务，即使取得了增值税专用发票，进项税额也不得抵扣的是（　　）。

A.厂办公室购置办公用品　　　　　　B.外购钢材用于对外投资

C.外购食用油发放给职工　　　　　　D.生产车间新添生产用机床

4.企业对增值税情况进行纳税管理时，应该关注的视同销售的行为是（　　）。

A.啤酒厂将自产的啤酒用于职工年终福利

B.机械厂将自产的机器设备用于生产产品

C.面粉厂将外购的钢材用于本企业建筑工程

D.食品厂将收购的原奶用于职工食堂

5.某服装厂受托加工一批演出服装，衣料由某剧团提供，剧团支付加工费4 000元，增值税由（　　）。

A.服装厂缴纳　　　　　　　　　　　B.剧团缴纳

C.服装厂代扣代缴　　　　　　　　　D.剧团代扣代缴

6.企业计算职工工资薪金个人所得税时，应归入工资薪金应税所得范围的是（　　）。

A.独生子女补贴　　　　　　　　　　B.退休人员再任职收入

C.差旅费补贴　　　　　　　　　　　D.托儿补助费

7.以下增值税视同销售行为，按企业会计准则规定不确认收入的是（　　）。

A.将自产或委托加工的货物用于建造厂房

B.将自产、委托加工或购进的货物用于对外投资

C.将自产、委托加工或购进的货物用于无偿赠送其他单位或个人

D.将自产、委托加工或购进的货物分配给股东或投资者

8.纳税人经营用房屋的计税依据是（　　）。

A.房屋原值　　　　　　　　　　　　B.房屋净值

C.房屋重置价值　　　　　　　　　　D.房屋余值

9. 某啤酒厂为增值税一般纳税人，8 月销售啤酒取得销售额 800 万元，已开具增值税专用发票，收取包装物押金 234 万元；本月逾期未退还包装物押金 58.5 万元。8 月该啤酒厂增值税销项税额为（　　）万元。

　　A.116.24　　　　　　B.136.00　　　　　　C.144.50　　　　　　D.145.95

10. 甲服装厂为增值税一般纳税人，1 月销售给乙企业 300 套服装，不含税价格为 700 元/套，由于以企业购买数量较多，甲服装厂给予乙企业 7 折优惠，并按原价开具了增值税专用发票，折扣额在同一张发票的"备注"栏注明。甲服装厂当月的销项税额为（　　）元。

　　A.24 990　　　　　　B.35 700　　　　　　C.36 890　　　　　　D.47 600

11. 某工艺品厂为增值税一般纳税人，12 月 2 日销售给甲企业 200 套工艺品，每套不含税价格为 600 元，由于部分工艺品存在瑕疵，该工艺品厂给予甲企业 15% 的销售折让，已开具红字专用发票。为了鼓励甲企业及时付款，该工艺品厂提出"2/20，n/30"的付款条件，甲企业于当月 15 日付款。该工艺品厂此项业务的销项税额为（　　）元。

　　A.16 993.20　　　　B.17 340　　　　　　C.19 992　　　　　　D.20 400

12. 某企业为增值税一般纳税人，销售旧设备一台，取得不含税收入 60 万元，该设备购进时取得了增值税专用发票，发票上注明价款 75 万元，已抵扣进项税额。该企业销售此设备应纳增值税（　　）万元。

　　A.0　　　　　　　　B.1.20　　　　　　　C.2.40　　　　　　　D.10.20

13. 自产自用应税消费品应纳的消费税，其纳税环节为（　　）。

　　A. 消费环节　　　　B. 生产环节　　　　　C. 移送使用环节　　D. 加工环节

14. 某化妆品厂为增值税一般纳税人，在商场设一非独立核算的销售柜台，2016 年 5 月该厂将生产的一批香水、胭脂交销售柜台，售价为 160 万元。销售柜台将其零售，取得含税销售额 177.22 万元。该项业务应缴纳的消费税税额为（　　）。

　　A.45.13 万元　　　　B.45.44 万元　　　　C.46 万元　　　　　D.47.72 万元

15. 某汽车生产企业将自产越野汽车 20 辆投资于某广告公司，取得 30% 的股份，用于抵偿债务，双方确认该项投资价值为 900 万元。该汽车生产企业生产的越野汽车售价分别为 50 万元/辆、45 万元/辆、43 万元/辆，则用作投资入股的越野汽车应缴纳的消费税为（　　）（适用的消费税税率为 5%）。

　　A.40 万元　　　　　B.45 万元　　　　　　C.50 万元　　　　　　D.0

16. 某软件生产企业年度发放的合理工资总额为 200 万元；实际发生职工福利费用 35 万元、工会经费 3.50 万元、职工教育经费 8 万元（其中职工培训经费 4 万元）；另为职工支付补充养老保险 12 万元、补充医疗保险 8 万元。企业申报所得税时就上述费用应调增的应税所得额为（　　）。

　　A.7 万元　　　　　　B.9 万元　　　　　　C.12 万元　　　　　　D.22 万元

17. 下列各项中，不属于企业所得税征税范围的是（　　）。

　　A. 居民企业来源于境外的所得

B.非居民企业来源于中国境内的所得

C.非居民企业来源于中国境外的，与所设机构没有实际联系的所得

D.在中国设立机构、场所的非居民企业，取得的与其所设机构、场所有实际联系的所得

18.某居民企业2016年12月31日归还境内关联企业一年期借款本金1 000万元，支付利息费用80万元，关联企业对该居民企业的权益性投资为400万元，同期同类银行贷款年利率为6%。该居民企业2016年在计算应纳税所得额时可扣除的利息费用为（   ）万元。

A.48   B.60   C.64   D.80

二、多项选择题

1.企业取得资产或权利时支付的下列税金应计入资产或权利成本的有（   ）。

A.印花税   B.车辆购置税

C.契税   D.小规模纳税人支付的增值税

2.目前可以作为增值税扣税凭证的有（   ）。

A.增值税普通发票   B.增值税专用发票

C.农产品收购发票   D.海关增值税专用缴款书

3.某单位外购如下货物，按增值税有关规定不能作为进项税额抵扣的有（   ）。

A.外购的固定资产   B.外购货物用于免税项目

C.外购货物用于集体福利   D.外购货物用于无偿赠送他人

4.针对企业使用特定资产或权利所征收的税主要包括（   ）。

A.房产税   B.车船税

C.印花税   D.城镇土地使用税

5.（   ）情况视为股利分配，对于个人取得的股息、红利所得需要申报缴纳个人所得税。

A.股东向公司长期借款   B.盈余公积转增资本

C.应付股利挂账未支付   D.股东将公款用于消费性支出

6.（   ）业务，销货方应根据购货方税务部门开具的"开具红字增值税专用发票通知单"，开具红字增值税专用发票，冲销当期主营业务收入和销项税额。

A.现金折扣   B.商业折扣   C.销售退回   D.销售折让

7.按现行消费税相关规定，下列关于消费税计税数量的说法中，正确的有（   ）。

A.销售应税消费品的，为应税消费品的销售数量

B.自产自用应税消费品的，为应税消费品的移送使用数量

C.委托加工应税消费品的，为受托方加工的应税消费品数量

D.委托加工应税消费品的，为委托方收回的应税消费品数量

三、判断题

1.计算房产税的房产原值不应包含地价，因为地价属于无形资产。   （   ）

2. 符合条件的居民企业之间的股息、红利等权益性投资收益免征企业所得税。

（　　　）

3. 企业以合并以外方式取得的长期股权投资的计税基础为购买价款。（　　　）

4. 企业向非金融机构的借款利息，只要不超过金融机构同期同类贷款利率计算的数额部分，均允许税前扣除。

（　　　）

5. 某企业年初有上年形成的亏损50万元，当年实现利润总额为40万元。假设企业本期无纳税调整事项，则企业当年还应交纳一定的企业所得税。（　　　）

6. 工业企业出售产品应交的增值税销项税额，应计入营业成本。（　　　）

四、案例分析题

1. 某汽车贸易公司11月进口45辆小轿车，海关审定的关税完税价格为25万元/辆，当月销售30辆，取得不含税销售收入1 080万元；8辆企业自用，2辆用于抵偿债务，合同约定的含税价格为40万元，剩余5辆待售。该公司如何进行涉税处理？（小轿车适用的关税税率为20%，消费税税率为9%）

2. 某烟酒批发公司，8月批发A牌卷烟5 000条，开具的增值税专用发票上注明销售额250万元；批发B牌卷烟2 000条，开具的增值税普通发票上注明销售额88.92万元；同时零售B牌卷烟300条，开具普通发票，取得含税收入20.358万元；当月允许抵扣的进项税额为35.598万元。试计算该烟酒批发公司当月应缴纳的增值税、消费税。

3. 某化妆品厂为增值税一般纳税人（有出口经营权）。10月发生下列经济业务：

（1）购进业务：从国内购进生产用原材料，取得增值税专用发票，注明价款500万元、增值税85万元，支付运输费用30万元，取得增值税专用发票，注明增值税2.97万元；从国外进口一台检测设备，关税完税价格为26万元，关税税率为20%。

（2）产品、材料领用情况：生产车间领用外购原材料，购进成本为125万元；将生产的化妆品作为国庆节福利发放给本企业职工，该批化妆品的市场销售价格为20万元；企业设立的非独立核算的招待所领用本企业特制的化妆品，生产成本为6万元。

（3）销售业务：内销化妆品1 700箱，取得不含税销售额200万元；销售成套化妆品，取得不含税销售额90万元，其中包括护发产品6万元，发生销货运输费用40万元，取得增值税专用发票，发票中注明增值税为3.96万元；出口化妆品取得销售收入500万元人民币；出口护发品取得销售收入140万元人民币。

假定化妆品和护发品的出口退税率为13%。已知化妆品成本利润率5%。试计算该企业应该缴纳的增值税和消费税。

4. 甲公司是汽车生产厂，2016年8月与乙公司、丙公司合资成立了一家汽车经营公司。三方约定，甲公司以其制造的50辆小轿车作为投资，乙公司以其闲置的一处仓库评估作价500万元投资，丙公司以500万元现金作为投资。甲公司该品牌小轿车本月平均售价为12万元/辆，最高售价为12.80万元/辆，生产成本为9.80万元/辆，投资时评估价格为12万元/辆，该品牌小轿车适用的消费税税率为5%；乙公司的闲置仓库为企业于2007年购入，原值和计税基础均为500万元，已经计提折旧150万元，税法与会计采用同样的折旧年限和计提折旧的方法。三方约定，丙公司每年可以分取40万元的固定利润，不承担投资风险。假设甲公司当月无进项税额（城建税税率为7%）。

要求：（1）计算甲公司的投资业务应缴纳的增值税、消费税、企业所得税。（2）计算乙公司的投资业务应缴纳的增值税、企业所得税。（3）分析说明丙公司的投资业务应如何进行税务处理。

第三章

企业纳税筹划管理

纳税筹划有广义与狭义之分。狭义的纳税筹划仅指节税，广义的纳税筹划既包括节税，又包括避税、税负转嫁和涉税零风险。纳税筹划是纳税人以降低纳税风险，实现企业价值最大化为目的，在遵守国家税收法律法规的前提下，对企业的组建、经营、投资、筹资等活动涉及的纳税事项进行事先安排、选择和策划的总称。企业进行纳税筹划的核心是进行筹划方案的收益与成本分析，应用纳税筹划技术以实现企业价值最大化的财务目标。

第一节 纳税筹划的成本与收益分析

一、纳税筹划的成本与收益

（一）纳税筹划的成本

纳税筹划的成本，是指纳税人因进行纳税筹划而增加的支出或放弃的资源。纳税筹划的成本主要包括以下几方面内容。

1.因制定和执行纳税筹划方案而新增的成本。

新增的制定和执行纳税筹划方案成本是指纳税筹划方案与原方案相比，其制定和执行成本的增加值。其中，制定和执行成本是指纳税筹划方案在制定和执行过程中所产生的各项支出。

纳税筹划方案的制定和执行成本具体包括：收集和保存与纳税筹划相关信息的耗费；纳税筹划人员因从事与纳税筹划方案制定和执行工作相关的工资、薪金；对纳税筹划人员进行纳税筹划培训的费用；委托税务代理机构进行纳税筹划的全部费用；因按照纳税筹划方案安排生产、经营活动而产生的诸如筹建或改建成本、沟通及协作成本、制订计划成本、谈判成本、监督成本和管理成本等。

2.因进行纳税筹划而新增的纳税成本。

纳税成本是指纳税人在纳税过程中所发生的直接和间接费用，包括经济、时间等方面的支出。因进行纳税筹划而新增的纳税成本也是一个增加值，是与原纳税方案相比纳税成本的增加值，具体包括五个方面：

（1）新增的正常税负。

新增的正常税负，是指根据新制定的纳税筹划方案按照税法规定计算得出的应纳各项税款总额，比原纳税方案应纳税款总额的增加额，是纳税筹划方案的正常税负，是纳税人必须支付的一项法定义务。纳税筹划并非总是以减少税负为目的，有时为增加收益会同时增加税负，但只要增加的收益大于增加的税负，同样会给纳税人带来经济利益。

（2）新增的办税费用。

新增的办税费用，是指与原纳税方案相比增加的办税费用。办税费用包括办税人员费用、资料费用、差旅费用、邮件费用、利息等。

（3）新增的税收滞纳金和罚款。

新增的税收滞纳金和罚款，指的是纳税筹划方案被认定为偷税等违法行为而导致的罚款及缴纳的滞纳金。

（4）新增的沟通、协调费用。

新增的沟通、协调费用，是指为取得税务机关对纳税筹划方案的认可而发生的沟通、协调等方面的支出。

（5）新增的行政复议、行政诉讼费用。

新增的行政复议、行政诉讼费用，是指因不服税务机关将纳税筹划方案认定为违法行为而产生的行政复议、行政诉讼费用支出等。

3.纳税筹划的心理成本。

纳税筹划的心理成本，是指纳税人因担心纳税筹划失败而产生的与心理焦虑相关的各项损失和支出。

心理成本很难测量，虽然很少有人进行深入研究，但心理成本的高低对纳税筹划事项的正确处理具有重大影响。许多涉税人员在处理纳税筹划事项时，经常会担心筹划不当而产生焦虑或挫折等心理，这种状况将直接影响其工作效率。对心理承受能力较差的人而言，这种心理甚至会影响他们的身体健康，使其付出更大的心理成本作为进行纳税筹划的代价。心理成本的高低取决于纳税筹划的复杂程度、纳税人的心理承受能力、当地税务机关对纳税筹划的态度、政府对税收违法行为的处罚程度等。

4.纳税筹划的机会成本。

纳税筹划的机会成本，实际上是纳税筹划的隐性成本，是指纳税人由于采用拟订的纳税筹划方案而放弃其他方案的潜在收益。

纳税筹划过程本身就是一个决策过程，即在众多纳税方案中选择一个最佳方案，但选定一个方案必然要舍弃其他方案。纳税筹划的机会成本在纳税筹划实务中经常被忽视，可能导致纳税筹划结果得不偿失。

5.纳税筹划的风险成本。

纳税筹划的风险成本，是指由于纳税筹划风险存在而发生的成本。纳税筹划的风险成本主要包括：纳税人因纳税筹划方案设计失误或实施不当而造成筹划目标落空的经济损失，纳税人因税收政策的变化导致纳税筹划方案失败产生的损失，纳税人因企业经营活动的变化导致原纳税筹划方案无法实现既定目标而产生的损失，纳税人因税务机关对纳税筹划方案的错误认定而产生的损失等。

6.纳税筹划的非税成本。

纳税筹划的非税成本，是指纳税人因进行纳税筹划所产生的连带经济行为的经济后果，它是一个内涵丰富的概念，包括可以量化的内容，也包括不可以量化的内容。

由于信息不对称的原因，造成隐藏行为和隐藏信息的存在，使得非税成本有时很大，甚至远远超过纳税筹划增加的收益或减少的成本。非税成本是进行纳税筹划时必须要考虑的重要因素，非税成本一般难以量化，但如果纳税筹划者未充分认识到非税成本的存在，则纳税筹划策略的有效性将大大降低。

例如，甲企业长期采用避税方式进行纳税筹划，实现少缴税款的目的，经常推迟收入的确认，提前确认成本费用，企业账面形成多年亏损状况，积累了大量的非税成本。这时，企业一主要投资者欲转让其持有的股权，由于甲企业账面长期亏损，几乎没有人愿意购买，个别购买者也出价很低，远远低于股权对应的企业实际价值。此时，企业决策者幡然醒悟，一味追求少缴税，其隐藏的非税成本是巨大的，会导致各种非税成本加起来抵免了企业所享受的节税收益。

上述纳税筹划成本的分类不是非常严格，有些纳税筹划成本可能同时属于其中的两类或多类。例如，纳税筹划被认定为偷税等违法行为而导致的罚款及交纳的滞纳金，既属于因进行纳税筹划而新增的纳税成本，也属于纳税筹划的风险成本。

（二）纳税筹划的收益

纳税筹划的收益，是指纳税人因进行纳税筹划而获得的各种利益。纳税筹划收益主要包括以下几方面内容。

1.因进行纳税筹划而新增的收入。

在数量上，新增的收入等于纳税筹划后企业各项收入大于纳税筹划前各项收入的部分。需要注意的是，这里所说的新增收入均是由纳税筹划活动直接或间接引起的，企业发生的与纳税筹划活动无关的新增收入不包括在其中。

2.因进行纳税筹划而减少的纳税成本。

纳税成本的减少额主要包括与原纳税方案相比，纳税筹划方案引起的税负减少额、办税费用的节约额以及行政罚款的减少额等。其中，税负的减少额是主要部分，是指实施纳税筹划方案的全部税负低于原纳税方案全部税负的差额。

3.因进行纳税筹划而新增的货币时间价值。

因进行纳税筹划而新增的货币时间价值，主要是通过延期纳税来实现的。通过延期纳税使企业当期总资产增加，不仅可以用来清偿债务，而且可以用来进行持续的经营生产。

4.纳税筹划的非税收益。

纳税筹划的非税收益，是指纳税人因进行纳税筹划而获得的各种间接经济利益，主要包括以下内容：

（1）涉税零风险筹划给纳税人带来的利益。

涉税零风险筹划虽然不能为纳税人带来直接经济利益的增加，但却能为纳税人创造出一定的间接经济利益。通过实现涉税零风险，一方面有利于纳税人形成较好的纳税信誉，树立良好的纳税人形象，有利于纳税人的经营发展，使纳税人长期受益；另一方面会使税务机关对纳税人形成很好的纳税印象，能够使纳税人获得税务检查以及税收优惠政策等方面的宽松待遇等。

（2）通过纳税筹划提高纳税人整体管理水平和核算水平而使纳税人增加的收益。

纳税筹划是一种高水平的策划活动，企业进行纳税筹划必须聘用高素质的人才，规范自己的财务会计处理，这在客观上提高了纳税人的管理水平和核算水平，为企业带来了收益。

上述纳税筹划收益的分类也不是非常严格，有些纳税筹划收益可能同时属于其中的两类或多类。

（三）纳税筹划的分析

纳税人进行纳税筹划是为了获得整体经济利益，而不是某一环节的税收利益，因此纳税人在进行纳税筹划时要进行成本收益分析，以判断在经济上是否可行。纳税筹划的成本与收益分析，是指在纳税筹划方案的制定和执行过程中，要比较纳税筹划方案带来的收益与耗费的成本，只有纳税筹划方案的成本小于获得的收益时，该纳税筹划方案才是可行的。

一般来说，一个纳税筹划方案会涉及很多方面，而且纳税筹划方案的实施会对纳税人以后若干年的生产经营活动产生影响，因此，纳税筹划的成本与收益分析不能仅仅局限于某个纳税年度，企业应根据自身实际情况，确定比较年限，并考虑货币时间价值。纳税筹划成本与收益分析的具体步骤如下。

1.提出纳税筹划方案。

在进行成本收益分析时，企业应根据具体情况首先提出若干个纳税筹划方案，然后详细地列出每种方案可能发生的全部预期成本和全部预期收益。

2.确定比较年限。

纳税人应根据纳税筹划方案对企业生产经营活动的影响期限，合理确定比较年限，并考虑货币的时间价值。

3.确定贴现率。

纳税人在分析成本与收益时，需要将未来时点的成本与收益换算成现在时点的成本与收益，贴现率的选择是关键。在实践中，贴现率的选择存在很多争议，是一项复杂的工作，需要考虑很多因素。一般来说，选择贴现率时应考虑以下三点：一是社会平均利润率。二是通货膨胀附加率。三是企业的风险报酬率。纳税人可以将三者之和作为贴现率。

4.计算收益和成本的现值。

纳税人将分析期间发生的收益和成本，用收益流和成本流来表示，并使用贴现率计算收益和成本的现值进行比较分析。

5.确定最优纳税筹划方案。

纳税人选择最优筹划方案的依据有两个：一是计算出每种方案的净收益。二是计算出每种方案的收益成本比。净收益等于总收益现值减去总成本现值。

具体的计算公式为：

净收益 = 总收益现值 - 总成本现值

$$收益成本比 = \frac{总收益现值}{总成本现值}$$

【例3-1】某企业2016年年初准备开始实施一项为期3年的纳税筹划方案，目前拟定了三个备选方案，分别为甲、乙、丙方案，上述备选方案未来3年的纳税筹划成本和纳税筹划收益情况见表3-1，该企业制订纳税筹划方案发生纳税筹划成本4.90万元，已于年初支付。已知纳税人确定的贴现率为10%，相关现值系数为：（P/F，10%，1）= 0.9091；（P/F，10%，2）= 0.8264；（P/F，10%，3）= 0.7513；（P/A，10%，3）= 2.4869。

表3-1　　　　　　　　纳税筹划成本和纳税筹划收益情况表　　　　　　　单位：万元

年份	甲		乙		丙	
	收益	成本	收益	成本	收益	成本
第1年	11	10	14	12	18	15
第2年	14	12	14	12	14	12
第3年	18	15	14	12	11	10

解析：

（1）分别计算各备选方案纳税筹划收益和成本的现值。

甲方案：

收益的现值 = 11×（P/F，10%，1）+14×（P/F，10%，2）+18×（P/F，10%，3）

　　　　　= 35.09（万元）

成本的现值 = 4.90+10×（P/F，10%，1）+12×（P/F，10%，2）+15×（P/F，10%，3）

　　　　　= 35.18（万元）

乙方案：

收益的现值 = 14×（P/A，10%，3）= 34.82（万元）

成本的现值 = 4.90+12×（P/A，10%，3）= 34.74（万元）

丙方案：

收益的现值 = 18×（P/F，10%，1）+14×（P/F，10%，2）+11×（P/F，10%，3）

　　　　　= 36.20（万元）

成本的现值 = 4.90+15×（P/F，10%，1）+12×（P/F，10%，2）+10×（P/F，10%，3）

　　　　　= 35.97（万元）

（2）确定最优纳税筹划方案。

甲方案纳税筹划净收益 = 35.09-35.18 = -0.09（万元）

甲方案的收益成本比 = 35.09÷35.18×100% = 99.74%

乙方案纳税筹划净收益 = 34.82-34.74 = 0.08（万元）

乙方案的收益成本比 = 34.82÷34.74×100% = 100.23%

丙方案纳税筹划净收益 = 36.20-35.97 = 0.23（万元）

丙方案的收益成本比 = 36.20÷35.97×100% = 100.64%

甲方案的净收益为负数，该方案不可行，乙方案和丙方案的净收益为正数，说明这两个方案均可行，但丙方案的净收益高于乙方案0.15万元（0.23-0.08），且丙方案的收益成本比也高于乙方案，说明丙方案最优。

二、纳税筹划的技术

纳税筹划的技术，是指纳税人利用不违法、合理的手段尽量少缴纳税款的知识和技巧。纳税筹划的技术可以单独使用，也可以同时使用，在同时使用多种纳税筹划技术时，纳税人要注意各种纳税筹划技术之间的相互影响。

纳税筹划方法研究的是纳税筹划方案设计的着眼点，纳税筹划技术研究的是纳税筹划方案的具体操作手段。纳税人在确定纳税筹划方法的前提下，运用纳税筹划技术进行具体方案的设计，纳税人也可以直接运用纳税筹划技术，对计税依据、税率和纳税期限等税制构成要素进行纳税筹划。

（一）减免税技术

减免税是指国家运用税收调节职能，对某些纳税人或征税对象给予的减轻或免除税收负担的一种鼓励或照顾措施。减税是对应征税款减征其中一部分，免税是对应征税款全部予以免征。减免税是税收政策的重要组成部分，是税收制度构成的一个重要因素。

减免税技术是指在不违法及合理的前提下，使纳税人成为减免税人，或使纳税人从事减免税活动，或使征税对象成为减免税对象而少缴税款的纳税筹划技术。

1.主要针对税额进行纳税筹划。

减免税技术通过直接减少应纳税额的方式实现税收减免，主要包括全部免征、减半征收及定额减征等。

2.适用范围较窄。

减免税是对特定纳税人、纳税对象的减免，需要满足特定的条件，这些不是每个纳税人都能够（或都愿意）做到的。因此，减免税技术一般不能普遍适用，适用范围较窄。

3.技术比较简单。

减免税技术减免的应纳税额比较明确，一般不需要经过复杂的计算过程。

（二）分割技术

分割是指把一个纳税人的应税项目分成多个纳税人的应税项目，或者把一个纳税人的应税项目分割成适用不同税种、不同税率和减免税政策的多个部分的应税项目。

我国现行税制规定，对适用不同税种、不同税率和减免税政策的业务应当分别核算，否则一律按高税率纳税或者不予享受减免税政策。因此，将纳税人的应税所得分割成适用不同税种、不同税率和减免税政策的业务并分别核算也是一种纳税筹划技术。例如，纳税人兼营不同税率的应税消费品，应当分别核算不同税率应税消费品的销售额、销售数量。未分别核算销售额、销售数量的，或将不同税率的应税消费品组成成套消费品销售的，从高适用税率。

分割技术是指在不违法及合理的前提下，使征税对象在两个或更多纳税人之间，或者在适用不同税种、不同税率和减免税政策的多个部分之间进行分割的纳税筹划技术。

1.主要针对税基进行纳税筹划。

分割技术通过使纳税人的应税基数不违法及合理地分割，直接减少应纳税额。

2.适用范围较窄。

一些企业利用分割技术分立为多个小企业，通过分割所得来降低适用税率，或享受有关小型企业的税收优惠，但能够适用分割的项目非常有限，要求的条件也比较苛刻，因此分割技术适用范围较窄。

3.技术比较复杂。

纳税人采用分割技术进行纳税筹划，不仅要考虑税收条款的限制，还要考虑很多非税条件，所以分割技术较为复杂。

（三）扣除技术

扣除技术是指在不违法及合理的前提下，使扣除额增加而直接节减税额，或调整扣除额在各个应税期的分布而相对节减税额的纳税筹划技术。

在同样收入额的情况下，各项扣除额越大，应税基数就会越小，应纳税额也越少，所节减的税款也就越大。扣除技术一般采用增加扣除项目、提前确认扣除项目等手段。

1.可用于绝对收益筹划和相对收益筹划。

扣除技术既可对纳税人的应税基数进行纳税筹划，直接减少应纳税额，获得绝对收益。又可通过合理、合法地分配各个应税期的费用扣除和亏损冲抵，增加纳税人的现金流量，起到延期纳税的作用，从而相对减少应纳税额，在这一点上，与延期纳税技术有相似之处。

2.适用范围较广。

税法准予扣除的项目、范围和标准，基本上对每个纳税人都是适用的，是对征税对象的一种必要扣除，几乎每个纳税人都可以采用扣除技术进行纳税筹划，该技术被普遍采用，适用范围较大。

3.技术比较复杂。

由于税法对扣除项目的规定复杂多变。因此，采用扣除技术必须掌握所有相关规定，并能根据纳税人的具体情况灵活加以运用，操作起来比较复杂。

（四）税率差异技术

税率差异是指对不同征税对象适用的税率不同，或者相同的征税对象适用的税率也不同。税率是决定纳税人税负高低的主要因素之一，并且各税种的税率大多存在一定的差异。一般情况下，税率低，应纳税额少，税后收益就多。一个国家的税率差异，往往是既要考虑公平因素，又要考虑到效率因素。

税率差异技术是指在不违法及合理的前提下，利用税率的差异直接减少应纳税额的纳税筹划技术。

实行比例税率的税种一般有多种比例税率，对比例税率进行筹划，可以从中寻求最低税率；对于实行累进税率的税种，例如个人所得税和土地增值税，其纳税筹划的目的是防止税率的爬升；对于实行定额税率的税种，例如城镇土地使用税、车船税和资源税等税种，也可以通过纳税筹划取得一定的收益。

1.通过寻求最低税率获得绝对收益。

纳税人运用税率差异技术，通过寻求最低税率直接减少应纳税额，实现税款的绝对收益。

2.适用范围较广。

由于税率差异普遍存在，每个纳税人都可以根据自身的具体情况在一定范围内进行选择，因此，税率差异技术是一种能普遍运用、适用范围较大的纳税筹划技术。

3.技术比较复杂。

采用税率差异技术节减税款，不仅要考虑不同税率差异的影响，有时还要考虑不同应税基数差异的影响，应税基数的计算通常比较复杂，计算出结果后还要按一定的方法进行比较，才能知道可以节减的税款金额，因此，税率差异技术较为复杂。

4.具有相对确定性。

税率差异是客观存在的，并且在一定时期是相对稳定的，因此，税率差异技术具有相对的确定性。

（五）抵免技术

税收抵免是指从应纳税额中扣除税收抵免额，包括避免双重征税的税收抵免和作为税收优惠或奖励的税收抵免。

抵免技术是指在不违法及合理的前提下，使税收抵免额增加的纳税筹划技术。税收抵免额越大，冲抵应纳税额的数额就越大，应纳税额则越少，从而节减的税额就越大。

1.直接减少纳税人的应纳税款金额。

纳税人运用抵免技术，可以直接减少纳税人的应纳税款金额，获得了绝对收益。

2.适用范围较广。

抵免技术普遍适用于所有的纳税人，不是只适用于某些特定纳税人的税收政策，因此，抵免技术适用范围较广。

3.技术比较简单。

目前，我国税法规定的可以抵免的项目较少，其计算也比较简单。

（六）退税技术

退税是税务机关按规定对纳税人已纳税款的退还。税务机关向纳税人退税的情况一般有：①税务机关误征或多征的税款，如税务机关不应征收或错误多征的税款；②纳税人多缴纳的税款，如纳税人按期预缴的企业所得税税款超过纳税人应纳企业所得税的金额；③出口退税；④符合国家退税优惠政策的已纳税款等。

退税技术涉及的退税主要是出口退税和税务机关退还纳税人符合国家退税优惠政策的已纳税款。

退税技术是指在不违法及合理的前提下，使税务机关退还纳税人已纳税款的纳税筹划技术。在已缴纳税款一定的情况下，所退税款金额越大，节减的税款也就越多。

1.减少了纳税人实际应负担的应纳税款金额。

纳税人运用退税技术，收到的退税款项，减少了纳税人实际应负担的应纳税款金额，获得了绝对收益。

2.适用范围较窄。

退税一般只适用于某些特定行为的纳税人，因此，退税技术适用的范围较小。

3.退税技术有难有易。

出口退税技术比较复杂，其他的退税技术相对较为简单。

（七）延期纳税技术

延期纳税是指纳税人按照国家有关延期纳税规定延缓一定时期后再缴纳税款。例如，我国税法规定，境外进入免税区的货物，除国家另有规定外，免征增值税和消费税，以后如果免税进入保税区的货物运往非保税区时，才再照章征收增值税和消费税。从该规定的性质看，它是一种延期纳税。

延期纳税技术是指在不违法及合理的前提下，使纳税人延期缴纳税款而取得相对收益的纳税筹划技术。

因为货币存在时间价值，延期纳税就如同纳税人取得了一笔无息贷款，可以在本期有更多的资金用于投资和再投资，将来可以获得更大的投资收益，或者可以减少企业的筹资成本，相对节减了税款，取得了收益。例如，企业所得税采取"按年计算，分期预缴，年终汇算清缴"的办法征收，企业在预缴中少缴的税款不作为偷税处理。企业可以根据自己的实际情况，确定最佳的预缴方法。

1.利用货币时间价值相对减少了纳税人应纳税款金额。

运用延期纳税技术，纳税人一定时期的应纳税绝对额并没有减少，只是推迟了应纳税款的缴纳时间，从而利用货币时间价值相对节减税款。

2.适用范围较广。

延期纳税技术几乎适用于所有的纳税人，适用范围较广。

3.技术比较复杂。

纳税人运用延期纳税技术，需要对纳税人的预期应纳税额进行测算，计算较为复杂，需要考虑的因素较多。

（八）会计政策选择技术

会计政策是指企业在会计核算时所遵循的具体原则以及企业所采纳的具体会计处理方法。由于企业经济业务的复杂性和多样化，某些经济业务可以有多种会计处理方法，企业在发生某项经济业务时，应该从允许选用的会计原则和会计处理方法中，选择适合本企业实际情况的会计政策。采用适当的会计政策可以达到减轻税负或延缓纳税的目的。

会计政策选择技术是指在不违法及合理的前提下，采用适当的会计政策以减轻税负或延缓纳税的纳税筹划技术。

会计资料是许多税种确定应纳税额的基础。例如，企业所得税等重要税种的应税基数，往往是根据财务会计核算结果并加以调整计算出来的。对税法没有明确规定的事项，都是按照会计处理结果计算应税所得的。选择不同的会计政策，核算出来的结果也会有所不同，不同的结果会对纳税人的税负产生影响。

1.技术比较复杂。

运用会计政策选择技术要经过复杂的预测和计算，计算出结果后还要按一定的方法进行比较，才能大致掌握可以节减的税额。

2.适用范围较广。

会计政策选择技术适用于所有纳税人，而不是仅适用于某些特定的纳税人。

3.受其他因素影响较大。

运用会计政策选择技术必须考虑到纳税人实现企业价值最大化的财务管理目标，节减税额的目标必须服从于企业整体发展的需要。例如，上市公司为了实现盈利或保住配股资格，即使多缴纳企业所得税，也会选择有利于增加收入、减少成本费用的会计政策。

第二节　增值税的纳税筹划

一、增值税纳税人的纳税筹划

在中华人民共和国境内销售货物、提供劳务、提供服务、销售无形资产和不动产以及进口货物的单位和个人，为增值税纳税人。根据增值税的应税销售额的多少和会计核算是否健全，增值税纳税人分为一般纳税人和小规模纳税人两类。全面推行"营改增"后增值税一般纳税人的税率包括：17%、13%、11%、6%，并允许抵扣进项税额；对小规模纳税人实行统一的3%征收率，不允许作任何抵扣。上述规定，为小规模纳税人与一般纳税人进行纳税筹划提供了可能。

（一）利用税负无差别点法进行增值税纳税人身份的选择

税负无差别点是指纳税人在某一条件下，作为一般纳税人和小规模纳税人的税负相同。利用税负无差别点进行增值税纳税人身份选择，采用的销售额只能是含税销售额。因为两类纳税人在不含税销售额相同的情况下，小规模纳税人的税负一定高于一般纳税人，原因在于一般纳税人和小规模纳税人对进项税额的处理不同。一般纳税人支付的进项税额可以抵扣销项税额，抵减当期应纳税额，而小规模纳税人支付的进项税额只能计入成本。利用税负无差别点法进行增值税纳税人身份的选择时，企业具体有两种做法。

1.利用税负无差别点的增值率进行纳税筹划。

通过计算作为一般纳税人和小规模纳税人税负相同时的增值率，选择增值税纳税人身份。

（1）两类纳税人增值税税负无差别点增值率的计算。

①一般纳税人用含税销售额反映的税负。

一般纳税人应纳税额＝含税增值额÷（1+增值税税率）×增值税税率

一般纳税人的税负＝［含税增值额÷（1+增值税税率）×增值税税率］÷含税销售额

　　　　　　　　　＝含税增值率÷（1+增值税税率）×增值税税率

②小规模纳税人用含税销售额反映的税负。

小规模纳税人应纳税额＝含税销售额÷（1+征收率）×征收率

小规模纳税人的税负＝［含税销售额÷（1+征收率）×征收率］÷含税销售额

　　　　　　　　　　＝征收率÷（1+征收率）

③计算含税销售额税负无差别点的增值率。

当两者税负相等时，即税负无差别，此时：

含税增值率÷（1+增值税税率）×增值税税率＝征收率÷（1+征收率）

税负无差别点的增值率＝征收率×（1+增值税税率）÷（1+征收率）÷增值税税率

当增值税税率为17%时：

税负无差别点的增值率＝3%×（1+17%）÷（1+3%）÷17%＝20.05%

这一计算结果表明，对适用增值税税率17%的纳税人来说，当增值率为20.05%时，选择作为一般纳税人与小规模纳税人的税负是相同的；当增值率低于20.05%时，小规模纳税人的税负重于一般纳税人；而当增值率高于20.05%时，一般纳税人的税负重于小规模纳税人。

同样的方法可以计算出当增值税税率为13%、11%、6%，小规模纳税人征收率为3%时的税负无差别点的增值率，见表3-2。

表3-2　　　　　　　　　　　**税负无差别点的增值率**

一般纳税人税率	小规模纳税人征收率	税负无差别点的增值率
17%	3%	20.05%
13%	3%	25.32%
11%	3%	29.39%
6%	3%	51.46%

【例3-2】甲企业为新开业的商业零售企业，购进和销售的产品适用的增值税税率均为17%。预计年销售额可达到140万元，购进商品金额预计为100万元，均为含税金额。为该零售企业选择纳税人身份做出纳税筹划方案。

解析：

该企业实际增值率为28.57%（（140-100）÷140×100%），大于税负无差别点的增值率20.05%，此时，一般纳税人的税负高于小规模纳税人的税负，应该选择成为小规模纳税人。

由于该企业预计年增值税的应税销售额为140万元，换算为不含税销售额为119.66万元（140÷（1+17%）），超过小规模纳税人标准（80万元），如果认定为增值税一般纳税人，该企业全年应纳增值税计算如下：

该企业全年应纳增值税＝140÷（1+17%）×17%−100÷（1+17%）×17%＝5.81（万元）

纳税筹划方案：将该零售企业设立为两个独立核算的企业，各自预计含税销售额为70万元，则低于小规模纳税人标准，两个独立核算的企业可以选择作为小规模纳税人纳税，这两个企业应纳增值税税额计算如下：

应纳增值税税额＝70÷（1+3%）×3%＋70÷（1+3%）×3%＝4.08（万元）

低于按照一般纳税人身份应纳增值税税额1.73万元（5.81−4.08）。因此，通过纳税筹划，将企业设立为两个独立核算的企业，按照小规模纳税人身份纳税，可以有效降低企业的税负。

当增值率高于税负无差别点时，预计销售额高于小规模纳税人标准，通过分立的方法，使分立后设立的企业满足小规模纳税人标准，以达到降低企业税负的目的。同理，当增值率低于税负无差别点时，预计销售额达不到一般纳税人标准，可以通过合并的方法，使合并后设立的企业满足一般纳税人标准，以达到降低企业税负的目的。

（2）运用增值率选择纳税人身份的条件。

纳税人应用增值率进行增值税纳税人身份选择的前提条件是，购销业务的增值率在确定纳税人身份前就能准确预测，并且购销货物的增值税税率一致。运用增值率选择纳税人身份主要适用于商业零售企业，由于零售产品一般市场价格比较统一，且购买者更关注购买时支付的全部价款。

2.利用税负无差别点的进项税额占含税销售额比重进行纳税筹划。

全面"营改增"后，一般纳税人的增值税税率包括17%、13%、11%、6%四种，很难满足购销业务增值税税率一致的要求。另外，企业的进项税额对应的增值税税率也有多种，无法利用购进金额乘以某一增值税税率计算进项税额。因此，利用进项税额占含税销售额的比重来选择纳税人身份更科学、合理。

（1）两类纳税人税负无差别点进项税额占含税销售额比重的计算。

①一般纳税人用含税销售额和进项税额反映的税负。

税负＝［含税销售额÷（1+增值税税率）×增值税税率−进项税额］÷含税销售额

　　＝增值税税率÷（1+增值税税率）−进项税额占含税销售额比重

②小规模纳税人用含税销售额反映的税负。

税负＝［含税销售额÷（1+征收率）×征收率］÷含税销售额

　　＝征收率÷（1+征收率）

③计算税负无差别点的进项税额占含税销售额的比重。

当两者税负相等时，即税负无差别，此时：

增值税税率÷（1+增值税税率）−进项税额占含税销售额比重＝征收率÷（1+征收率）

进项税额占含税销售额比重 = 增值税税率÷（1+增值税税率）− 征收率÷（1+征收率）

当增值税税率为17%时：

进项税额占含税销售额比重 = 17%÷（1+17%）−3%÷（1+3%）= 11.62%

这一计算结果表明，对适用增值税税率17%的纳税人来说，当进项税额占含税销售额比重为11.62%时，选择作为一般纳税人与小规模纳税人的税负是相同的；当进项税额占含税销售额比重高于11.62%时，小规模纳税人的税负重于一般纳税人；当进项税额占含税销售额比重低于11.62%时，一般纳税人的税负重于小规模纳税人。

用同样的方法可以计算出当增值税税率为13%、11%、6%，小规模纳税人征收率为3%时的进项税额占含税销售额的比重，见表3–3。

表3–3　　　　　　　　　　　　　**进项税额占含税销售额比重**

一般纳税人税率	小规模纳税人征收率	税负无差别点的进项税额占含税销售额的比重
17%	3%	11.62%
13%	3%	8.60%
11%	3%	7.00%
6%	3%	2.75%

（2）运用进项税额占含税销售额比重选择纳税人身份的条件。

纳税人应用进项税额占含税销售额比重进行增值税纳税人身份选择的前提条件是，进项税额占含税销售额比重在确定纳税人身份前就能准确预测。

3.利用税负无差别点进行增值税纳税人身份选择时应注意的问题。

（1）销售额稳定且符合纳税筹划条件。

纳税主体的应税销售额应在税法规定的一般纳税人销售额标准附近，可以通过在临界点上下进行调节，或者通过对纳税主体的分割或合并满足税法规定的标准；纳税主体的经营状况比较稳定，在可预见的期间内不会有太大的波动。

（2）纳税筹划取得的收益大于纳税筹划增加的成本时，纳税筹划才是可行的。

纳税人的合并或分拆是需要成本的，《增值税暂行条例实施细则》第三十三条规定，除国家税务总局另有规定外，纳税人一经认定为一般纳税人后，不得转为小规模纳税人。分拆一般纳税人企业需要将原企业注销，重新设立两个或两个以上新企业，只有当纳税筹划取得的收益大于纳税筹划增加的成本时，纳税筹划才是可行的。

（3）企业应根据主要销货对象的要求选择纳税身份。

如果纳税人的销售对象主要是一般纳税人，对方需要取得增值税专用发票进行增值税的抵扣，那么纳税人应该取得一般纳税人身份。但是，如果纳税人的销售对象主要是个人或不需要增值税专用发票抵扣进项税额的购货方，小规模纳税人采用3%的征收率，含税销售价格较低，对他们更有吸引力。另外，小规模纳税人核算简单，可以减少税收工作的投入，且其纳税风险较低。

二、增值税税率的纳税筹划

全面营改增后增值税一般纳税人的税率包括：17%、13%、11%、6%，这为增值税税率的纳税筹划提供了空间。

（一）混合销售行为适用税率的纳税筹划

一项销售行为如果既涉及服务又涉及货物，即为混合销售。从事货物的生产、批发或者零售的单位和个体工商户的混合销售行为，按照销售货物缴纳增值税；其他单位和个体工商户的混合销售行为，按照销售服务缴纳增值税。从事货物的生产、批发或者零售的单位和个体工商户，包括以从事货物的生产、批发或者零售为主，并兼营销售服务的单位和个体工商户在内。混合销售行为适用税率的纳税筹划包括以下几点：

1.通过增加税率较低项目的销售额，选择适用低税率。

税法规定混合销售行为只按一个税率征收增值税，而具体按哪个项目征收增值税，取决于纳税人的主营业务。如果企业能够改变纳税人的主营业务，就可以改变纳税人应按哪个税种的税率计算应纳增值税。这种方法主要适用于混合销售额两个税种的销售额比重较接近的情况，纳税人通过控制货物及服务所占比例，来选择按哪个税种缴纳增值税。

纳税人通过增加税率较低项目的销售额，使混合销售适用低税率，以降低纳税人的税负。

2.通过分立方式分别按各自适用的税率缴纳增值税。

如果税率较高项目的销售额所占比重远远大于税率较低项目的销售额所占比重，则无法通过控制货物和服务所占比例，来选择适用较低税率，这时，混合销售行为应选择分别适用税率的纳税筹划方法，分别按各自适用的税率计算缴纳增值税。

（二）兼营行为适用税率的纳税筹划

兼营行为，是指纳税人的经营范围包括销售货物、劳务、服务、无形资产或者不动产中的两项或多项业务，但是销售货物、劳务、服务、无形资产或不动产不同时发生在同一项销售行为中。纳税人销售货物、劳务、服务、无形资产或者不动产适用不同税率或者征收率的，应当分别核算适用不同税率或者征收率的销售额；未分别核算的，从高适用税率或征收率。

兼营销售行为的纳税筹划，是将不同税率货物或劳务的销售额分别核算，避免出现从高适用税率的情况，增加企业的税收负担。

【例3-3】某公司为增值税一般纳税人，主要生产高科技产品，在销售自产产品的同时负责技术指导，由于技术指导费所占比重较小，营业税改征增值税前，全部收入按照混合销售行为交纳增值税。该公司全年实现含税销售额8190万元，其中技术指导费为 1 170 万元，全年可以抵扣的进项税额为 680 万元，该公司一直未分别核算销售额。试为该企业做出"营改增"后的纳税筹划方案。

解析：

营业税改征增值税后，企业在销售自产产品的同时负责技术指导的行为属于兼营行为，销售产品适用 17% 的增值税税率，技术指导属于现代服务业，适用 6% 的增值税税率。在进行纳税筹划前，由于该公司未分别核算销售额，统一按 17% 的税率计算缴纳增值税。

应纳增值税税额 = 8 190÷（1+17%）×17%−680 = 510（万元）

纳税筹划方案：该公司应分别核算产品的销售收入和技术指导的服务收入，分别按各自适用的税率计算确认增值税销项税额。

纳税筹划后应纳税情况：

应纳增值税税额 =（8 190−1 170）÷（1+17%）×17%+1 170÷（1+6%）×6%−680
　　　　　　　 = 406.23（万元）

纳税筹划后少纳税额 = 510−406.23 = 103.77（万元）

（三）选择适用低税率的纳税筹划

增值税一般纳税人的税率包括 17%、13%、11%、6% 四种，纳税人可以通过变更合同类型，选择适用较低增值税税率的方法进行纳税筹划。

【例 3-4】甲物流公司为增值税一般纳税人，现将 3 台大型装卸设备，以每月 20 万元的价格出租给客户乙公司，租期半年，租金为 120 万元，乙公司还需临时从甲公司聘用 3 名操作人员，3 人半年的工资为 12 万元。上述工资和租赁费由乙公司一起支付给甲公司，由甲公司向聘用员工发放工资。为上述业务做出纳税筹划方案。

解析：

纳税筹划前，双方签订的合同为租赁合同，提供有形动产租赁服务，适用 17% 的增值税税率，收取的代发工资属于价外费用，应并入销售额。

甲公司的销售额 =（120+12）÷（1+17%）= 112.82（万元）

甲公司应确认的增值税销项税额 = 112.82×17% = 19.18（万元）

纳税筹划方案：甲物流公司将租赁合同变为异地作业合同，由甲物流公司派遣 3 名操作人员并支付工资 12 万元，为客户乙公司提供装卸作业，并收取 132 万元装卸作业费。

纳税筹划后，由于装卸劳务属于现代服务业应税劳务，适用 6% 的增值税税率。

甲公司的销售额 =（120+12）÷（1+6%）= 124.53（万元）

甲公司应确认的增值税销项税额 = 124.53×6% = 7.47（万元）

通过纳税筹划，可以使甲公司少缴增值税 11.71 万元（19.18−7.47）。

结论：纳税人通过变更合同类型，改变业务性质，可以实现适用较低增值税税率的纳税筹划目标。

（四）一般纳税人选择计税方法的纳税筹划

增值税一般纳税人通常按照一般计税方法缴纳增值税，即当期应纳税额等于销项税额减去进项税额。如果一般纳税人符合规定条件，也可以选择适用简易计税方法计算缴纳增值税。一般纳税人可以根据自身的实际情况选择适当的计税方法，以降低其应纳增值税税额。

1. 一般纳税人销售自产规定货物的纳税筹划

（1）一般纳税人销售下列自产货物，可按简易办法按3%征收率计算缴纳增值税，不得抵扣进项税额：

①县级及县级以下小型水力发电单位生产的电力；

②建筑用和生产建筑材料所用的砂、土、石料；

③以自己采掘的砂、土、石料或其他矿物连续生产的砖、瓦、石灰（不含黏土实心砖、瓦）；

④用微生物、微生物代谢产物、动物毒素、人或动物的血液或组织制成的生物制品；

⑤自来水；

⑥商品混凝土（仅限于以水泥为原料生产的水泥混凝土）；

⑦属于增值税一般纳税人的单采血浆站销售非临床用人体血液。

（2）纳税筹划方法

一般纳税人销售自产的以上特定货物，在选择计税方法时可以借鉴增值税纳税人身份选择的做法，利用税负无差别点法选择计税方法。具体做法如下：

①利用税负无差别点的增值率选择计税方法。

通过计算采用增值税税率计算的应纳增值税和采用简易征收率计算的应纳增值税税负相同的增值率，选择计税方法。

税负无差别点的增值率 = 征收率 × （1+增值税税率）÷ （1+征收率）÷增值税税率×100%

当增值税税率为17%，简易征收率为3%时：

税负无差别点的增值率 = 3% × （1+17%）÷ （1+3%）÷17%×100% = 20.05%

当增值税税率为13%时，简易征收率为3%时：

税负无差别点的增值率 = 3% × （1+13%）÷ （1+3%）÷13%×100% = 25.32%

纳税人可以通过计算实际增值率，与上述两种情况税负无差别点的增值率进行比较，选择增值税的计税方法。

②利用进项税额占含税销售额的比重选择计税方法。

采用增值税税率用含税销售额和进项税额反映的税负：

进项税额占含税销售额的比重 = 增值税税率÷（1+增值税税率）－征收率÷（1+征收率）×100%

当增值税税率为17%，简易征收率为3%时：

税负无差别点的进项税额占含税销售额的比重 = 17%÷（1+17%）－3%÷（1+3%）×100% = 11.62%

当增值税税率为13%，简易征收率为3%时：

税负无差别点的进项税额占含税销售额的比重 = 13%÷（1+13%）－3%÷（1+3%）×100% = 8.60%

纳税人可以通过计算实际进项税额占含税销售额的比重，将其与上述两种情况税负无差别点的进项税额占含税销售额的比重进行比较，选择增值税的计税方法。

2."营改增"一般纳税人选择计税方法的纳税筹划。

（1）"营改增"一般纳税人适用征收率的税法规定。

①一般纳税人发生下列应税行为，可按简易办法按3%征收率计算缴纳增值税，不得抵扣进项税额：A.公共交通运输服务；B.经认定的动漫企业为开发动漫产品提供的动漫设计、制作等服务及在境内转让动漫版权等动漫服务；C.电影放映服务、仓储服务、装卸搬运服务、收派服务和文化体育服务；D.以纳入营改增试点之日前取得的有形动产为标的物提供的经营租赁服务；E.在纳入营改增试点之日前签订的尚未执行完毕的有形动产租赁合同。

②一般纳税人提供下列建筑服务，选择适用简易计税方法，按3%征收率计算应纳税额：A.以清包工方式提供的建筑服务；B.为甲供工程提供的建筑服务；C.为建筑工程老项目提供的建筑服务。

③一般纳税人销售下列不动产，选择适用简易计税方法，按5%征收率计算应纳税额：A.销售其2016年4月30日前取得（不含自建）的不动产；B.销售其2016年4月30日前自建的不动产。

④房地产开发企业中的一般纳税人，销售自行开发的房地产项目。

⑤一般纳税人提供不动产经营租赁服务，选择适用简易计税方法征收率的相关规定：一般纳税人出租其2016年4月30日前取得的不动产的，可以选择适用简易计税方法，按照5%的征收率计算应纳税额。公路经营企业中的一般纳税人收取试点前开工的高速公路的车辆通行费，可以选择适用简易计税方法，减按3%的征收率计算应纳税额。一般纳税人收取试点前开工的一级公路、二级公路、桥、闸通行费，可以选择适用简易计税方法，按照5%的征收率计算缴纳增值税。

⑥一般纳税人提供劳务派遣服务，可以选择差额纳税，按照简易计税方法依5%的征收率计算缴纳增值税。

（2）纳税筹划方法。

营改增纳税人可以选择适用简易计税方法的情况较多，除了可以借鉴增值税纳税人身份选择的做法，利用税负无差别点法选择计税方法外，还可以根据业务的特点，具体问题具体分析。

【例3-5】甲房地产开发公司为增值税一般纳税人，2016年2月开发一房地产项目，取得土地且向土地管理部门直接支付的土地价款为28 000万元，预计该项目将发生开发成本27 000万元（不含税），均能取得税率为11%增值税专用发票，项目开发完成后，预计全部售出可取得收入96 000万元（含税）。因为该项目为2016年2月开发，为房地产老项目，可以选择适用简易计税方法。为甲企业选择应纳税额较低的计税方法。

解析：

（1）采用简易计税方法。

应纳增值税＝96 000÷（1+5%）×5%＝4 571.43（万元）

（2）采用一般计税方法。

房地产开发企业中的一般纳税人销售自行开发的房地产项目，适用一般计税方法计税，按照取得的全部价款和价外费用，扣除当期销售房地产项目对应的土地价款后的余额计算销售额。

应纳增值税＝（96 000−28 000）÷（1+11%）×11%−27 000×11%＝3 768.74（万元）

甲公司应选择一般计税方法纳税，可以少缴增值税802.69万元（4 571.43−3 768.74）。

需要注意的是，增值税一般纳税人要慎重选择增值税的计税方法。因为税法规定，一般纳税人选择简易计税方法计算缴纳增值税后，36个月内不得变更。纳税人不仅要考虑对当前应纳税额的影响，也要考虑对未来3年应纳税额的影响。

三、增值税进项税额的纳税筹划

（一）购货对象选择的纳税筹划

对于小规模纳税人来说，无论从增值税一般纳税人处购进货物取得增值税专用发票，还是从小规模纳税人处购进货物取得普通发票，都不能抵扣进项税额。因此，小规模纳税人在选择购货对象时，主要考虑购进货物含税价格的高低，即选择支付价款最低的购货对象。购货对象选择的纳税筹划主要针对一般纳税人进行。

增值税一般纳税人在选择购货对象时，从可以抵扣进项税额的角度考虑，应尽量选择一般纳税人作为购货对象，但小规模纳税人销售同样货物收取的款项通常要比一般纳税人低，所以，一般纳税人在选择购货对象时，要综合考虑上述两方面情况。

一般纳税人在购进货物时，可以选择不同纳税身份的购货对象，主要包括以下三种类型：一是从一般纳税人处购进货物并取得增值税专用发票；二是从小规模纳税人处购进货物，并取得由主管税务机关代开的税率为3%的增值税专用发票；三是从小规模纳税人处购进货物并取得普通发票。

在分析选择购货对象时，既要考虑不同购货对象提供的进项税额不同对增值税应纳税额产生的影响，以及对以增值税为计税依据计提的城市维护建设税和教育费附加的影响；又要考虑不同购货对象提供货物的成本不同，对获利能力和现金流量产生的影响。综合考虑上述情况，可以采用下列方法进行纳税筹划。

1.比较从不同购货对象处购货实现的利润情况。

以购货企业利润最大化作为纳税筹划目标，即分析从不同购货对象购货实现的利润情况，对于同一企业，比较净利润和比较税前利润的结果是一样的，为了简化纳税筹划分析内容，本书以税前利润为比较对象，通过比较税前利润选择购货对象。

【例3-6】甲公司为增值税一般纳税人，适用增值税税率为17%，适用的城市维护建设税税率为7%，教育费附加率为3%。甲公司现在需要采购一批原材料，在同样质量和服务的前提下，有以下三种方案可供选择：

方案一：从一般纳税人A公司处购买，每吨含税价格11 700元，A公司适用增值税税率为17%，并能取得增值税专用发票；

方案二：从小规模纳税人B公司处购买，该小规模纳税人能够委托主管税务局代开增值税征收率为3%的专用发票，每吨含税价格10 300元；

方案三：从个体工商户C处购买，每吨含税价格9 500元，出具普通发票。

甲公司以此原材料生产的产品每吨不含税销售价格为20 000元，增值税税额为3 400元，发生的相关费用对纳税筹划不产生影响，本题不予考虑，为甲公司选择最佳购货对象。

解析：

计算每一方案的税前利润，具体计算过程如下：

方案一：从一般纳税人A公司处购买。

应纳增值税＝3 400－11 700÷（1+17%）×17%＝1 700（元）

应纳城市维护建设税与教育费附加＝1 700×（7%+3%）＝170（元）

税前利润＝20 000－11 700÷（1+17%）－170＝9 830（元）

方案二：从小规模纳税人B公司处购买。

应纳增值税＝3 400－10 300÷（1+3%）×3%＝3 100（元）

应纳城市维护建设税与教育费附加＝3 100×（7%+3%）＝310（元）

税前利润＝20 000－10 300÷（1+3%）－310＝9 690（元）

方案三：从个体工商户C处购买。

应纳增值税＝3 400元

应纳城市维护建设税与教育费附加＝3 400×（7%+3%）＝340（元）

税前利润＝20 000－9 500－340＝10 160（元）

从上述计算结果可以看出，方案三最优。虽然方案三应纳增值税、城市维护建设税与教育费附加最多，但由于购货成本最低，实现的税前利润最多，综合结果是最优的。

2.比较从不同购货对象处购货实现的现金净流量。

将购货企业现金净流量最大化作为纳税筹划目标，即分析从不同购货对象购货实现的现金净流量情况，选择购货对象。

【例3-7】仍以【例3-6】为研究对象，计算每一方案的现金净流量，具体计算过程如下：

方案一：从一般纳税人A公司处购买。

应纳增值税＝3 400－11 700÷（1+17%）×17%＝1 700（元）

应纳城市维护建设税与教育费附加＝1 700×（7%+3%）＝170（元）

现金净流量＝20 000+3 400-11 700-1 700-170＝9 830（元）

方案二：从小规模纳税人B公司处购买。

应纳增值税＝3 400-10 300÷（1+3%）×3%＝3 100（元）

应纳城市维护建设税与教育费附加＝3 100×（7%+3%）＝310（元）

现金净流量＝20 000+3 400-10 300-3 100-310＝9 690（元）

方案三：从个体工商户C处购买。

应纳增值税＝3 400元

应纳城市维护建设税与教育费附加＝3 400×（7%+3%）＝340（元）

现金净流量＝20 000+3 400-9 500-3 400-340＝10 160（元）

从上述计算结果可以看出，方案三最优，实现的现金净流量最多。

通过以上分析，可以看出两种分析方法的计算结果是相同的。原因是在购货与销货过程中，收入对应着现金的流入，成本对应着现金的流出，作为税费的城市维护建设税与教育费附加也对应着现金的流出。因此，计算利润和计算现金净流量的结果是一样的。另外，增值税作为价外税，不影响损益，其收到的销项税额减去可以抵扣的进项税额的差额，为应交增值税金额，对利润和现金净流量的影响为零。因此，在实际工作中我们可以选取其中任何一种方法进行分析，得出的结论是相同的。在纳税筹划中，我们可以分别计算各购货对象对应的税前利润或现金净流量，但是工作量较大。下面我们寻求一种比率，通过比率简化购货对象选择的纳税筹划方法。

3.利用不同购货对象利润无差别点的购货成本比率进行纳税筹划。

在计算税前利润时需要考虑购销差额的影响，以及因应纳增值税而计提的城市维护建设税与教育费附加的影响，税前利润的计算公式如下：

税前利润＝不含税销售额-购货成本-城市维护建设税与教育费附加

在实际工作中，一般情况下购销货物的增值税税率是一致的，我们主要研究这种情况下的比率，其他情况可以通过计算税前利润或现金净流量的方法进行比较，确定购货对象。

（1）从一般纳税人处购买，并能取得增值税专用发票。

$$\frac{税前}{利润}=\frac{不含税}{销售额}-\frac{购货}{成本}-\left(\frac{不含税}{销售额}-\frac{购货}{成本}\right)\times\frac{增值税}{税率}\times\left(\frac{城市维护}{建设税税率}+\frac{教育费}{附加率}\right)$$

（2）从小规模纳税人处购买，取得税务机关代开增值税征收率为3%的专用发票。

$$\frac{税前}{利润}=\frac{不含税}{销售额}-\frac{购货}{成本}-\left(\frac{不含税}{销售额}\times\frac{增值税}{税率}-\frac{购货}{成本}\times征收率\right)\times\left(\frac{城市维护}{建设税税率}+\frac{教育费}{附加率}\right)$$

（3）从小规模纳税人处购买，取得普通发票。

$$\frac{税前}{利润}=\frac{不含税}{销售额}-\frac{购货}{成本}-\left(\frac{不含税}{销售额}\times\frac{增值税}{税率}\right)\times\left(\frac{城市维护}{建设税税率}+\frac{教育费}{附加率}\right)$$

假设城市维护建设税税率为7%，教育费附加率为3%，分别将三种购货对象的指标代入上式，计算出不同购货对象利润无差别点的购货成本比率（计算过程略）。计算结果见表3-4。

表3-4　　　　　　　不同购货对象利润无差别点的购货成本比率汇总表

项　目	17%增值税专用发票	13%增值税专用发票	3%增值税专用发票
3%增值税专用发票	1.0142	1.0101	1.0030
3%普通发票	1.0173	1.0132	

【例3-8】仍以【例3-6】为研究对象，分别计算不同购货对象的购货成本比率，与利润无差别点的购货成本比率进行比较，选择最佳购货对象，具体计算过程如下：

A公司购货成本与B公司购货成本的比率 = 10 000÷10 000 = 1 < 1.0142

因此，从A公司购货的利润高于从B公司购货，方案一优于方案二。

从A公司购货的成本与从个体工商户C处购货的成本的比率 = 10 000÷9 500 = 1.0526 > 1.0173，因此，从A公司购货的利润低于从C处购货，方案三优于方案一。

综合分析上述结果，方案三最优。

利用购货对象利润无差别点的购货成本比率进行纳税筹划，方法简单、易行，尤其是在要求企业快速做出购货决策时非常方便。但是，该方法不能提供每一方案的具体获利情况，企业在做出决策后，可以通过计算各方案的税前利润或现金净流量，对纳税筹划结果进行验证，为决策者提供更多的财务信息。

（二）进项税额确认时点的纳税筹划

增值税是对增值额征税，但在实际工作中增值额很难计算，因此，我国增值税的计算采用间接计算法。增值税一般纳税人采用购进扣税法，其销售货物或者提供应税劳务，应纳税额为当期销项税额抵扣当期进项税额后的余额。购货与销货时点的确认，直接影响当期的进项税额和销项税额。虽然进项税额与销项税额确认的时点对整体应纳增值税不产生影响，但通过纳税筹划使企业推迟销项税额的确认，尽早抵扣进项税额，会为企业带来货币时间价值收益，实现相对节税目标。

1.尽早认证抵扣凭证，以获取货币时间价值收益。

增值税一般纳税人取得的增值税专用发票、公路内河货物运输业统一发票和机动车销售统一发票，应在开具之日起180日内到税务机关办理认证，并在认证通过的次月申报期内，向主管税务机关申报抵扣进项税额；实行海关进口增值税专用缴款书（以下简称"海关缴款书"）"先比对后抵扣"管理办法的增值税一般纳税人取得的海关缴款书，应在开具之日起180日内向主管税务机关报送"海关完税凭证抵扣清单"申请稽核比对。由于抵扣凭证的认证时间为180天，有些单位经常在取得抵扣凭证后因各种原因拖延认证时间，造成当期多交纳税款的情况。因此，企业在取得抵扣凭证后应尽快进行认证，以获取货币的时间价值收益。

2.改直接收款方式为分期收款方式购买货物。

在现实工作中，很多销售方为了尽早收到销货款，会在合同中约定全额收到购货款后，向购货方开具发票。由于企业购货业务采用直接收款的方式结算，只有在支付全部货款后才能取得增值税专用发票，造成前期支付的货款无法取得与之对应的进项税额，会出现提前纳税垫付税款的情况。企业应改直接收款方式为分期收款方式购买货物，延期纳税使企业获取货币时间价值收益。

【例3-9】甲企业12月份将从乙企业购进原材料一批，价值2 000万元，适用增值税税率17%。合同约定采取直接收款结算方式，因购货金额较大，甲企业在收到货物时先向乙企业支付1 000万元货款，乙企业全额收到剩余购货款后，再向甲企业开具增值税专用发票。甲企业因资金紧张预计6个月后才支付剩余货款，取得增值税专用发票。为甲企业的购货业务提出纳税筹划方案。

解析：

甲企业应采用分期收款的方式购买货物，约定支付每期购货款后，销售方按照付款金额开具发票。按照分期收款方式购买货物，甲企业在收到货物时支付1 000万元，乙企业应按收款金额开具增值税专用发票，甲企业可以取得170万元（1 000×17%）的进项税额，使12月份少纳增值税170万元，延期纳税可以使甲企业获取货币时间价值收益。

（三）进项税额转出的纳税筹划

我国增值税实行的是购进扣税法，一般纳税人可以在销项税额中抵扣进项税额。但是，不是所有的进项税额都可以从销项税额中抵扣。如果已抵扣的进项税额不符合税法规定的条件，那么必须作进项税额转出处理。进项税额的转出存在一定的筹划空间。

1.固定资产、无形资产和不动产用于简易计税方法计税项目、免征增值税项目、集体福利或者个人消费的进项税额抵扣筹划。

一般纳税人购进固定资产、无形资产和不动产用于简易计税方法计税项目、免征增值税项目、集体福利或者个人消费，其进项税额不得在销项税额中抵扣的情形，是仅指专用于上述项目固定资产、无形资产和不动产。如果既用于增值税应税项目（不含免征增值税项目），也用于非增值税应税项目、免征增值税项目、集体福利或个人消费，则发生的进项税额可以抵扣。因此企业应避免购置专门用于上述项目的固定资产、无形资产和不动产。

2.非正常损失进项税额转出的筹划。

税法规定，非正常损失的购进货物，以及相关的加工修理修配劳务和交通运输服务，非正常损失的在产品、产成品所耗用的购进货物（不包括固定资产）、加工修理修配劳务和交通运输服务，其发生的进项税额不能抵扣销项税额。非正常损失的不动产，以及该不动产所耗用的购进货物、设计服务和建筑服务，非正常损失的不动产在建工程所耗用的购进货物、设计服务和建筑服务，其发生的进项税额不能抵扣销项税额。但是，经济现状的复杂性决定了转出的标准和范围都有选择的余地，而这种选择的余地就是纳税筹划的空间。例如，纳税人发生的材料损耗，如果是正常损耗，则进项税额不需要转出；如果是非正常损耗，则需要作进项税额转出。至于正常损耗与非正常损耗的界定，由于行业、产品生产和工艺的不同，在具体操作时有较大的弹性。对于具体损耗量的大小，同样由于行业、产品和工艺的不同以及计量标准和计量过程的难以控制，也难有明确的界定。

3. 一般纳税人兼营免税项目进项税额的筹划。

一般纳税人兼营免税项目应分别核算，免税项目对应的进项税额不可以抵扣。对于无法划分不得抵扣进项税额的，通常是按免税项目销售额占总收入之比，计算总进项税额中需要转出的部分。上述规定可以使纳税人根据自身利益最大化的原则选择转出较少进项税额的方法，从而形成纳税筹划空间。

【例3-10】某制药厂主要生产适用17%增值税税率的抗菌类药物，也生产免征增值税的避孕药品。某年度该厂抗菌类药物的不含税销售额为400万元，避孕药品的不含税销售额为100万元。全年购进货物的增值税进项税额为40万元。该制药厂对进项税额没有进行严格的划分。该厂经过测算，发现免税药品耗用的原材料占销售收入的比重大大低于应税药品，销售收入100万元的免税商品耗用原材料的进项税额只有5万元。试为该药厂做出纳税筹划方案。

解析：

该制药厂按照销售收入百分比来计算应转出的进项税额。

进项税额转出 = 40×100÷（400+100）= 8（万元）

可以抵扣的进项税额 = 40-8 = 32（万元）

纳税筹划方案：该药厂应对免税药品和应税药品分开核算，因为销售收入100万元的免税商品耗用原材料的进项税额只有5万元。

进行纳税筹划后，实际转出的进项税额由8万元减少到5万元。可以抵扣的进项税额为：

可以抵扣的进项税额 = 40-5 = 35（万元）

纳税筹划效益 = 35-32 = 3（万元）

反之，如果经过测算，免税药品耗用的原材料比重较大，则可以继续采用销售收入百分比法来进行分摊。

从以上分析可以看出：当免税商品的增值税进项税额占全部商品增值税进项税额的比例与免税商品销售额占全部商品销售额的比例相等时，分开核算与合并核算在税收上没有差别。当免税商品的增值税进项税额占全部商品增值税进项税额的比例小于免税商品销售额占全部商品销售额的比例时，分开核算比较有利，反之，合并核算比较有利。这一原理同样适用于购进项目用于简易计税项目、用于集体福利或者个人消费、发生非正常损失等进项税额转出的情形。

四、增值税销项税额的纳税筹划

纳税人应缴纳增值税数额的多少和缴纳时间的先后，主要取决于纳税人销售收入的实现时间和实现方式，税法对各种销售方式和销项税额确认时点的税务处理分别做出了不同的规定，这些规定为我们进行纳税筹划提供了广阔的空间和法律依据。

（一）销售方式选择的纳税筹划

纳税人在销售活动中，为了达到促销的目的，会采用多种销售方式。纳税人应根据税法对不同销售方式纳税的规定进行纳税筹划。

1.折扣方式销售的纳税筹划。

（1）折扣销售（商业折扣）按折扣后的净额开具发票。

折扣销售即商业折扣，是销货方在销售货物或应税劳务时给予购货方的价格优惠，是仅限于货物价格的折扣。税法规定，纳税人采取折扣方式销售货物，如果销售额和折扣额在同一张发票上分别注明的，可按折扣后的销售额征收增值税；如果将折扣额另开发票，不论其在财务上如何处理，均不得从销售额中减除折扣额。另外，《国家税务总局关于折扣额抵减增值税应税销售额问题通知》（国税函〔2010〕56号）规定，纳税人采取折扣方式销售货物，销售额和折扣额在同一张发票上分别注明是指销售额和折扣额在同一张发票上的"金额"栏分别注明的，可按折扣后的销售额征收增值税。未在同一张发票"金额"栏注明折扣额，而仅在发票的"备注"栏注明折扣额的，折扣额不得从销售额中减除。

从上述规定可以看出，国家对可以扣除的折扣额在发票上的列示要求非常严格。由于折扣销售的成交价格是确定的，即折扣额在交易时已经确定，为了避免开具发票的不规范导致不可以扣除，企业可以按照折扣后的净额开具发票，可以避免不必要的麻烦。

（2）改变销售折扣（现金折扣）方式。

销售折扣即现金折扣，是销售方为了鼓励购货方在信用期限内尽快付款而给予的折扣。销售折扣本质上是企业的一种融资行为，属于财务费用的范畴，销售折扣实际发生时计入财务费用，不得从销售额中减。企业在进行纳税筹划时可以根据国家税务总局公告（2011年第40号）的规定，改变销售折扣（现金折扣）方式。国家税务总局公告（2011年第40号）——《国家税务总局关于增值税纳税义务发生时间有关问题的公告》规定，纳税人生产经营活动中采取直接收款方式销售货物，已将货物移送对方并暂估销售收入入账，但既未取得销售款（或取得索取销售款凭据）也未开具销售发票的，其增值税纳税义务发生时间为取得销售款或取得索取销售款凭据的当天；先开具发票的，为开具发票的当天。

【例3-11】某企业为增值税一般纳税人，增值税税率为17%。销售产品一批，售价10 000元，产品已经发出，合同约定的付款期为一个月。为了尽早收到货款，给予对方的付款条件为2/10，1/20，n/30。根据税法的规定，销售折扣（现金折扣）的折扣额不得从销售额中扣除，因此，企业应按10 000元的销售额计算增值税销项税额。销项税额＝10 000×17%＝1 700（元）。如果对方在10天内付款，按照合同约定将给予2%的折扣。为该企业做出纳税筹划方案。

解析：

由于销售折扣（现金折扣）的折扣额不得从销售额中扣除，即使对方在10天内付款，企业也不能全额收到款项，增值税销项税额也不可以抵减。企业在进行纳税筹划时可以根据国家税务总局公告（2011年第40号）的规定，改变销售折扣（现金折扣）方式。

纳税筹划方案为：签订直接收款方式销售货物的合同，合同约定销售方先发货并暂估销售收入入账；将产品的售价定为9 800元，在取得销售款时向对方开具增值税专用发票，确认增值税纳税义务发生；合同约定付款期为10天，每超过付款期10天，加收100元延期付款罚息，最长付款期为30天，在实际收到货款时按照实际收款金额开具发票。

如果对方在10天内付款，依据合同约定按9 800元开具增值税专用发票，销项税额＝9 800×17%＝1 666（元），可以减少应纳税额34元（1 700－1 666）。如果对方在第30天付款，企业可以按照合同约定收取200元延期付款罚息，并按照实际收款金额即售价10 000元开具发票。这样既实现了企业尽早收款的目的，又可以避免多纳税的风险，且上述做法符合相关法律的规定。

2.多种销售方式选择的纳税筹划。

（1）目前我国企业经常采用的销售方式包括以旧换新、还本销售和"买一赠一"。

（2）通过比较各种销售方式的现金净流量进行纳税筹划。

比较不同销售方式的优劣，应该综合考虑各种因素。既要考虑应纳的增值税，又要考虑对收益的影响，在进行纳税筹划时，在不存在非付现项目的情况下，分析利润和分析现金净流量，其计算结果是一致的。在多种销售方式选择的纳税筹划中，比较各方案的现金净流量更直观、简单。

【例3-12】甲商场为增值税一般纳税人，增值税税率为17%，城市维护建设税税率为7%，教育费附加率为3%，商品的销售毛利率为30%。该商场为了扩大销售，设计了三种促销方式：一是商品八折销售（直接按折扣后的净额开具发票）；二是购买价值1 000元的商品，赠送价值200元的商品；三是购物满1 000元，返回200元现金。通过纳税筹划为该商场选择最佳销售方式（以上价格均为含税价）。

解析：

这三种销售方式，都向顾客让利200元，只是让利的方式不同，在进行纳税筹划时，可以比较各销售方式的现金净流量，具体分析如下：

方案一：商品八折销售，价值1 000元的商品售价800元。

商品成本＝1 000×（1－30%）＝700（元）

应纳增值税＝［800÷（1+17%）－700÷（1+17%）］×17%＝14.53（元）

应纳城市维护建设税与教育费附加＝14.53×（7%+3%）＝1.45（元）

现金净流量＝800－700－14.53－1.45＝84.02（元）

方案二：购买价值1 000元的商品，赠送价值200元的商品，赠送商品按视同销售处理。

赠送商品成本＝200×（1－30%）＝140（元）

应纳增值税＝［（1 000+200）÷（1+17%）－（700+140）÷（1+17%）］×17%＝52.31（元）

应纳城市维护建设税与教育费附加 = 52.31×（7%+3%）= 5.23（元）

现金净流量 = 1 000−840−52.31−5.23 = 102.46（元）

方案三：购物满 1 000 元，返回 200 元现金，不得从销售额中扣减返现支出200 元。

应纳增值税 = ［1 000÷（1+17%）−700÷（1+17%）］×17% = 43.59（元）

应纳城市维护建设税与教育费附加 = 43.59×（7%+3%）= 4.36（元）

现金净流量 = 800−700−43.59−4.36 = 52.05（元）

因此，在上述三个方案中，方案二对商场最为有利，为最佳促销方式。

（二）销项税额确认时点的纳税筹划

1.在遵守税法规定的前提下，收到购货款后再确认收入的实现。

在现实工作中，很多销售方为了扩大销售，经常采用赊销的方式，在没有收到销货款的情况下，将货物发送给购货方。税法规定，采取赊销和分期收款方式销售货物，纳税义务发生时间为书面合同约定的收款日期的当天，无书面合同或书面合同没有约定收款日期的，为货物发出的当天。销货企业经常在没有收到销货款的情况下，按照税法的规定需要确认收入的实现，计算增值税销项税额，出现垫付税款的情况。

企业在进行销项税额确认时点的纳税筹划时，可以根据国家税务总局公告（2011 年第 40 号）——《国家税务总局关于增值税纳税义务发生时间有关问题的公告》进行纳税筹划。该公告规定，纳税人生产经营活动中采取直接收款方式销售货物，已将货物移送对方并暂估销售收入入账，但既未取得销售款或取得索取销售款凭据也未开具销售发票的，其增值税纳税义务发生时间为取得销售款或取得索取销售款凭据的当天；先开具发票的，为开具发票的当天。

具体做法为：与购货方签订直接收款方式的销货合同，合同约定销售方先发货并暂估销售收入入账；在取得销售款时再向对方开具增值税专用发票，确认增值税纳税义务发生。这样，销货单位在没有收到货款的情况下，不向购货方开具发票，可以避免出现垫付税款的情况。

2.对滞销的商品，避免采用委托代销的方式。

很多企业为了打开滞销商品的销售渠道，经常采用委托代销的方式进行销售。对于增值税纳税义务发生时间，税法规定，"委托其他纳税人代销货物，为收到代销单位的代销清单或者收到全部或部分货款的当天；未收到代销清单及货款的，为发出代销货物满180天的当天"。

由于滞销商品销售时间较长，销货企业经常在没有收到销货款的情况下，发出的代销货物已满180天，按照税法的规定需要确认增值税销项税额，出现垫付税款的情况。企业在进行纳税筹划时，可以变委托代销方式为收到购货款后再确认收入实现的直接收款方式。

五、农产品加工企业的纳税筹划

农产品作为社会生活最主要的产品，我国在税收政策上赋予其一系列的税收优惠政策和特殊规定。在增值税核算中，有关农产品的相关政策规定主要包括以下内容。

购进农产品，除取得增值税专用发票或者海关进口增值税专用缴款书外，按照农产品收购发票或者销售发票上注明的农产品买价和13%的扣除率计算进项税额。进项税额计算公式为：进项税额＝买价×扣除率。农业生产者销售的自产农产品免征增值税。上述规定为农产品加工企业提供了纳税筹划空间。

（一）利用自产农产品进行深加工的纳税筹划

利用自产农产品进行深加工的企业，由于生产农产品的环节进项税额较少，深加工后的农产品已经不属于《农业产品征税范围注释》（简称《注释》）所列的自产农产品，导致这种类型的企业税负较高。

【例3-13】某蓝莓公司为增值税一般纳税人，主要经营蓝莓的生产、加工和销售，下设蓝莓种植基地、蓝莓加工车间和产品销售部。基地生产的蓝莓一部分直接出售，另一部分移送到加工车间，由加工车间生产出蓝莓饮料、蓝莓果酱等蓝莓制品，然后由销售部进行产品销售。公司实行统一核算，经过深加工的蓝莓制品不属于《注释》所列的农业产品，适用17%的增值税税率。由于该企业实施种植、加工、销售一条龙经营，主要生产环节几乎没有对外协作，种植环节可以抵扣的进项税额为40万元，蓝莓加工过程中取得进项税额50万元，全年销售蓝莓制品取得收入3 000万元（不含税价），为该公司作出纳税筹划方案。

解析：

该企业全年应纳增值税＝3 000×17%－（40+50）＝420（万元）

增值税税负率＝420÷3 000×100%＝14%

纳税筹划的法律依据：由于农业生产者销售自产农产品免征增值税，一般纳税人购进农产品，可以按照农产品收购发票或者销售发票上注明的农产品买价和13%的扣除率计算进项税额。

纳税筹划方案：该公司应将蓝莓种植基地分离出来，设立为独立核算的法人单位，这样就变成种植公司和蓝莓制品加工销售公司（简称蓝莓制品公司）两个法人单位。种植公司销售给蓝莓制品公司的蓝莓为免税农产品，增值税税负为0。而蓝莓制品公司从种植公司购进的免税农产品可以按照买价和13%的扣除率计算进项税额。假设种植公司全年销售给蓝莓制品公司的蓝莓为2 000万元。

全年应纳增值税＝3 000×17%－2 000×13%－50＝200（万元）

增值税税负率＝200÷3 000×100%＝6.67%

通过纳税筹划，该公司少缴增值税220万元（420－200），增值税税负率为6.67%。说明利用自产农产品进行深加工的企业，应将自产业务与深加工业务分离，分别设立两个法人单位，这样可以有效降低增值税税负。

需要注意的是：种植公司向蓝莓制品公司销售蓝莓的行为，属于关联交易，应注意税法对关联方交易价格的规定，应采用市场价格进行交易，避免产生纳税风险。另外，分立为两个法人单位，办理工商登记需要增加一些费用，只要节约的税款大于增加的费用，该纳税筹划方法就是可行的。

（二）收购农产品加工程度的纳税筹划

农产品加工企业，应收购经过初加工仍属于《农业产品征税范围注释》所列的免税初级农产品，这样可以增加可抵扣进项税额。免税的初级农业产品，是指通过简单的晒干、腌制、切片等粗略的方式制成的农业产品，这类农产品享受与未加工农产品同样的税收政策。

【例3-14】某食品厂为增值税一般纳税人，主要生产各种罐头，适用17%的增值税税率。在生产杏仁罐头时，有以下两个生产方案可供选择：

方案一：从农业生产者手中收购没有去壳的杏核120万元，先将杏核去壳加工成杏仁，发生人工及制造费用40万元；然后将杏仁进一步加工成杏仁罐头。全年销售杏仁罐头取得收入200万元（不含税）。

方案二：企业不进行杏仁的生产，直接从农业生产者手中收购已经去壳的杏仁。收购价格为160万元，该企业将收购的杏仁直接加工成杏仁罐头。本年度销售杏仁罐头取得收入200万元（不含税）。

解析：

方案一：收购没有去壳的杏核。

应纳增值税税额 $= 200×17\%-120×13\% = 18.40$（万元）

增值税税负率 $= 18.40÷200×100\% = 9.20\%$

方案二：收购已经去壳的杏仁。

根据《农业产品征税范围注释》的规定，属于农产品的园艺植物是指可供食用的果实，如水果、果干（如荔枝干、桂圆干、葡萄干等），干果、果仁、果用瓜（如甜瓜、西瓜、哈密瓜等），以及胡椒、花椒、大料、咖啡豆等。经冷冻、冷藏、包装等工序加工的园艺植物，也属于本货物的征税范围。因此，农业生产者销售自产的杏仁仍为免税农产品，可以按照农产品收购发票或者销售发票上注明的农产品买价和13%的扣除率计算进项税额。

应纳增值税税额 $= 200×17\%-160×13\% = 13.2$（万元）

增值税税负率 $= 13.2÷200×100\% = 6.60\%$

方案二比方案一节约税款金额5.20万元（18.40-13.20），因此，应采用方案二。因为企业收购经过初加工仍然属于税法《注释》所列的免税农产品，可将加工费转入到收购成本，这样可以抵扣的进项税额增大，降低了增值税税负。

（三）设立农产品生产部门的纳税筹划

由于农产品的价格受市场影响较大，经常发生波动。一些农产品加工企业，为了稳定原材料价格，提高产品的市场竞争力，在企业发展到一定规模的情况下，会设立农产品生产部门，为企业提供原材料。农产品加工企业设立农产品生产部门时，应与原企业初加工部门合并为一个法人单位，因为初加工的农产品仍属于免税农产品，可以有效降低企业税负。

【例3-15】某肉食加工企业，从事肉制品加工销售业务，下设生猪屠宰车间和火腿肠等熟制品加工车间。企业将收购的生猪屠宰后，加工成火腿肠等熟制品销售，生猪屠宰成本和火腿肠等熟制品的加工成本的比例为1∶2。产品在当地占有较大的市场份额，为了企业的长远发展，也为了降低原材料成本，实现原材料自给自足，企业决定投资设立一个生猪饲养基地，有以下两个设立方案可供选择：

方案一：新设独立核算的生猪饲养基地，原企业组织结构不变。新设生猪饲养基地每年为肉食加工厂提供生猪价值5 000万元，肉食加工厂全年实现销售9 000万元（不含税价）。

方案二：调整组织结构，新设立的生猪饲养基地与生猪的屠宰车间合并为一个纳税单位，而将加工火腿肠等熟制品的车间独立为一个纳税单位。合并企业每年提供鲜肉价值6 000万元，肉食加工厂全年实现销售9 000万元（不含税价）。

解析：

方案一：新设独立核算的生猪饲养基地。

应纳增值税税额＝9 000×17%－5 000×13%＝880（万元）

增值税税负率＝880÷9 000×100%＝9.78%

方案二：调整组织结构，新设立的生猪饲养基地与生猪的屠宰车间合并为一个纳税单位。

根据《农业产品征税范围注释》的规定，属于农产品的兽类、禽类和爬行类动物的肉产品，包括整块或者分割的鲜肉、冷藏或者冷冻肉、腌渍肉、兽类、禽类和爬行类动物的内脏、头、尾、蹄等组织。各种兽类、禽类和爬行类动物的肉类生制品，如腊肉、腌肉、熏肉等，也属于本货物的征税范围。因此，合并后的单位为农业生产者，销售的鲜肉为免税农产品，可以按照农产品收购发票或者销售发票上注明的农产品买价和13%的扣除率计算进项税额。

应纳增值税税额＝9 000×17%－6 000×13%＝750（万元）

增值税税负率＝750÷9 000×100%＝8.33%

方案二比方案一节约税款130万元（880－750），因此，应采用方案二。因为通过调整组织结构，将生猪饲养基地与生猪的屠宰车间合并为一个纳税单位，合并后的单位为农业生产者，销售的鲜肉为免税农产品，企业收购经过初加工仍然属于税法注释所列的免税农产品，将生猪屠宰加工成本计入鲜肉成本，可以抵扣的进项税额增大，降低了增值税税负。

（四）购进农产品价格的纳税筹划

农产品加工企业在购进农产品时，既可以购进农业生产者销售的自产农产品，按照农产品收购发票或者销售发票上注明的农产品买价和13%的扣除率计算进项税额，也可以购进一般纳税人销售的非自产农产品，取得的增值税专用发票上列示的税额为进项税额。由于购进渠道不同，导致在支付相同购货价款的情况下，对应的进项税额和采购成本均不同，上述不同为纳税筹划提供了条件。

【例3-16】某蔬菜加工企业，主要业务是将收购的蔬菜经过分类、清洗、切割加工成净菜后，销售给各大超市，全年的蔬菜购进量很大。假设该企业现在需要购进一批蔬菜，有两个方案可供选择：

方案一：从当地农业生产者手中购进其自产农产品，购进价格为80 000元。

方案二：从蔬菜批发商手中购进同样数量和质量的蔬菜，需要支付价款共计79 100元，取得的增值税专用发票上列示价款70 000元、税额9 100元。

该蔬菜企业以此为原材料加工的净菜全部销售给各大超市，取得销售收入90 000元，增值税销项税额11 700元，加工净菜的费用对增值税应纳税额不产生影响，在进行纳税筹划时不予考虑。假设城市维护建设税税率为7%，教育费附加率为3%。为该企业选择最优的购进方案，并提出购进农产品的纳税筹划方案。

解析：

从支付价款金额比较，显然从蔬菜批发商手中购进的蔬菜要少支付价款900元（80 000-79 100），但是，上述分析既没考虑对增值税应纳税额的影响，也没考虑对利润的影响。

（1）分析方法一：比较两个方案的现金净流量。

方案一：现金流入量＝90 000+11 700＝101 700（元）。

现金流出量：

支付的购货价款＝80 000元

应纳的增值税＝11 700-80 000×13%＝1 300（元）

应纳城市维护建设税与教育费附加＝1 300×（7%+3%）＝130（元）

现金流出量合计＝80 000+1 300+130＝81 430（元）

现金净流量＝101 700-81 430＝20 270（元）

方案二：方案二和方案一的现金流入量相同＝90 000+11 700＝101 700（元）。

现金流出量：

支付的购货价款＝79 100元

应纳的增值税＝11 700-9 100＝2 600（元）

应纳城市维护建设税与教育费附加＝2 600×（7%+3%）＝260（元）

现金流出量合计＝79 100+2 600+260＝81 960（元）

现金净流量＝101 700-81 960＝19 740（元）

通过上述计算结果可以看出，方案一优于方案二。

（2）分析方法二：比较两个方案的税前利润额。

由于税前利润高的方案其净利润也高，所以为了突出重点，不考虑企业所得税的影响，只比较税前利润即可。

方案一：销售收入＝90 000元。

成本税费：

成本＝80 000-80 000×13%＝69 600（元）

应纳城市维护建设税与教育费附加＝1 300×（7%+3%）＝130（元）

税前利润＝90 000-69 600-130＝20 270（元）

方案二：销售收入＝90 000元。

成本税费：

成本＝70 000 元

应纳城市维护建设税与教育费附加＝2 600×（7%＋3%）＝260（元）

税前利润＝90 000−70 000−260＝19 740（元）

通过上述计算结果可以看出，方案一优于方案二。

通过以上分析，可以看出两种分析方法的计算结果是相同的。原因是在购货与销货过程中，收入对应着现金的流入，成本对应着现金的流出，作为税费的城市维护建设税与教育费附加也对应着现金的流出。因此，计算利润和计算现金净流量的结果是一样的。另外，增值税作为价外税，不影响损益，其收到的销项税额减去可以抵扣的进项税额的差额，为应交的增值税金额，对利润和现金净流量的影响为零。因此，在实际工作中我们可以选取其中任何一种方法进行分析，得出的结论是相同的。在纳税筹划中，我们可以分别计算各购货对象对应的税前利润，但是工作量较大。我们可以寻求一种比率，通过比率使问题简单化。

（3）利用购货对象利润无差别点的含税购进金额比率进行纳税筹划。

利用购货对象利润无差别点的含税购进金额比率的具体分析如下：

税前利润＝不含税销售额−购货成本−城市维护建设税与教育费附加

从农业生产者手中购进其自产农产品，上述公式表述为：

$$\frac{税前}{利润}=\frac{不含税}{销售额}-\frac{购进}{价格}×（1-13\%）-\left(\frac{不含税}{销售额}×13\%-\frac{购进}{价格}×13\%\right)×（7\%+3\%）$$

从非农业生产者（一般纳税人）购进农产品：

$$\frac{税前}{利润}=\frac{不含税}{销售额}-\frac{购货}{价款}÷（1+13\%）-\left[\frac{不含税}{销售额}×13\%-\frac{购进}{价款}÷（1+13\%）×13\%\right]×（7\%+3\%）$$

两种购货方式税前利润相等的点，称为购货对象利润无差别点。经过计算，此时从农业生产者手中购进与从非农业生产者手中购进的含税购进金额比率为1.0192。

如果利用购货对象利润无差别点的含税购进金额比率进行纳税筹划，只需要计算企业实际的购进金额比率，然后同购货对象利润无差别点的比率进行比较即可。上例中，从农业生产者手中购进和从蔬菜批发商手中购进含税购进金额比率＝80 000÷79 100＝1.0114＜1.0192，说明从农业生产者手中购进利润更高，应选择方案一。

最后应该说明的是，为了调整和完善农产品增值税抵扣机制，自2012年7月1日起，国家在部分行业开展增值税进项税额核定扣除试点。以购进农产品为原料生产销售液体乳及乳制品、酒及酒精、植物油的增值税一般纳税人，其农产品增值税进项税额按照投入产出法、成本法和参照法进行核定抵扣。以上三个农产品加工行业购进农产品的纳税筹划就不适用购货对象利润无差别点的含税购进金额比率法。

六、利用增值税优惠政策的纳税筹划

（一）设立农民专业合作社，享受免征增值税优惠政策

依照《中华人民共和国农民专业合作社法》的规定设立和登记的农民专业合作社，执行下列优惠政策：一是对农民专业合作社销售本社成员生产的农业产品，视同农业生产者销售自产农业产品免征增值税；二是增值税一般纳税人从农民专业合作社购进的免税农业产品，可按13%的扣除率计算抵扣增值税进项税额；三是对农民专业合作社向本社成员销售的农膜、种子、种苗、化肥、农药、农机，免征增值税；四是对农民专业合作社与本社成员签订的农业产品和农业生产资料购销合同，免征印花税。

【例3-17】某个体工商户主要针对农民开展购销业务，主要业务包括：一是从农民手中收购农产品销售；二是购进农膜、种子、化肥、农药等再销售给农民。全年销售额70万元（不含税），交纳增值税2.10万元（70×3%）。为该个体工商户提出纳税筹划方案。

解析：

该个体工商户可以依照《农民专业合作社法》的相关规定，设立农民专业合作社，将与其开展购销业务的农民全部纳入农民专业合作社。成立农民专业合作社后，该个体工商户从农民手中收购农产品销售，符合"对农民专业合作社销售本社成员生产的农业产品，视同农业生产者销售自产农业产品免征增值税"的规定；购进农膜、种子、化肥、农药等再销售给农民，符合"对农民专业合作社向本社成员销售的农膜、种子、种苗、化肥、农药、农机，免征增值税"的规定。这样，成立农民专业合作社后，上述购销业务均为免税业务，该个体工商户全年少交增值税2.10万元，节约的税款可以扩大经营规模，有利于农民专业合作社的发展、壮大。

（二）设立安置残疾人就业单位，享受增值税即征即退政策

为了更好地发挥税收政策对促进残疾人就业的作用，进一步保障残疾人的切身利益，在全国范围内统一实行促进残疾人就业的税收优惠政策。纳税人可以根据政策规定，结合自身情况设立安置残疾人单位（福利企业、工疗机构），享受税收优惠政策。

1.安置残疾人就业的增值税优惠政策。

对安置残疾人的单位，实行由税务机关按单位实际安置残疾人的人数，限额即征即退增值税的办法。实际安置的每位残疾人每年可退还的增值税具体限额，由县级以上税务机关根据单位所在区县（含县级市、旗，下同）适用的经省（含自治区、直辖市、计划单列市，下同）级人民政府批准的最低工资标准的6倍确定，但最高不得超过每人每年3.50万元。

2.安置残疾人就业增值税优惠政策的适用条件。

安置残疾人就业增值税优惠政策仅适用于生产销售货物或提供加工、修理修配劳务取得的收入占增值税业务业务收入之和达到50%的单位，但不适用于上述单位生产销售消费税应税货物和直接销售外购货物（包括商品批发和零售）以及销售委托外单位加工的货物取得的收入。如果既适用促进残疾人就业税收优惠政策，又适用下岗再就业、军转干部、随军家属等支持就业的税收优惠政策的，单位可选择适用最优惠的政策，但不能累加执行。

3.执行安置残疾人就业增值税优惠政策应注意的问题。

（1）享受安置残疾人就业税收优惠政策的单位必须同时符合以下条件：①依法与安置的每位残疾人签订了1年以上（含1年）的劳动合同或服务协议，并且安置的每位残疾人在单位实际上岗工作；②月平均实际安置的残疾人占单位在职职工总数的比例应高于25%（含25%），并且实际安置的残疾人人数多于10人（含10人）；③为安置的每位残疾人按月足额缴纳了单位所在区县人民政府根据国家政策规定的基本养老保险、基本医疗保险、失业保险和工伤保险等社会保险；④通过银行等金融机构向安置的每位残疾人实际支付了不低于单位所在区县适用的经省级人民政府批准的最低工资标准的工资；⑤具备安置残疾人上岗工作的基本设施。

（2）经认定符合上述税收优惠政策条件的单位，应按月计算实际安置残疾人占单位在职职工总数的平均比例，本月平均比例未达到要求的，暂停其本月相应的税收优惠。在1个年度内累计3个月平均比例未达到要求的，取消其次年度享受相应税收优惠政策的资格。

（3）上述政策所述"残疾人"，是指持有"中华人民共和国残疾人证"上注明属于视力残疾、听力残疾、言语残疾、肢体残疾、智力残疾和精神残疾的人员和持有"中华人民共和国残疾军人证"（1至8级）的人员。

（4）允许将精神残疾人员计入残疾人人数享受规定的增值税税收优惠政策，仅限于工疗机构等适合安置精神残疾人就业的单位。单位安置的不符合《中华人民共和国劳动法》及有关规定的劳动年龄的残疾人，不列入政策规定的安置比例及规定的退税限额的计算。

（5）单位和个人采用签订虚假劳动合同或服务协议、伪造或重复使用残疾人证或残疾军人证、残疾人挂名而不实际上岗工作、虚报残疾人安置比例、为残疾人不缴或少缴规定的社会保险、变相向残疾人收回支付的工资等方法骗取本通知规定的税收优惠政策的，除依照法律、法规和其他有关规定追究有关单位和人员的责任外，其实际发生上述违法违规行为年度内实际享受到的减（退）税款应全额追缴入库，并自其发生上述违法违规行为年度起3年内取消其享受本通知规定的各项税收优惠政策的资格。

（三）软件产品增值税的纳税筹划

增值税一般纳税人销售其自行开发生产的软件产品，按17%税率征收增值税后，对其增值税实际税负超过3%的部分实行即征即退政策。

即征即退税额＝当期软件产品增值税应纳税额－当期软件产品销售额×3%

1.软件开发生产企业的纳税筹划。

由于增值税一般纳税人销售其自行开发生产的软件产品，对其增值税实际税负超过3%的部分实行即征即退政策。因此，在销售额确定的情况下，企业的税负也就确定了，进项税额取得的多少不影响企业的税负。企业在进行纳税筹划时，应选择供货价格较低的供应商，增加企业的退税额。

【例3-18】某公司为一软件开发生产企业，预计全年销售自行开发生产的软件产品价值20 000万元（不含税），外购货物和应税劳务成本10 000万元（不含税）。企业在进行纳税筹划时有两个方案可供选择，方案一：从一般纳税人处采购全部货物和应税劳务，均能取得增值税专用发票，需要支付价税合计金额11 700万元（10 000+10 000×17%）；方案二：从小规模纳税人处采购全部货物和应税劳务，均能取得税务机关代开的增值税专用发票，需要支付价税合计金额10 300万元（10 000+10 000×3%）。通过纳税筹划分析，选择最佳购货方案。

解析：

在进行纳税筹划时，在计算应退还增值税的基础上，比较各购货方案的现金净流量，提出最佳购货方案。

方案一：从一般纳税人处采购。

应纳增值税 = 20 000×17%-10 000×17% = 1 700（万元）

应退还增值税 = 1 700-20 000×3% = 1 100（万元）

现金净流量 = （20 000+20 000×17%）-11 700-1 700+1 100 = 11 100（万元）

方案二：从小规模纳税人处采购。

应纳增值税 = 20 000×17%-10 000×3% = 3 100（万元）

应退还增值税 = 3 100-20 000×3% = 2 500（万元）

现金净流量 = （20 000+20 000×17%）-10 300-3 100+2 500 = 12 500（万元）

因此，方案二优于方案一。

增加的退税额即为增加的现金流入量 = 2 500-1 100 = 12 500-11 100 = 1 400（万元）

从以上分析过程可以看出，软件开发生产企业无论从哪里购货，最终实际交纳的增值税是相同的，真正影响企业现金净流量的是企业取得的退税额，而退税额的大小取决于企业可以抵扣的进项税额。因此，选择供货价格较低，提供较少抵扣进项税额的小规模纳税人作为供应商，可以增加退税额，取得更多的政府补助，获得更多的现金流入量，增加企业的利润总额。

2.嵌入式软件产品定价的纳税筹划。

嵌入式软件产品是指嵌入在硬件设备中的系统软件和应用软件，广泛应用在数字控制设备和消费类电子产品中。由于嵌入式软件产品一般都是同硬件一同销售，所以税法规定：增值税一般纳税人，对随同计算机网络、计算机硬件、机器设备等一并销售的软件产品，应当分别核算销售额。如果未分别核算或核算不清，按照计算机网络或计算机硬件以及机器设备等的适用税率征收增值税，不予退税。因此，嵌入式软件产品定价纳税筹划的前提为，企业分别核算计算机硬件及设备和嵌入式软件产品的销售额。

嵌入式软件产品的销售额直接影响增值税退税额，税务机关按下列公式计算嵌入式软件产品的销售额，然后确认即征即退税额，并办理退税。

$$\text{当期嵌入式软件产品销售额} = \text{当期嵌入式软件产品与计算机硬件、机器设备销售额合计} - \text{当期计算机硬件、机器设备销售额}$$

计算机硬件、机器设备销售额应按照下列顺序确定：

（1）按纳税人最近同期同类货物的平均销售价格计算确定；

（2）按其他纳税人最近同期同类货物的平均销售价格计算确定；

（3）按计算机硬件、机器设备组成计税价格计算确定。

计算机硬件、机器设备组成计税价格＝计算机硬件、机器设备成本×（1+10%）

$$\text{即征即退税额} = \frac{\text{当期嵌入式软件}}{\text{产品销售额}} \times 17\% - \frac{\text{当期嵌入式软件}}{\text{产品可抵扣进项税额}} - \frac{\text{当期嵌入式软件}}{\text{产品销售额}} \times 3\%$$

第三节　消费税的纳税筹划

消费税是在对货物普遍征收增值税的基础上，选择少数消费品在特定环节征收的一种流转税。消费税为价内税，具有征税对象具有选择性、征收环节单一、征收方法灵活和税负具有转嫁性等特点，为其纳税筹划提供了条件。

在消费税的纳税筹划分析中，通过比较纳税筹划前后应纳消费税的变化情况，确定纳税筹划方案。由于城市维护建设税与教育费附加是根据消费税计提的，降低消费税税负即降低了二者的税负，因此，为了简化和突出重点，在消费税纳税筹划分析中不考虑城市维护建设税与教育费附加的影响。

一、消费税计税依据的纳税筹划

消费税实行从价定率、从量定额以及从价从量复合计征三种征收方法，其计税依据为销售额与销售数量。消费税实行价内税，除个别情况外，只在应税消费品的生产、委托加工和进口环节缴纳，在以后的批发、零售等环节，因为价款中已包含消费税，因此不用再缴纳消费税，税款最终由消费者承担。针对消费税计税依据的多样性及征税环节的单一性，提出如下纳税筹划方法。

（一）设立独立法人的销售公司以降低应税销售额

消费税最终由消费者负担，但为了防止税款流失、加强税源控制，消费税的纳税环节主要确定在生产销售环节。由于消费税的纳税环节单一，纳税人生产的应税消费品，一般都由生产者于销售环节纳税，在以后的批发、零售等环节，不再缴纳消费税，这为企业提供了纳税筹划的空间。

生产销售应税消费品的企业，可以采用分设独立法人的销售公司，以较低但合理的销售价格向销售公司供货，可以降低应纳消费税税额；销售公司再以市场价格对外销售，由于消费税只在生产企业销售环节征收，销售公司销售应税消费品不需要交纳消费税，因此，企业的税收负担会得到降低。

【例3-19】某摩托车生产企业，主要生产气缸容量在250毫升以上的摩托车，摩托车的消费税税率为10%，产品主要在本地销售，也有部分产品销往全国各地。对于本地消费者直接到企业购买摩托车，每辆售价9 000元（不含税），全年可以销售2万辆；销往全国各地经销商的摩托车，每辆售价8 500元（不含税），其中每辆摩托车含100元包装费和运费等费用，全年可以销售1万辆。为该企业作出纳税筹划方案。

解析：

纳税筹划前，由企业直接销售摩托车，销售价格较高。

应纳消费税额 =（9 000×2+8 500×1）×10% = 2 650（万元）

纳税筹划方案：企业在本市设立独立法人的销售公司，按照成本加合理利润的方法，将每辆摩托车的价格定为8 400元（不含税），企业先按每辆售价8 400元（不含税）的价格销售给销售公司，再由销售公司销售给个人或全国各地的经销商。

纳税筹划后应纳消费税额 = 8 400×（2+1）×10% = 2 520（万元）

企业节约的税款 = 2 650－2 520 = 130（万元）

上述做法在烟、酒、高档化妆品、小汽车等生产企业得到普遍的应用。企业通过设立独立法人的销售公司，降低应税销售额时需要注意，生产企业向销售公司出售应税消费品时，只能适度压低价格，可以采用成本加合理利润的方法确定销售价格；如果生产企业定价过低，就属于税法所称的"销售价格明显偏低又无正当理由"的情况，主管税务机关有权核定其销售价格。

（二）改"包装物销售"为收取"包装物押金"

纳税人销售应税消费品连同包装物销售的，无论包装物是否单独计价，也不论在会计上如何核算，均应并入应税消费品的销售额中征收消费税。

如果包装物不作价随同产品销售，而是收取押金，此项押金则不应并入应税消费品的销售额中征税。但对因逾期未收回的包装物不再退还的或者已收取的时间超过12个月的押金，应并入应税消费品的销售额，按照应税消费品的适用税率缴纳消费税；对既作价随同应税消费品销售，又另外收取的包装物押金，凡纳税人在规定的期限内不予退还的，均应并入应税消费品的销售额，按照应税消费品的适用税率征收消费税。酒类产品生产企业销售酒类产品（黄酒、啤酒除外）而收取的包装物押金，无论押金是否返还以及在会计上如何核算，均需并入酒类产品销售额中，依酒类产品适用税率征收消费税。上述规定为包装物的纳税筹划提供了政策依据。

【例3-20】某鞭炮、烟火生产企业为增值税一般纳税人，2016年销售鞭炮、烟火价值2 000万元（不含税），另外收取随同产品出售单独计价的包装物价款117万元（含税），为该企业作出纳税筹划方案。（鞭炮的消费税税率为15%）

解析：

纳税筹划前，包装物作价销售，该企业纳税情况：

增值税销项税额 = 2 000×17%+117÷（1+17%）×17% = 357（万元）

应纳消费税金额 = 2 000×15%+117÷（1+17%）×15% = 315（万元）

纳税筹划方案：改"包装物销售"为收取"包装物押金"，则此项押金不应并入应税消费品的销售额中征税。

纳税筹划后该企业应纳税情况：

增值税销项税额 = 2 000×17% = 340（万元）

应纳消费税金额 = 2 000×15% = 300（万元）

企业节约的税款 = 357+315－340－300 = 32（万元）

如果包装物逾期没有退回，押金并入销售额计税，可以推迟纳税时间，获取货币时间价值收益。

（三）将销售货物收取的运费作代垫运费处理

企业在销售货物时收取的运费同时符合以下条件的为代垫运输费用，不属于价外费用，不必并入销售额计征消费税。具体条件为：①承运部门的运输费用发票开具给购买方；②纳税人将该项发票转交给购买方。

【例3-21】某家地处农村的烟花爆竹企业为增值税一般纳税人，全年销售烟花爆竹价值2 000万元（不含税），因大部分产品销往外地，且烟花爆竹为危险品，对运输条件要求特别高，产品均由该企业联系运输单位负责运输，运输单位将增值税专用发票直接开具给该企业。企业在销售货物的同时向购买方收取运费，并将运费按运输单位收取的相同金额加入烟花爆竹的售价一起向购买方开具发票，全年收取运费468万元（含税），由于向购买方收取运费为价外费用，应并入销售额计征增值税、消费税，企业的税收负担较高。已知该企业全年取得的增值税进项税额为100万元（不含运费计算的进项税额），因企业地处农村，城市维护建设税税率为1%，教育费附加率为3%，为该企业作出纳税筹划方案。

解析：

纳税筹划前，向购买方收取运费为价外费用，应并入销售额计征增值税、消费税，该企业应纳税情况：

应纳增值税 $= 2\,000×17\%+468÷（1+17\%）×17\%-100-468÷（1+11\%）×11\%$

$= 261.62$（万元）

应纳消费税 $= [2\,000+468÷（1+17\%）]×15\% = 360$（万元）

应纳城市维护建设税与教育费附加 $= （261.62+360）×（1\%+3\%） = 24.86$（万元）

应纳税款合计 $= 261.62+360+24.86 = 646.48$（万元）

纳税筹划方案：该企业将销售货物收取的运费作代垫运费处理。具体做法为：承运部门的运输费用发票开具给购买方并将运费发票转交给购买方，这样向购买方收取的运费为代垫运费，不必并入销售额计征增值税、消费税。

纳税筹划后该企业应纳税情况：

应纳增值税 $= 2\,000×17\%-100 = 240$（万元）

应纳消费税 $= 2\,000×15\% = 300$（万元）

应纳城市维护建设税与教育费附加 $= （240+300）×（1\%+3\%） = 21.60$（万元）

应纳税款合计 $= 240+300+21.60 = 561.60$（万元）

纳税筹划后少纳税款金额 $= 646.48-561.60 = 84.88$（万元）

通过纳税筹划该企业可以节约税款84.88万元，因此，该企业将销售货物收取的运费作代垫运费处理。

（四）避免采用"实物折扣"销售方式

纳税人销售从量计征消费税的应税消费品时，其计税依据为销售数量。企业应避免采用实物折扣的形式，因为根据税法规定，采用实物折扣的，赠送的实物视同销售处理，计算征收消费税。

【例3-22】某啤酒厂为了扩大市场占有率，销售啤酒准备采用"购买10吨送1吨"的促销策略。预计促销期间可以销售啤酒400吨，需赠送啤酒40吨。已知目前每吨啤酒的销售单价为3 190元/吨（不含税）。为该企业促销方式做出纳税筹划方案。

解析：纳税筹划前，采用"购买10吨送1吨"的促销策略，赠送的40吨啤酒也需要交纳消费税，由于销售单价为3 190元/吨（不含税）的啤酒为甲类啤酒，适用250元/吨的定额税率。

该啤酒厂应纳消费税＝250×（400+40）＝110 000（元）

纳税筹划方案：该啤酒厂应改"实物折扣"销售方式为"给予购买方价格优惠"销售方式。即采取降低销售价格的方式，在整体销售金额不变的情况下，按11吨的数量计算销售金额，使啤酒的单价得以降低。

纳税筹划后该企业应纳税情况：

啤酒的销售单价＝3 190×10÷11＝2 900（元/吨）

销售单价为2 900元/吨（不含税）的啤酒为乙类啤酒，适用220元/吨的定额税率。

纳税筹划后应纳消费税＝220×（400+40）＝96 800（元）

节约税款金额＝110 000－96 800＝13 200（元）

在运用上述方法进行纳税筹划时，应注意纳税筹划后的销售单价应满足税法规定的合理价格，否则税务机关有权核定销售单价，增加企业的应纳税额。

二、消费税税率的纳税筹划

消费税采用两种税率形式：即比例税率和定额税率。消费税税率形式的选择，主要是根据征税对象的具体情况来确定的，对一些供求基本平衡，价格差异不大，计量单位规范的应税消费品，选择计税简易的定额税率；对一些供求矛盾突出，价格差异较大，计量单位不规范的应税消费品，选择税、价联动的比例税率。消费税对不同产品规定不同的税率，同一种产品根据产品的性能、价格、原材料构成等的不同，也规定了高低不同的税率，这就形成了消费税多形式，多档次的税率特点，这一特点为纳税人进行纳税筹划提供了操作空间。

（一）通过分别核算进行纳税筹划

消费税采用列举法，按具体应税消费品设置税目税率。税法规定，纳税人兼营不同税率的应税消费品，应当分别核算不同税率应税消费品的销售额、销售数量；未分别核算销售额、销售数量，或者将不同税率的应税消费品组成成套消费品销售的，从高适用税率。

因此，生产不同税率应税消费品的企业，应将不同税率的应税消费品分别核算，避免出现从高适用税率的情况，增加企业的税收负担。

（二）成套销售应税消费品的纳税筹划

税法规定，纳税人将应税消费品与非应税消费品，以及适用不同税率的应税消费品组成成套消费品销售的，应根据成套产品取得的全部销售额，按应税消费品中适用最高税率的消费品税率计算缴纳消费税。

1.慎重选择成套销售应税消费品。

由于成套销售应税消费品会加重纳税人的纳税负担，纳税人应慎重选择成套销售应税消费品，尽量避免将不同税率的应税消费品或与非应税消费品组成成套消费品销售，以免加重纳税负担。

2.通过改变包装地点或包装环节进行纳税筹划。

对于确实需要成套销售的应税消费品，可以将成套销售的应税消费品改"先包装后销售"为"先销售后包装"，可以降低消费税税负。

【例3-23】某日用化妆品厂，将生产的高档化妆品、护肤护发品等组成成套消费品销售。每套消费品由下列产品组成：化妆品包括一瓶香水（110元）、一瓶指甲油（60元）、一支口红（90元）；护肤护发品包括一瓶洁面乳液（40元）、一瓶洗发水（25元）、一瓶发用摩丝（20元）、一块香皂（5元）；化妆工具（15元）、化妆包（5元）。上述产品价格均为不含税价格，高档化妆品消费税税率为15%。为该日用化妆品厂作出纳税筹划方案。

解析：

纳税筹划前，将上述产品包装后再销售给商家，成套产品取得的全部销售额应按化妆品适用的消费税税率，计算应纳消费税。

应纳消费税 =（110+60+90+40+25+20+5+15+5）×15% = 55.50（元）

纳税筹划方案：将成套销售的应税消费品改"先包装后销售"为"先销售后包装"，并实行分别销售、分别核算。

纳税筹划后该企业应纳税情况：

应纳消费税 =（110+60+90）×15% = 39（元）

每套化妆品节约税款金额 = 55.50-39 = 16.50（元）

销售成套消费品可以为企业带来较大的利润空间，目前被广泛应用于酒类、化妆品类及贵重首饰类产品的销售。企业在对成套消费品销售进行纳税筹划主要通过以下方法：

（1）改变包装地点。

对于可以在批发或零售环节包装的成套消费品，生产企业可以在销售时分别对每种产品开具发票，分别核算销售额和销售数量，同时将产品包装盒也销售给购货商，由购货商根据消费者的要求进行包装。由于消费税只在生产销售环节纳税，批发与零售环节不再交纳消费税，因此，上述做法可以降低消费税税负，根据消费者的要求进行包装，对扩大产品销售也有一定的积极作用。

（2）改变包装环节。

对于不适合在零售环节包装的成套消费品，企业可以通过设立独立法人的销售公司，将产品先卖给销售公司，由销售公司包装成成套消费品再对外销售，可以有效降低消费税税负。生产企业向销售公司出售应税消费品时，应注意产品定价的合理性。

三、应税消费品定价的纳税筹划

（一）降低销售价格适用低税率

在消费税的税目中，有些税目根据销售价格的差异对同一产品制定不同的税率，目前主要是啤酒和卷烟。对于这类消费品，当产品的销售价格在税法确认税率规定的临界点附近，税负会有较大差异。

【例 3-24】某啤酒厂 2016 年 6 月生产销售啤酒 1 000 吨，每吨啤酒出厂价格为 3 005 元（不含税）。假设城市维护建设税税率为 7%，教育费附加率为 3%，为该企业作出纳税筹划方案。

解析：

根据税法的规定，啤酒采用从量征收，每吨出厂价格（含包装物及包装物押金）在 3 000 元（含 3 000 元，不含增值税）以上为甲类啤酒，税率为 250 元/吨，3 000 元以下为乙类啤酒，税率为 220 元/吨。该啤酒厂销售的啤酒适用的税率为 250 元/吨。

（1）利用税后收益进行纳税筹划。

这里的税后收益是指销售额扣除消费税、城市维护建设税与教育费附加后的收益。

纳税筹划前该企业应纳税情况：

应纳消费税 = 250×0.10 = 25（万元）

应纳城市维护建设税与教育费附加 = 25×（7%+3%）= 2.50（万元）

税后收益 = 3 005×0.10-25-2.50 = 273（万元）

纳税筹划方案为：将每吨啤酒的出厂价格降低 10 元为 2 995 元，则适用 220 元/吨的税率。

纳税筹划后该企业应纳税情况：

应纳消费税 = 220×0.10 = 22（万元）

应纳城市维护建设税与教育费附加 = 22×（7%+3%）= 2.2（万元）

税后收益 = 2 995×0.10-22-2.2 = 275.30（万元）

增加税后收益金额 = 275.30-273 = 2.30（万元）

本题没有考虑根据增值税计提的城市维护建设税与教育费附加，由于方案一的销售价格高于方案二，因此应纳的增值税也较多，对分析结果不产生影响，在此不予考虑。通过上述分析可以看出，啤酒出厂价格在税法确认税率规定的临界点附近，适当降低出厂价格，使产品适用较低税率，可以提高企业的整体收益，还可以提高产品的市场竞争力。

（2）利用税后收益无差别点的价格差进行纳税筹划。

利用税后收益无差别点的价格差进行分析如下：

税后收益 = 不含税销售额-消费税-城市维护建设税与教育费附加

出厂价格（含包装物及包装物押金）在 3 000 元（含 3 000 元，不含增值税）以上的甲类啤酒，上述公式表述为：

税后收益 = 不含税销售额−250×（1+7%+3%）

出厂价格（含包装物及包装物押金）在 3 000 元（不含增值税）以下的乙类啤酒，上述公式表述为：

税后收益 = 不含税销售额−220×（1+7%+3%）

两种出厂价格下税后收益相等的点，称为税后收益无差别点。

经过计算，税后收益无差别点的价格差为 33 元，即啤酒的销售价格在 3 000 元～3 032 元为定价禁区，此时将价格定为 2 999 元，其税后收益高于此价格区间的税后收益。

（二）降低销售价格避开消费税征税范围

一些消费品是否能成为消费税的征税对象，取决于其销售价格的高低。如高档手表，如果其销售价格在 1 万元以上，则需要缴纳消费税，对于这类消费品可以通过定价策略进行纳税筹划。

【例 3-25】甲企业是一家中高档手表生产企业，生产并销售一款中高档手表，每只手表的出厂价格定为 10 100 元（不含增值税），该款手表的相关成本费用为 5 000 元。假设城市维护建设税税率为 7%，教育费附加率为 3%，对该款手表的价格作出纳税筹划方案。

解析：

税法规定，高档手表的消费税税率为 20%。消费税新增和调整税目征收范围注释中规定，高档手表是指销售价格（不含增值税）每只在 10 000 元（含）以上的各类手表。因此，将该表的出厂价格定为 10 100 元（不含增值税），税法认定为高档手表，属于税法规定的应税消费品，应交纳消费税。

（1）通过比较每只手表的利润进行纳税筹划。

这里的利润是指销售额扣除手表的相关成本费用，再减去消费税、城市维护建设税与教育费附加后的利润。

纳税筹划前，将每只手表的出厂价格定为 10 100 元。

每只手表应纳消费税 = 10 100×20% = 2 020（元）

应纳城市维护建设税与教育费附加 = 2 020×（7%+3%）= 202（元）

每只手表的利润 = 10 100−5 000−2 020−202 = 2 878（元）

纳税筹划方案：将每只手表的出厂价格降为 9 900 元，则不属于税法规定的应税消费品，不必交纳消费税，也不必交纳对应的城市维护建设税与教育费附加。

纳税筹划后，该企业不必交纳消费税。

每只手表的利润 = 9 900−5 000−0−0 = 4 900（元）

通过以上计算可以看出，将每只手表的出厂价格降为 9 900 元，多获取利润 2 022 元（4 900−2 878），少交消费税 2 020 元（2 020−0），少交城市维护建设税与教育费附加 202 元（202−0），因此，应将每只手表的出厂价格降为 9 900 元。

（2）通过计算手表的定价禁区进行纳税筹划。

高档手表的价格定为多少，才能获得高于不征消费税的中档手表的利润，这区间的价格为手表的定价禁区。我们以 10 000 元为临界点，小于 10 000 元则不交消费税，大于或等于 10 000 元，企业需要交纳消费税，现将手表定价为 X 元，计算临界点的销售价格。

$$X - X \times 20\% \times (1 + 7\% + 3\%) = 10\ 000$$

则：$X = 12\ 820.50$ 元

企业在为手表定价时应注意，10 000 元～12 820.50 元为手表的定价禁区。要么定价低于 10 000 元，获取免税待遇。要么定价高于 12 820.05 元，使得增加的收入足以弥补多交的税费。本例中手表的出厂价格定为 10 100 元（不含增值税），正好处于定价禁区，因此，通过纳税筹划适当降低产品价格，规避消费税纳税义务，可以有效增加企业利润。

四、自产自用应税消费品的纳税筹划

自产自用的应税消费品，是指用于生产非应税产品、在建工程、管理部门、非生产机构、提供劳务，以及用于馈赠、赞助、集资、广告、样品、职工福利、奖励等方面的，应视同销售征收消费税。

如果应税消费品是用于连续生产应税消费品的，即纳税人将自产自用的应税消费品作为直接材料生产最终应税消费品，自产自用应税消费品构成最终应税消费品的实体的，不缴纳消费税，这种情况不属于本节研究的自产自用的应税消费品。

（一）避免采用最高销售价格计税

纳税人用于换取生产资料和消费资料，投资入股或抵偿债务等方面的应税消费品，应当以纳税人同类应税消费品的最高销售价格作为计税依据计算征收消费税。在实际工作中，当纳税人发生上述情况时，应通过纳税筹划改变上述业务内容，避免采用最高销售价格计税，以达到降低税负的目的。

【例 3-26】某实木地板生产企业，当月对外销售同类型实木地板共有三种价格，以单价每平方米 280 元销售 5 000 平方米，以单价每平方米 300 元销售 1 000 平方米，以单价每平方米 350 元销售 400 平方米。当月以同类型实木地板 600 平方米与甲企业换取原材料。双方约定按单价每平方米 280 元确定实木地板的价格，实木地板的消费税税率为 5%。为该企业做出纳税筹划方案。

解析：

纳税筹划前，按照税法的规定，该企业用实木地板换取原材料的行为，应以纳税人同类应税消费品的最高销售价格作为计税依据计算征收消费税。

应纳消费税 = 600×350×5% = 10 500（元）

纳税筹划方案：该企业先按照单价每平方米 280 元的价格将实木地板销售给甲企业，再用上述销货款购买甲企业原材料。

纳税筹划后按双方约定的价格计算消费税。

应纳消费税 = 600×280×5% = 8 400（元）

节约的税款金额 = 10 500 - 8 400 = 2 100（元）

纳税人应先销售应税消费品，然后再用销售款或应收债权换取生产资料和消费资料，投资入股或抵偿债务，可以避免按照同类应税消费品的最高销售价格作为计税依据，可以有效降低消费税税负。

（二）自产自用应税消费品销售额的纳税筹划

纳税人自产自用应税消费品，在移送使用时缴纳消费税。纳税时，销售额的确定分为两种情况，纳税筹划也是根据这两种情况进行研究的。

1.有同类消费品销售价格的纳税筹划。

对于有同类消费品销售价格的，按纳税人生产的同类消费品的销售价格作为计税销售额。其计算公式为：

销售额 = 自产自用数量×同类消费品销售单价

同类消费品的销售价格，是指纳税人或代收代缴义务人当月销售的同类消费品的销售价格；如果当月同类消费品各期销售价格高低不同，应按销售数量加权平均计算。但销售的应税消费品有下列情况之一者，不得列入加权平均计算：销售价格明显偏低又无正当理由的；无销售价格的。如果当月无销售或当月未完结，应按照同类消费品上月或最近月份的销售价格计算纳税。

同类消费品的销售单价，直接影响计税销售额，纳税人在发生自产自用应税消费品行为的当月，尽量将应税消费品销售给合同定价较低的客户，对定价较高的客户在条件许可的情况下推迟销售，以使当月加权平均单价较低，从而实现纳税筹划的目的。

2.没有同类消费品销售价格的纳税筹划。

没有同类消费品销售价格的，以组成计税价格作为计税销售额。其计算公式为：

组成计税价格 = （成本 + 利润）÷（1 − 比例税率）

对于采用组成计税价格计税的自产自用应税消费品，其成本的高低，对应纳消费税产生直接的影响，纳税人应通过降低成本进行纳税筹划。

【例3−27】甲企业将自产的特制高档化妆品（假设此种类高档化妆品不对外销售，且无市场同类产品价格）作为福利发放给职工，该批高档化妆品的成本为100万元，成本利润率为5%，消费税税率为15%。试为甲企业做出纳税筹划方案。

解析：

对于自产自用应税消费品，若无市场同类商品售价，则成本的高低直接影响组成计税价格的高低，从而影响消费税税额的高低。企业通过降低成本，可以达到降低组成计税价格的目的，从而减轻企业消费税税负。

纳税筹划前该企业应纳税情况：

组成计税价格 = 100×（1 + 5%）÷（1−15%）= 123.53（万元）

应纳消费税 = 123.53×15% = 18.53（万元）

纳税筹划方案：甲企业可以通过成本控制，降低直接成本。还可以在涉及多种产品成本费用分配的情况下，通过选择合理的成本分配方法，将成本在合理范围内较多地分摊给不需要缴纳消费税的产品或按市场售价计税的应税消费品，从而相应地压缩了特制化妆品的成本，假设通过上述纳税筹划企业将成本降低为80万元。

纳税筹划后该企业应纳税款情况：

组成计税价格 = 80×（1＋5%）÷（1－15%）＝ 98.82（万元）

应纳消费税 = 98.82×15% = 14.82（万元）

节约的税款金额 = 18.53－14.82 = 3.71（万元）

对于没有同类消费品销售价格的应税消费品，通过降低产品成本，可以有效降低消费税税负。

五、酒类生产企业的纳税筹划

（一）酒类生产企业尽量不外购、委托加工应税消费品

税法规定，外购或委托加工已税酒和酒精生产的酒（包括以外购已税白酒加浆降度，用外购已税的不同品种的白酒勾兑的白酒，用曲香、香精对外购已税白酒进行调香、调味以及外购散装白酒装瓶出售等），外购酒及酒精已纳税款或受托方代收代缴税款不准予抵扣。另外，外购已税珠宝玉石用以生产金银首饰，由于金银首饰在零售环节纳税，也不执行抵扣已纳消费税的规定。

酒类生产企业用外购、委托加工的酒及酒精连续生产时由于不可以抵扣已纳消费税，其税收负担将高于用自产酒及酒精连续生产酒的税收负担，因此，酒类生产企业应完善生产工艺，尽量不外购、委托加工应税消费品。上述做法同样适用于金银首饰的生产。

（二）酒类生产企业合并的纳税筹划

税法规定，纳税人自产自用的应税消费品，用于连续生产应税消费品的不纳税。因此，企业内部自产的酒类应税消费品，被企业内部其他部门作为原材料使用，用于连续生产另一种酒类应税消费品的，这一环节不用缴纳消费税。

【例3-28】甲酒厂是一家以生产药酒为主的酒厂，适用的消费税税率为10%，其生产药酒的原材料为某白酒，均从乙酒厂购入。2016年乙酒厂向甲酒厂提供白酒5 000吨，售价为4 000万元。白酒适用消费税比例税率为20%，定额税率为0.50元/500克。本年度甲酒厂销售药酒取得收入6 000万元，销售数量为5 000吨。药酒适用的消费税税率为10%。试为甲酒厂作出纳税筹划方案。

解析：

由于购进或委托加工的酒类或酒精，用于连续生产酒类产品，不能抵扣已纳的消费税。

纳税筹划前，甲酒厂采购乙酒厂白酒作为原料：

甲酒厂应纳消费税 = 6 000×10% = 600（万元）

乙酒厂应纳消费税 = 4 000×20% +（5 000×2 000×0.50）÷10 000 = 1 300（万元）

应纳消费税合计 = 600＋1 300 = 1 900（万元）

纳税筹划方案为：甲酒厂和乙酒厂合并为一个法人单位，乙酒厂作为甲酒厂的白酒生产车间，使原来企业间的购销行为转变为企业内部的原材料领用行为，从而达到规避重复缴纳消费税的目的。

纳税筹划后，甲企业并购乙酒厂。

并购后企业应纳消费税＝6 000×10%＝600（万元）

应纳消费税合计＝600万元

通过纳税筹划，并购后的企业少纳消费税1 300万元（1 900万元－600万元），因此，纳税筹划方案可行。

企业在选择并购方案时，不仅要考虑降低消费税税负的优点，还要考虑企业自身是否具有兼并能力、合并对企业未来发展的影响、被兼并的企业财务状况是否良好等因素。

第四节 企业所得税的纳税筹划

企业所得税是对在我国境内，除个人独资企业和合伙企业以外的其他企业和组织，就其生产经营所得和其他所得征收的一种税。它是国家参与企业收入分配的直接形式，体现了国家与企业的分配关系。企业所得税实行按年征收、分期预缴、年终汇算清缴的征收管理办法，计税依据的计算比较复杂，实行综合课征制，体现了税负公平的原则。企业所得税是企业主要的税种之一，是企业所有税种中专业性最强、纳税处理最复杂的一种税，具有较大的纳税筹划空间。

一、企业所得税税率的纳税筹划

企业所得税税率的纳税筹划主要是利用优惠税率，减少纳税人应纳企业所得税税额。企业所得税优惠税率包括：符合条件的小型微利企业，减按20%的税率征收企业所得税；国家需要重点扶持的高新技术企业，减按15%的税率征收企业所得税。

（一）小型微利企业的纳税筹划

为进一步支持小型微利企业的发展，国家规定自2015年10月1日起至2017年12月31日，对年应纳税所得额在20万元到30万元（含30万元）之间的小型微利企业，其所得减按50%计入应纳税所得额，按20%的税率缴纳企业所得税。

企业所得税法所称符合条件的小型微利企业，是指从事国家非限制和禁止行业，并符合下列条件的企业：一是工业企业，年度应纳税所得额不超过30万元，从业人数不超过100人，资产总额不超过3 000万元；二是其他企业，年度应纳税所得额不超过30万元，从业人数不超过80人，资产总额不超过1 000万元。从业人数，包括与企业建立劳动关系的职工人数和企业接受的劳务派遣用工人数。从业人数和资产总额指标，应按企业全年的季度平均值确定。具体计算公式如下：

季度平均值＝（季初值＋季末值）÷2

全年季度平均值＝全年各季度平均值之和÷4

符合规定条件的小型微利企业，无论采取查账征收还是核定征收的方式，均可享受小型微利企业所得税优惠政策。符合规定条件的小型微利企业，在季度、月份预缴企业所得税时，可以自行享受小型微利企业所得税优惠政策，无须税务机关审核批准。小型微利企业在预缴和汇算清缴时通过填写企业所得税纳税申报表"从业人数、资产总额"等栏次履行备案手续，不再另行专门备案。小型微利企业的纳税筹划应遵循以下思路：

1.将一般企业转化为小型微利企业。

【例3-29】甲建筑公司主要从事建筑、安装工程和建筑装饰劳务。2015年的应纳税所得额为100万元，其中这三项业务的应纳税所得额分别为70万元、25万元和5万元，假设没有纳税调整项目，即税前利润正好等于应纳税所得额。公司现有职工120人，资产总额3 500万元。试为甲建筑公司作出纳税筹划方案。

解析：

纳税筹划前，甲建筑公司不符合小型微利企业的条件，应按25%的税率计算交纳企业所得税。

应纳企业所得税=100×25%=25（万元）

纳税筹划方案：甲建筑公司应采用分立的方式，设立三个独立法人的纳税单位，将这三项业务分别核算，这样安装工程和建筑装饰劳务的应纳税额所得额满足小型微利企业的划分标准，再将这两家企业的职工人数控制在80人以下，资产总额控制在1 000万元以下。这样，根据小型微利企业的相关规定，安装工程和建筑装饰劳务的应纳税所得额按20%的税率纳税，并且符合减按50%计入应纳税所得额的条件。

纳税筹划后企业纳税情况：

建筑工程应纳企业所得税=70×25%=17.50（万元）

安装工程应纳企业所得税=25×50%×20%=2.50（万元）

建筑装饰劳务应纳企业所得税=5×50%×20%=0.50（万元）

甲建筑公司合计应纳企业所得税总额=17.50+2.50+0.50=20.50（万元）

通过纳税筹划，甲建筑公司少交纳企业所得税4.50万元（25-20.50）。因此，通过分立，将企业转化为小型微利企业，可以少交纳企业所得税。

2.使纳税人符合小型微利企业条件。

如果纳税人的应纳税所得额在临界点之上，可以通过增加一些合理的费用支出，使之符合小型微利企业条件。

【例3-30】甲工业企业资产总额2 900万元，有职工80人。该企业在2015年12月前预测全年实现应纳税所得额为302 000元。假设没有纳税调整事项，即税前利润正好等于应纳税所得额。试为甲工业企业作出纳税筹划方案。

解析：

纳税筹划前，甲工业企业的规模符合小型微利企业的条件，但应纳税所得额超过30万元，因此不符合小型微利企业的条件，应按25%的税率计算交纳企业所得得税。

应纳企业所得税 = 302 000×25% = 75 500（元）

净利润 = 302 000−75 500 = 226 500（元）

纳税筹划方案：甲企业可以在 2015 年 12 月 31 日之前安排支付一笔公益性捐赠，捐赠金额为 3 000 元。

纳税筹划后，甲企业的应纳税所得额 = 302 000−3 000 = 299 000（元），符合小型微利企业划型标准，适用 20%的税率。

应纳企业所得税 = 299 000×50%×20% = 29 900（元）

净利润 = 299 000−29 900 = 269 100（元）

通过纳税筹划，甲企业增加净利润 42 600 元（269 100−226 500）。因此，如果企业预计应纳税所得额在小型微利企业规定的临界点附近，尽量增加一些合理的费用支出，使企业满足小型微利企业条件，以增加企业的净利润。

3.应纳税所得额临界点区间的确定。

为了准确掌握通过增加费用支出，使纳税人符合小型微利企业应纳税所得额的条件，应该进行临界点区间的计算。

对于资产总额和从业人数符合小型微利企业条件的企业，其适用 20%优惠税率的临界点是应纳税所得额 30 万元，如果应纳税所得额超过 30 万元，将整体适用 25%的税率。这时，企业所得税适用税率可以理解为全额累进税率，其临界点处的税负存在跳跃式上升的现象，在一定范围内应纳税所得额的增长额小于税负增长额。

临界点处两边税负差异 = 300 000×（25%−20%）= 15 000（元）

临界点处增加应纳税所得额与增加税负的平衡点 = 300 000 + 15 000÷（1−25%）= 320 000（元）

从上述计算结果可以看出，资产总额和从业人数符合小型微利企业条件的企业，当其应纳税所得额为 30 万元和 32 万元时，税后利润相等（均为 24 万元），当其应纳税所得额在 30 万元至 32 万元之间时，临界点区间增加的应纳税所得额小于增加的税负。因此，此类企业应当尽可能避免应纳税所得额处于 30 万元～32 万元这一区间。

（二）高新技术企业的纳税筹划

国家需要重点扶持的高新技术企业，减按 15%的税率征收企业所得税。高新技术资格的认定，是高新技术企业纳税筹划的关键。科技部、财政部、国家税务总局在 2008 年 4 月联合发布《高新技术企业认定管理办法》，对高新技术企业资格认定工作进行了规范，2016 年财政部、中宣部、教育部又对该规范进行了修订，加大了对科技型企业特别是中小企业的政策扶持。高新技术企业的认定工作是行政机关的一项行政审批活动，企业必须按照要求进行高新技术企业的资格认定工作。

1.高新技术企业的认定范围。

高新技术企业的认定范围没有地区限制，企业只要符合高新技术企业的认定标准，都可以申请进行高新技术企业的认定。

2.高新技术企业的认定标准。

高新技术企业的认定标准有八项，企业同时具备八项指标，才能获得高新技术企业的认定。具体的八项标准为：

（1）企业申请认定时须注册成立一年以上。

（2）企业通过自主研发、受让、受赠、并购等方式，获得对其主要产品（服务）在技术上发挥核心支持作用的知识产权的所有权。

（3）对企业主要产品（服务）发挥核心支持作用的技术属于《国家重点支持的高新技术领域》规定的范围。

（4）企业从事研发和相关技术创新活动的科技人员占企业当年职工总数的比例不低于10%。

（5）企业近三个会计年度（实际经营期不满三年的按实际经营时间计算，下同）的研究开发费用总额占同期销售收入总额的比例符合如下要求：

①最近一年销售收入小于5 000万元（含）的企业，比例不低于5%；

②最近一年销售收入在5 000万元至2亿元（含）的企业，比例不低于4%；

③最近一年销售收入在2亿元以上的企业，比例不低于3%。

其中，企业在中国境内发生的研究开发费用总额占全部研究开发费用总额的比例不低于60%。

（6）近一年高新技术产品（服务）收入占企业同期总收入的比例不低于60%。

（7）企业创新能力评价应达到相应要求。

（8）企业申请认定前一年内未发生重大安全、重大质量事故或严重环境违法行为。

3.享受低税率的优惠。

具备资格的高新技术企业，持"高新技术企业证书"和有关资料，向主管税务机关申请办理减免税手续。手续办理完毕后，高新技术企业可按15%的税率进行所得税预缴申报。纳税年度终了后至报送年度纳税申报表之前，已办理减免税手续的企业应向主管税务机关备案。

4.高新技术企业的资格复审。

高新技术企业的资格不是终身制。高新技术企业资格自颁发证书之日起有效期为3年。企业应在期满前3个月内提出复审申请，不提出复审申请或复审不合格的，其高新技术企业资格到期自动失效。高新技术企业复审必须提交近3年开展研究开发等技术创新活动的报告。通过复审的高新技术企业资格有效期为3年。期满后，企业需再次进行复审认定。

二、收入的纳税筹划

企业的收入总额包括以货币形式和非货币形式从各种来源取得的收入，企业应纳税所得额计算中的收入总额，同会计核算中收入总额存在个别不同，上述不同为企业纳税筹划提供了空间。

（一）营业收入的纳税筹划

营业收入的纳税筹划主要是通过推迟收入的确认时点、采用合理的收入确认方法，以获取资金的时间价值来实现，具体包括以下做法：

1.推迟收入的确认时点。

（1）选择适当的结算方式，避免垫付税款。

企业应根据具体情况选择适当的销售结算方式，避免垫付税款，同时应尽量推迟确认销售收入，以达到延缓纳税的目的。

（2）通过签订分期收款销售合同，实现递延纳税。

对销售金额较大，不能一次性收到所有销售款的，在签订销售合同时应选择分期收款销售方式，可以合法有效地在不同时期确认收入，实现递延纳税。分期确认收入的原则是，让法定收入时间与实际收款时间一致或晚于实际收款时间，这样企业就能有较为充足的现金纳税，并享受该笔资金差额的时间价值。

（3）赊销产品应在收到销售款时再开具发票。

赊销产品应尽量不开具销售发票，在收到货款时再开具销售发票并确认收入，以免垫付税款。

（4）在合理合法的前提下，将年终发生的销售推迟到次年确认收入。

企业还应特别注意临近年终所发生的销售确认时点的筹划，比如，采用直接收款方式销售货物的，可以通过推迟收款时间或推迟提货单的交付时间，把收入确认时点延至次年，获得延迟纳税的利益。

2.采用合理的收入确认方法。

企业受托加工制造大型机械设备、船舶、飞机等，以及从事建筑、安装、装配工程业务或者提供劳务等，持续时间超过12个月的，按照纳税年度内完工进度或者完成的工作量确认收入的实现，即采用完工百分比法确认收入。纳税人应慎重确认完工比例，以避免提前纳税。

【例3-31】某软件开发公司于2016年10月1日为客户开发一项软件，工期大约5个月，合同总收入300万元，估计的开发总成本为120万元。至2016年12月31日，已发生开发成本75万元；已提供的劳务量占估计的工程总量70%；经专业测量师测量软件的开发程度为65%。试从纳税筹划的角度考虑，该公司应选择哪种方法确认完工程度。

解析：

（1）根据对已完工的测量确定，完工程度为65%。

应确认的收入 = 300×65% = 195（万元）

（2）按已提供的劳务量占估计的工程总量的百分比确定，完工程度为70%。

应确认的收入 = 300×70% = 210（万元）

（3）按已发生的工程成本占估计总成本的百分比确定。

完工程度 = 75÷120×100% = 62.50%

应确认的收入 = 300×62.50% = 187.50（万元）

通过计算可以看出，从纳税筹划的角度考虑，该公司应选择按已发生的工程成本占估计总成本的百分比确定完工程度，这时确认的收入最少，可以避免垫付税款的情况发生。

（二）不征税收入的纳税筹划

不征税收入主要包括：财政拨款、依法收取并纳入财政管理的行政事业性收费、政府性基金及国务院规定的其他不征税的收入。企业对不征税收入进行纳税筹划应主要从以下两个角度进行。

（1）盈利企业取得财政拨款应做不征税收入处理。

盈利企业取得财政拨款应做不征税收入，可以获得货币时间价值，企业应对该资金以及以该资金发生的支出单独进行核算。

（2）企业存在未弥补亏损且亏损年度将够5年的，应将财政拨款做征税收入处理。

【例3-32】某企业2015年取得财政拨款600万元，2010年亏损700万元，目前只弥补了50万元，预计在不考虑财政拨款的情况下，2015年企业的应纳税所得额为20万元。该企业应如何处理这笔财政拨款。

解析：

如果将财政拨款确认为不征税收入，企业2015年不需要交纳企业所得税，但未来形成的支出均不可在税前扣除，且2010年的亏损将不能得到弥补。该项收入对于应纳税所得额的影响为0。

如果确认为征税收入，企业2015年的应纳税所得额为620万元（600+20），弥补2010年亏损后当年的应纳税额为-30万元（620-（700-50）），仍然不需要交纳企业所得税，但以后年度形成的支出（折旧或者摊销）可以在税前扣除。也就是说今后可以扣除该项补贴收入600万元支出时所形成的资产计算的折旧或摊销。

因此，企业应将财政拨款做征税收入处理。

三、扣除项目的纳税筹划

纳税人在生产经营活动中，要发生各项成本、费用。在计算应纳税所得额时，准予扣除与取得应纳税收入相关的成本、费用、税金和损失。

（一）工资薪金的纳税筹划

税法规定，企业发生的合理的工资薪金支出，准予扣除。企业发生的职工福利费、职工教育经费、拨缴的工会经费，分别在不超过工资薪金总额14%、2.50%、2%以内的部分，准予扣除；对职工教育经费超过限额的部分，准予在以后纳税年度结转扣除。企业在工资薪金的纳税筹划中要注意以下几点：

1.保证工资薪金支付的合理性。

判断工资薪金的合理性，主要从雇员实际提供的服务与报酬总额在数量上是否配比合理进行，凡是符合企业生产经营活动常规而发生的工资薪金支出都可以在税前据实扣除。因此，企业在进行税前抵扣工资支出时，一定要注意参考同行业的正常工资水平。

2.取得合法的扣除凭证。

对于建立工会组织的纳税人，按每月职工工资总额的2%向工会拨缴经费，凭工会组织开具的"工会经费拨缴款专用收据"在税前扣除。凡不能出具"工会经费拨缴款专用收据"的，其提取的职工工会经费不得在企业所得税前扣除。

3.软件生产企业应加大职工培训费用的支出。

由于软件生产企业的职工培训费用，可按实际发生额在计算应纳税所得额时扣除。因此，软件生产企业在条件允许的情况下，应加大职工培训费用的支出，以降低企业的应纳税所得额。

4.为职工缴存住房公积金，以减少应纳税所得额。

企业依照国务院有关主管部门或者省级人民政府规定的范围和标准为职工缴纳的基本养老保险费、基本医疗保险费、失业保险费，工伤保险费，生育保险费等基本社会保险费和住房公积金，准予扣除。由于住房公积金的缴存不像基本社会保险的强制性那样强，很多私营企业没有为员工缴存住房公积金。私营企业可以根据政策规定最低标准以较少的支出缴存住房公积金达到少缴企业所得税的效果，同时还可增加职工的收入。

（二）存货计价方法选择的纳税筹划

税法规定，纳税人的各种存货应以取得时的实际成本计价。企业发出存货成本的计算方法，可以在先进先出法、加权平均法、个别计价法中选用一种。计价方法一经选用，不得随意变更。

在物价变动的情况下，由于不同的存货计价方法可以通过改变销售成本，继而影响应纳税所得额。因此，从纳税筹划的角度分析，纳税人可以通过采用不同的计价方法对发出存货的成本进行筹划，根据自己的实际情况选择使本期发出存货成本最有利于纳税筹划的存货计价办法。在不同企业或企业处于不同的盈亏状态下，应选择不同的存货计价方法：

1.盈利企业存货计价方法的选择。

盈利企业的存货成本可以最大限度地在本期应纳税所得额中税前抵扣，应选择能使本期成本最大化的计价方法。一般来说，原材料的价格是不断上涨的，采用先进先出法核算发出存货的成本，计入成本、费用的金额相对较低，当期利润较高，应纳企业所得税也就较高，因此在物价上升的情况下，一般应选择加权平均法。在通货紧缩、物价下跌时期，应选择先进先出法。

【例3-33】某公司2014年12月先后购进两批品种、规格相同的货物，第一批货物共500件，总进价为500万元，第二批货物也是500件，总进价为700万元。该企业在2014年12月和2015年1月各出售货物500件，销售收入分别为800万元和900万元。该公司企业所得税税率为25%。假定该公司12月份期初无同类存货，在不考虑其他因素的前提下，不同存货计价方法对企业所得税的影响见表3-5。

表3-5　　　　　　　　　　不同存货计价方法对企业所得税的影响　　　　　　　　单位：万元

项目	先进先出法			加权平均法		
时间	2014年12月	2015年1月	合计	2014年12月	2015年1月	合计
销售收入	800	900	1 700	800	900	1 700
销售成本	500	700	1 200	600	600	1 200
销售利润	300	200	500	200	300	500
所得税	75	50	125	50	75	125
税后利润	225	150	375	150	225	375

解析：

从表3-5可以看出，不同的存货计价方法从总体上看税负是相等的，但在不同的纳税期间其分布是不一样的。在物价上涨的情况下，采用先进先出法比采用加权平均法可以提前一段时间实现较多的利润，也就意味着提前缴纳更多的企业所得税。因此，采用加权平均法对纳税人更有利。如果处于物价下跌时期，则应该作相反的选择。

2.亏损企业存货计价方法的选择。

亏损企业选择存货计价方法应与亏损弥补情况相结合。选择的计价方法，必须使不能得到或不能完全得到税前弥补的亏损年度的成本费用降低，使成本费用延迟到以后能够完全得到抵补的时期，保证成本费用的抵税效果得到最大限度的发挥。

3.享受税收优惠的企业存货计价方法的选择。

如果企业正处于企业所得税的减税或免税期，就意味着企业获得的利润越多，其得到的减免税额就越多。因此，应选择减免税优惠期间内存货成本最小化的计价方法，减少存货费用的当期摊入，扩大当期利润。相反，处于非税收优惠期间时，应选择使得存货成本最大化的计价方法，将当期的存货费用尽量扩大，以达到减少当期利润，推迟纳税期的目的。

对于享受定期减免所得税的企业，在物价上涨的情况下，采用先进先出法核算发出存货成本更有利于降低应纳税额。例如，从事国家重点扶持的公共基础设施项目的企业，自项目取得第一笔生产经营收入所属纳税年度起，第一年至第三年免征企业所得税，第四年至第六年减半征收企业所得税。企业在前三年获得的利润越多，其享受的免税额就越大，企业选择先进先出法核算发出存货成本，可以扩大当期利润，充分享受税收优惠政策。

在实际工作中，企业应根据实际情况选择存货计价方法。企业还应该注意的是，存货计价方法一经选定，不得随意变更。

（三）固定资产计提折旧的纳税筹划

固定资产通过计提折旧影响损益，因此，折旧的计提直接影响企业的利润。影响固定资产计提折旧的因素主要包括固定资产计提折旧的方法、固定资产原值、折旧年限和预计净残值等因素。我国税法对企业计提折旧有比较严格的规定，税法规定企业应采用直线法计提折旧，且税法对不同固定资产规定了最低折旧年限，因此，固定资产计提折旧的纳税筹划空间不是很大。在对固定资产进行纳税筹划时，主要研究盈利企业如何通过纳税筹划降低当期税负，获取资金时间价值。

1.通过合理合法的手段降低固定资产计税基础。

由于折旧是在未来较长时间内陆续计提的，为了降低本期税负，新增固定资产的入账价值应尽可能低。例如，对于成套的固定资产，其易损件、小配件可以单独开具发票，作为低值易耗品入账，这样处理可以使这部分低值易耗品在领用时直接或分次计入当期成本费用，降低当期的应纳税所得额；对于在建工程，应尽可能早地转入固定资产，以便尽早计提折旧。如果整体工程建设工期较长，但完工部分已投入使用，可对该部分进行分项决算，以便尽早转入固定资产账户。

2.企业应避免对未足额提取折旧的房屋、建筑物进行推倒重置的改扩建。

根据《企业会计准则》的规定，企业对房屋、建筑物固定资产推倒重置，属于两笔业务，一是固定资产清理，二是新建固定资产。税法规定，企业对房屋、建筑物固定资产在未足额提取折旧前进行属于推倒重置改扩建的，该资产原值减除提取折旧后的净值，应并入重置后的固定资产计税成本。

税法之所以规定上述内容，主要是出于对企业所得税和房产税征管的考虑。因为按照会计规定进行税务处理，推倒后需进行固定资产清理的会计处理，会产生固定资产损失，减少当年应纳税所得额；另外新建固定资产的计税基础不包括未足额提取折旧部分的价值，会减少房产税的计税基础，会使企业轻易采用推倒重置的方法进行固定资产建造，不利于资源的充分利用，造成不必要的浪费。

【例3-34】甲企业有一临街门市房，账面原价900万元，已计提折旧720万元。因当时建造的比较简陋，现在该地段增值空间较大，甲企业决定将其推倒重置，预计建造新门市房将发生支出1 200万元，甲企业所得税税率为25%，假设不考虑清理费和变现残值等其他因素。为该企业作出纳税筹划方案。

解析：

纳税筹划前，企业在门市房未足额提取折旧前推倒重置。按照税法规定，固定资产的账面净值180万元（900-720），不可以抵减当期应纳税所得额，应并入重置后的固定资产计税成本。

纳税筹划方案：该企业可以将门市房进行简单的维修，发生的维修费可以直接抵减当期应纳税所得额，将门市房坚持使用到提足折旧。

纳税筹划后，固定资产的账面净值180万元，以折旧的形式计入当期损益，可以直接抵减当期应纳税所得额，减少应纳所得税税额45万元（180×25%），实现了递延纳税，获取了资金时间价值。

3.按税法规定的最低折旧年限计提折旧。

折旧年限的长短虽然不能从总额上影响企业所得税税负，但考虑资金时间价值，降低折旧年限对企业还是比较有利的。因此，从纳税筹划的角度来看，企业应按税法规定的最低折旧年限计提折旧。

4.企业应在合理范围内将预计净残值设定为较低金额。

企业应在合理范围内将预计净残值设定为较低金额，但没有确切证据证明固定资产报废时没有任何剩余价值，企业不要把预计净残值设定为零，以免产生纳税筹划风险。

5.采用缩短折旧年限的方法进行加速折旧。

《企业所得税法》规定，固定资产加速折旧的条件是：技术进步、产品更新换代较快的固定资产和常年处于高腐蚀、强震动的固定资产。

2014年国家完善了固定资产加速折旧的政策。生物药品制造业，专用设备制造业，铁路、船舶、航空航天和其他运输设备制造业，计算机、通信和其他电子设备制造业，仪器仪表制造业，信息传输、软件和信息技术服务业等行业的企业，2014年1月1日后购进的固定资产（包括自行建造），允许按不低于企业所得税法规定的折旧年限的60%缩短折旧年限，或采取双倍余额递减法或年数总和法进行加速折旧。企业在2014年1月1日后购进专门用于研发活动的仪器、设备，单位价值不超过100万元的，可以一次性在计算应纳税所得额时扣除；单位价值超过100万元的，允许按不低于企业所得税法规定的折旧年限的60%缩短折旧年限，或采取双倍余额递减法或年数总和法进行加速折旧。企业持有的固定资产，单位价值不超过5 000元的，可以在计算应纳税所得额时一次性扣除。

从纳税筹划的角度来看，符合加速折旧的企业缩短折旧年限对企业更为有利，因为加速折旧只增加了前期的折旧额，而整体折旧年限并没有缩短。

（四）业务招待费的纳税筹划

1.确认业务招待费的节税临界点。

《企业所得税法实施条例》规定，企业发生的与生产经营活动有关的业务招待费支出，按照实际发生额的60%扣除，但最高不得超过当年销售（营业）收入的5‰。

根据业务招待费的扣除规定，无论企业开支多少业务招待费，至少有40%的费用不能在企业所得税税前扣除；如果发生额的60%超过了当年销售收入的5‰，不得在所得税前扣除的费用比例会更高。

业务招待费可以税前扣除的最高限额为当年销售（营业）收入的5‰。企业可以通过建立实际发生额的60%与当年销售（营业）收入5‰相等的等式，确认业务招待费的发生额。此时的业务招待费发生额，为业务招待费节税临界点，此时企业既能充分使用业务招待费的限额又可以减少纳税调整事项。设销售（营业）收入为X，业务招待费的发生额为Y：

$$Y \cdot 60\% = X \cdot 5‰$$

$$Y = X \cdot 8.33‰$$

当业务招待费实际发生额等于销售（营业）收入的8.33‰时，企业税前扣除的业务招待费达到最高扣除限额。盈利企业在进行纳税筹划时，应使业务招待费实际发生额大于或等于销售（营业）收入的8.33‰，由于业务招待费对应的发票比较容易取得，企业可以多抵减利润，减少应纳所得税金额。

2.实现业务招待费的转换。

实际工作中，业务招待费与会议经费、业务宣传费存在着可以相互替代、相互交叉的项目内容。这为业务招待费与其他费用项目的相互转化提供了纳税筹划空间。企业可以考虑将部分业务招待费转为业务宣传费。比如，一般情况下，外购礼品用于赠送应作为业务招待费，但如果礼品印有企业标记，对企业的形象、产品有宣传作用的，也可以作为业务宣传费。企业可以通过业务招待费的转换，实现纳税筹划目标。

【例3-35】甲企业预计2016年销售（营业）收入为12 000万元，预计广告费和业务宣传费1 000万元，业务招待费200万元，其他可税前扣除的支出为8 000万元。请对业务招待费进行纳税筹划。

解析：

广告费和业务宣传费支出的扣除限额＝12 000×15%＝1 800（万元），广告费和业务宣传费支出的实际发生额1 000万元，可据实扣除。

业务招待费的扣除限额＝12 000×5‰＝60（万元）

业务招待费实际发生额的60%＝200×60%＝120（万元）

业务招待费可以税前扣除金额为60万元，其实际发生额为200万元，需调增应纳税所得额140万元（200-60）。

应交企业所得税＝（12 000-1 000-200+140-8 000）×25%＝735（万元）

净利润＝12 000-1 000-200-8 000-735＝2 065（万元）

纳税筹划分析：当业务招待费实际发生额等于销售（营业）收入的8.33‰时，企业税前扣除的业务招待费达到最高扣除限额。此时，

业务招待费实际发生额＝12 000×8.33‰＝100（万元）

纳税筹划方案：企业在不影响经营的前提下，可以调减业务招待费至100万元，同时调增广告费和业务宣传费至1 100万元。

由于广告费和业务宣传费支出的扣除限额＝12 000×15%＝1 800（万元），广告费和业务宣传费可据实扣除。

业务招待费的扣除限额＝12 000×5‰＝60（万元）

业务招待费实际发生额的60%＝100×60%＝60（万元）

业务招待费可以税前扣除金额为60万元，需调增应纳税所得额40万元（100-60）。

应交企业所得税＝（12 000-1 100-100+40-8 000）×25%＝710（万元）

净利润＝12 000-1 100-100-8 000-710＝2 090（万元）

由此可见，通过纳税筹划，甲企业少交纳企业所得税25万元（735-710），多获净利润25万元（2 090-2 065）。

企业在业务招待费的转换过程中应注意，业务招待费与广告费、业务宣传费合理转换的前提是在准确把握会计原则的基础上正确归集费用，切不可随意将不符合会计政策规定的业务招待费归集为业务宣传费。

（五）公益性捐赠支出的纳税筹划

税法规定，企业发生的公益性捐赠支出，不超过年度利润总额12%的部分，准予扣除，而非公益性的捐赠不可以税前扣除，企业对公益性捐赠进行纳税筹划时应注意以下问题：

1.准确把握公益性捐赠的界定。

企业可以享受税前扣除的捐赠支出必须是《中华人民共和国公益事业捐赠法》中规定的公益事业捐赠支出。具体捐赠范围包括：救助灾害、救济贫困、扶助残疾人等困难的社会群体和个人的活动，教育、科学、文化、卫生、体育事业，环境保护、社会公共设施建设，促进社会发展和进步的其他社会公共和福利事业四个方面。企业和个人发生的上述范围之外的捐赠支出均不属于公益救济性捐赠支出，不能享受公益性捐赠支出相应的优惠政策。

2.必须通过符合规定的非营利组织或者国家机关进行捐赠。

企业必须通过符合规定的非营利组织或者国家机关实施捐赠，企业应提供省级以上（含省级）财政部门印制并加盖接受捐赠单位印章的公益性捐赠票据，或加盖接受捐赠单位印章的"非税收入一般缴款书"收据联，方可按规定进行税前扣除。

3.将捐赠金额控制在利润总额的12%以内。

税法规定，公益性捐赠支出在年度利润总额12%以内的部分，准予在计算应纳税所得额时扣除，超过部分不允许扣除，纳税人进行公益性捐赠，应将捐赠金额控制在利润总额的12%以内，保证捐赠金额可以全部税前扣除。

【例3-36】甲企业2015年度计划直接向灾区捐赠400万元，2015年预计全年实现会计利润总额为1 840万元（已扣除上述捐赠400万元），假设除此以外无其他纳税调整项目。请对捐赠行为进行纳税筹划。

解析：

纳税筹划前，企业直接向受赠人进行捐赠，不满足公益性捐赠的条件，其捐赠支出不允许在计算应纳税所得额时扣除。

甲企业应纳企业所得税 = （1 840+400）×25% = 560（万元）

甲企业的净利润 = 1 840-560 = 1 280（万元）

甲企业应通过符合规定的非营利组织或国家机关向灾区进行捐赠，这样将满足公益性捐赠的条件。另外，公益性捐赠支出在年度利润总额12%以内的部分，准予在计算应纳税所得额时扣除，超过部分不允许扣除，企业应对捐赠数额进行纳税筹划。

设可以税前扣除的捐赠数额为X，则：

（1 840+400-X）×12% = X

通过计算，得：X = 240（万元）。

纳税筹划方案：甲企业应通过符合规定的非营利组织或国家机关向灾区捐赠240万元。

纳税筹划后，甲企业2015年净利润计算过程如下：

会计利润总额＝1 840+400−240＝2 000（万元）

捐赠支出的扣除限额＝2 000×12%＝240（万元）

捐赠数额正好等于税法允许税前扣除的捐赠金额，捐赠数额可以在税前全额扣除。

甲企业应纳企业所得税＝2 000×25%＝500（万元）

甲企业的净利润＝2 000−500＝1 500（万元）

通过上述纳税筹划，甲企业可以少缴企业所得税60万元（560−500），增加净利润220万元（1 500−1 280）。因此，企业应通过符合规定的非营利组织或国家机关捐赠，且捐赠数额不要超过利润总额的12%。

4.捐赠时机的把握。

企业应选择企业会计利润较高的期间进行公益性捐赠，既可以取得更高的税前扣除限额，降低纳税人应纳企业所得税金额，又可以实现企业的社会效益。

（六）长期待摊费用的纳税筹划

长期待摊费用的纳税筹划，主要是针对盈利企业如何降低当期税负，获取资金时间价值进行的。

1.已足额提取折旧的固定资产发生的改建支出，在合理合法的前提下，将预计尚可使用年限估计得较低，可以增加当期的摊销额，降低当期的应纳税所得额。

2.对租入的固定资产，在签订租赁合同时，不要将租赁期限约定得太长。这样，租入固定资产的改建支出按照合同约定的剩余租赁期限分期摊销，可以增加当期的摊销额，降低当期的应纳税所得额。

3.在对固定资产进行大修理时，应控制大修理支出，使其不要超过取得固定资产时计税基础的50%。这样，不满足大修理的确认条件，可以作为日常修理处理，直接计入当期成本费用，降低当期的应纳税所得额。

【例3-37】某公司2016年9月份对一条生产线进行大修理，12月份完工。该生产线原值及计税基础均为6 000万元，共发生修理费3 060万元，其中人工费600万元，更换各种零部件支出1 500万元，更换一台设备价值960万元。修理后固定资产的使用寿命可以延长3年，尚可使用5年。假设当年该公司实现利润4 500万元（未考虑大修理的影响），不考虑其他纳税调整事项，为该企业做出纳税筹划方案。

解析：

纳税筹划前，该公司的修理方案发生修理费3 060万元，占固定资产计税基础的51%（3 060÷6 000×100%），超过固定资产取得时计税基础的50%，且修理后固定资产的使用寿命可以延长3年，满足固定资产大修理的条件，对生产线的修理属于大修理，发生的3 060万元修理费按照固定资产尚可使用年限分期摊销。

2016年应摊销的大修理费＝3 060÷5÷12＝51（万元）

2016年应纳企业所得税＝（4 500−51）×25%＝1 112.25（万元）

纳税筹划方案：该公司应控制大修理支出，使其不要超过取得固定资产时计税基础的50%，不满足大修理的确认条件，可以作为日常修理处理。具体来说，该公司应该不在此次修理过程中更换设备，修理完成后，在2017年1月份再更换设备，也能满足生产经营的需要。

纳税筹划后，修理费为2 100万元（600+1 500），占固定资产计税基础的35%（2 100÷6 000×100%），未超过50%，属于日常修理，修理费直接计入当期成本费用，降低当期的应纳税所得额。

2016年应纳企业所得税＝（4 500−2 100）×25%＝600（万元）

纳税筹划后少纳企业所得税＝1 112.25−600＝512.25（万元）

因此，企业在对固定资产进行大修理时，应控制大修理支出，使其不要超过取得固定资产时计税基础的50%，可以减少当期应纳企业所得税，获得资金时间价值收益。

四、企业所得税应纳税额的纳税筹划

企业所得税采取按年计算，分期预缴，年终汇算清缴的办法征收。影响企业所得税应纳税额的因素主要包括：纳税主体的选择、企业所得税的预缴方法、企业所得税的征收方式和亏损弥补等内容。

（一）集团公司应将亏损子公司变更为分公司

企业集团的子公司具有法人资格，能够独立承担法律责任，是独立的法律主体和纳税主体。企业集团下属的分公司不具有法人资格，不能独立承担法律责任。税法规定，居民企业在中国境内设立不具有法人资格的分公司的，应当同总公司汇总计算并缴纳企业所得税。因此，对于一些存在亏损子公司的企业集团，可以通过工商变更，撤销下属子公司的法人资格，将其变更为分公司，从而汇总缴纳企业所得税，达到少缴企业所得税的目的。

【例3-38】某集团公司2015年总部实现利润为800万元，下属A公司盈利200万元，B公司盈利300万元，C公司亏损400万元。已知上述公司均为独立法人单位，企业所得税税率为25%，不考虑其他纳税调整事项，为该集团公司作出纳税筹划方案。

解析：

纳税筹划前，各公司应纳企业所得税情况：

集团公司总部应纳企业所得税＝800×25%＝200（万元）

A公司应纳企业所得税＝200×25%＝50（万元）

B公司应纳企业所得税＝300×25%＝75（万元）

C公司亏损，不需要缴纳企业所得税。

集团公司应纳企业所得税总额＝200+50+75＝325（万元）

纳税筹划方案：集团公司将下属的A、B、C公司撤销法人资格，变更为分公司，汇总缴纳企业所得税。

纳税筹划后，该集团公司应纳企业所得税情况：

集团公司应纳企业所得税总额＝（800+200+300-400）×25%＝225（万元）

通过纳税筹划，集团公司少纳企业所得税100万元（325-225）。

（二）预缴企业所得税的纳税筹划方法

1.纳税人应争取采用按季度预缴企业所得税的方法。

企业所得税分月或者分季预缴，由税务机关具体核定，但是纳税人应尽量向当地税务机关申请，争取核定为按照季度预缴企业所得税。

2.根据企业的实际情况，确定最佳的预缴方法。

当纳税人的应纳税所得额处于上升状态时，选择按上一年度应纳税所得额的一定比例预缴企业所得税，对纳税人比较有利；当纳税人的应纳税所得额处于下降趋势时，选择按实际利润额预缴企业所得税，对纳税人比较有利。

3.合理控制预缴金额，尽量避免多预缴税款。

纳税人经常受市场和季节等因素的影响，其收入具有一定的不确定性，一般会出现上半年收入较多但支出较少，而下半年收入较少但支出较多的情况。由于发票已经开出，确认收入必须纳税，结果到年终发现纳税人多交纳了很多企业所得税。纳税人多交纳的企业所得税可以抵顶下一年度应纳企业所得税税款，如果抵缴后仍有结余的，或下一年度发生亏损的，才允许办理税款退库。如果多预缴税款，会造成企业资金被占用，损失了资金的时间价值。纳税人应根据税务机关对企业所得税预缴管理目标的要求，将企业所得税预缴税款比例控制在全年应缴税款的70%，力争年终不存在多预缴税款现象。

【例3-39】某企业应纳企业所得税适用25%的税率，经税务机关核定是按照季度申报缴纳企业所得税。2016年第一季度生产任务相对集中，产品正值销售旺季，按照正常的费用列支，在不存在费用超标的情况下，第一季度的应纳税所得额为100 000元，而第二季度进入生产淡季，销售收入较少，第二季度的应纳税所得额为-70 000元，为该企业作出纳税筹划方案。

解析：

纳税筹划前，由于该企业收入不均衡，造成第一季度要预缴较多的企业所得税，而第二季度亏损，却不能抵顶第一季度的利润，出现企业多预缴企业所得税的情况。

该企业应预缴的企业所得税＝100 000×25%＝25 000（元）

纳税筹划方案：该企业应在第一季度增加成本费用的列支，比如将第二季度的一些成本费用计入第一季度，如给职工多发奖金50 000元，多列支业务招待费20 000元，这样该企业第一季度应纳税所得额减少70 000元。

经过纳税筹划后，该企业一季度应纳税所得额减少70 000元。

该企业少预缴的企业所得税＝70 000×25%＝17 500（元）

通过纳税筹划，该企业比筹划前少预缴企业所得税17 500元，纳税义务的滞后，使企业获得这笔税款的时间价值，相当于享受国家的无息贷款。

（三）企业所得税征收方式的纳税筹划方法

1.如果能够预测到企业今后会发生亏损或盈利的数额很少，应该规范财务核算和会计处理，达到税务机关的要求，向当地税务机关申请采用查账征收方式。

【例3-40】某建筑业企业因建设工期长，业务地点不固定等原因，税务机关对其采取核定应税所得率方式征收企业所得税。假设税务机关规定当地建筑业应税所得率为8%，该企业本年实现营业收入1 000万元，由于建筑业原材料涨价，人工成本提高，该企业计算的应纳税所得额为32万元。试为该企业作出纳税筹划方案。

解析：

纳税筹划前，该企业采用核定应税所得率的方式征收企业所得税。

应纳税所得额＝1 000×8%＝80（万元）

本年应纳企业所得税金额＝80×25%＝20（万元）

由于按照核定应税所得率计算的应纳税所得额，高于该企业实际的应纳税所得额，该企业应采用查账征收的方式。

纳税筹划方案：该企业应该规范财务核算和会计处理，做到账证健全，达到税务机关查账征收方式的要求，向当地税务机关申请采用查账征收方式。

纳税筹划后，该企业采用查账征收方式征收企业所得税。

应纳企业所得税金额＝32×25%＝8（万元）

纳税筹划节约税额＝20－8＝12（万元）

2.如果纳税人的实际利润率比应税所得率高，应该选择核定征收方式。

3.当主营业务的应税所得率明显低于其他业务时，纳税人可以通过合并拥有其他业务的企业，降低整体税负。反之，当主营业务的应税所得率明显高于其他业务时，纳税人可以通过分立其他业务，以降低整体税负。

【例3-41】某经营大酒店的甲公司和某经营KTV的乙公司均能正确核算（查实）收入总额，但不能正确核算（查实）成本费用总额，适用核定应税所得率方式缴纳企业所得税。本年甲公司取得餐饮业营业收入800万元，乙公司取得娱乐业营业收入500万元。税务机关规定的餐饮业应税所得率为10%，娱乐业为20%。为甲、乙公司作出纳税筹划方案。

解析：

纳税筹划前应纳企业所得税情况：

甲公司应纳企业所得税金额＝800×10%×25%＝20（万元）

乙公司应纳企业所得税金额＝500×20%×25%＝25（万元）

两公司合计应纳企业所得税金额＝20＋25＝45（万元）

纳税筹划方案：将甲公司与乙公司合并，设立为丙公司，经营业务和经营收入不变。新设的丙公司，餐饮业营业收入800万元，高于娱乐业营业收入500万元，该公司主营项目应为餐饮业，适用10%的应税所得率。

纳税筹划后应纳企业所得税情况：

丙公司应纳企业所得税金额＝（800＋500）×10%×25%＝32.50（万元）

通过合并少纳企业所得税的金额＝45－32.50＝12.50（万元）

【例3-42】某娱乐城经营KTV和餐饮服务，其中娱乐业收入900万元，餐饮收入800万元，税务机关规定的餐饮业应税所得率为10%，娱乐业为20%。为该娱乐城做出纳税筹划方案。

解析：

纳税筹划前，娱乐业收入高于餐饮业，该公司主营项目应为娱乐业，适用20%的应税所得率。

娱乐城应纳企业所得税金额＝（900+800）×20%×25%＝85（万元）

纳税筹划方案：将娱乐城分立为两个法人单位，分别经营餐饮业和娱乐业，分别适用不同的应税所得率。

纳税筹划后应纳企业所得税情况：

餐饮业应纳企业所得税金额＝800×10%×25%＝20（万元）

娱乐业应纳企业所得税金额＝900×20%×25%＝45（万元）

通过分立少纳企业所得税金额＝85－（20+45）＝20（万元）

五、利用企业所得税税收优惠政策的纳税筹划

我国企业所得税优惠政策较多，充分利用税收优惠政策是纳税筹划的重要方面。

（一）利用产业优惠政策的纳税筹划

纳税人利用产业优惠政策进行纳税筹划时应注意单独核算优惠项目所得。因为《企业所得税实施条例》规定，企业同时从事适用不同企业所得税待遇的项目的，其优惠项目应当单独计算所得，并合理分摊企业的期间费用；没有单独计算的，不得享受企业所得税优惠。

（二）残疾人员工资加计扣除的纳税筹划

企业安置残疾人员所支付的工资费用，在按照支付给残疾职工工资据实扣除的基础上，按照支付给残疾职工工资的100%加计扣除。

【例3-43】甲工业企业在职人员50人，其中符合残疾人就业政策的残疾人员15人，并依法与安置的每位残疾人签订了3年的劳动合同。该企业每年支付给每位残疾人员的工资为2.40万元。本年应纳增值税100万元，应纳税所得额60万元，企业所得税税率为25%，不存在未弥补亏损，计算该公司安置15名残疾人员享受的税收优惠金额。

解析：

根据《财政部、国家税务总局关于促进残疾人就业税收通知》的规定：满足月平均实际安置的残疾人占单位在职职工总数的比例高于25%（含25%），并且实际安置的残疾人人数多于10人（含10人）条件的单位，实行由税务机关按单位实际安置残疾人的人数，限额即征即退增值税的办法。实际安置的每位残疾人每年可退还的增值税具体限额，由县级以上税务机关根据单位所在区县级人民政府批准的最低工资标准的6倍确定，但最高不得超过每人每年3.50万元。同时，单位支付给残

疾人的实际工资可在企业所得税前据实扣除，并可按支付给残疾人实际工资的100%加计扣除。该企业所在省规定，每年可退还的增值税为每人每年3.50万元。

该企业向国税部门申请享受残疾人就业优惠政策，由于该公司安置残疾人员15人，占单位在职职工总数的比例为30%，并且已经超过10人的法定标准，安置残疾人员15人全部依法签订了3年的劳动合同。因此，企业可以享受税收优惠。具体计算如下：

本年实际应纳的增值税金额 = 100-15×3.50 = 47.50（万元）

享受的增值税税收优惠金额 = 15×3.50 = 52.50（万元）

本年应纳的企业所得税金额 = （60-15×2.40）×25% = 6（万元）

享受的企业所得税税收优惠金额 = 15×2.40×100%×25% = 9（万元）

享受的税收优惠金额合计 = 52.50+9 = 61.50（万元）

从上述分析可以看出，企业安置残疾人就业不仅能为社会做贡献，而且企业也能得到实惠，是一件一举两得的好事。

（三）利用税额抵免优惠政策的纳税筹划

税法规定，为鼓励企业保护环境、节能节水、重视安全生产，对于企业在生产经营中购置并实际使用国家有关规定的环境保护、节能节水、安全生产等专用设备的，该专用设备投资额的10%可以从企业当年的应纳税额抵免；当年不足抵免的，可以在以后5个纳税年度结转抵免。

【例3-44】某水泥厂于2016年投资某一项目，在购置设备时，有两种方案可供选择：一是购置不属于环保要求的设备，价款为370万元，增值税为62.90万元；二是购置符合环保要求的专用设备，价款为400万元，增值税为68万元，并取得增值税专用发票。假定该水泥厂预计在2016年、2017年和2018年的应纳税所得额分别为60万元、80万元和110万元。该水泥厂应选择购置哪种设备？

解析：

分别计算购置设备后应纳企业所得税情况：

（1）如果该水泥厂购置非环保性的设备：

2016年应缴纳企业所得金额 = 60×25% = 15（万元）

2017年应缴纳企业所得税金额 = 80×25% = 20（万元）

2018年应缴纳企业所得税金额 = 110×25% = 27.50（万元）

3年共应缴纳企业所得税金额 = 15+20+27.50 = 62.50（万元）

（2）如果该水泥厂购置环保专用设备：

该水泥厂购置环保专用设备并取得增值税专用发票，增值税进项税额允许抵扣，专用设备投资额不包括增值税进项税额。

购置环保专用设备投资额可抵免所得税金额 = 400×10% = 40（万元）

3年共应缴纳企业所得税金额 = （15+20+27.50）-40 = 22.50（万元）

通过以上计算可以看出，购置专用环保设备虽然要比购置非环保设备多支出35.10万元（400+68-370-62.90），但在以后3年中可以少纳企业所得税40万元（62.50-15.70），购置当年少缴纳增值税5.10万元（68-62.90），使企业取得10万元

（40+5.10－35.10）的税收效益，并且有利于环境的保护。

第五节 个人所得税的纳税筹划

个人所得税是对个人（自然人）取得的各项所得征收的一种所得税。个人所得税法规定的应税所得有11项，征税范围广泛，税收负担的大小直接关系到每个纳税人的切身利益。因此，纳税人对个人所得税的纳税筹划重视程度非常高。

一、工资薪金的纳税筹划

工资、薪金所得，是指个人因任职或者受雇而取得的工资、薪金、奖金、年终加薪、劳动分红、津贴、补贴以及与任职或者受雇有关的其他所得。

根据我国目前个人收入的构成情况，规定对于一些不属于工资、薪金性质的补贴、津贴或者不属于纳税人本人工资、薪金所得项目的收入，不予征税。这些项目包括：独生子女补贴；执行公务员工资制度未纳入基本工资总额的补贴、津贴差额和家属成员的副食品补贴；托儿补助费；差旅费津贴、误餐补助。另外，个人在公司（包括关联公司）任职、受雇，同时兼任董事、监事的，应将董事费、监事费与个人工资收入合并，统一按"工资、薪金所得"项目缴纳个人所得税。

（一）通过均衡发放工资进行纳税筹划

工资、薪金所得适用七级超额累进税率，税率为3%～45%。收入低适用的税率就低，收入高适用的税率就高，缴纳的个人所得税也就越多。因此，要尽量减少一次性累计发放奖金和补助的现象。一些采用绩效工资的企业，通常在年终一次性兑现奖金及福利补助；还有一些采用计件工资的企业，生产工人各月的工资收入也不均衡。这就势必造成发放绩效奖金的月份或计件完成多的月份税收增多的情况，而其他月份还可能出现不需要缴纳个人所得税的现象。如果将按年终考核改为按季度考核或者按月考核，并按季度或按月兑现收入；对采用计件工资的工人按全年各月平均工资发放，年终调整差额，职工缴纳的个人所得税就会下降，在企业不增加支出的情况下，职工的收入将会增多。

【例3-45】甲公司采取计件工资按每月工人完成的工作量为其发放工资。该公司员工李某本年度全年各月工资如下：6 000元、3 500元、4 500元、1 500元、2 000元、2 500元、3 000元、3 500元、3 000元、500元、4 000元、8 000元。请对李某的工资发放提出纳税筹划方案。

解析：

纳税筹划前，按上述方式发放工资。

本年度李某应纳个人所得税金额 ＝ ［（6 000－3 500）×10%－105］＋0＋［（4 500－3 500）×3%］＋
0＋0＋0＋0＋0＋0＋0＋［（4 000－3 500）×3%］＋［（8 000－
3 500）×10%－105］

＝535（元）

纳税筹划方案：先按年估计总工资额，然后按月平均发放，最后一个月多退少补。

纳税筹划后，按月平均发放工资。

每月应发放的工资 = （6 000+3 500 + 4 500+1 500+2 000+2 500+3 000+3 500+3 000+500+

4 000+8 000）÷12

= 3 500 （元）

由于每月发放工资未超过免征额3 500元，因此，2012年度应纳个人所得税税额为0。

由此可见，通过纳税筹划李某少缴个人所得税535元（535-0），因此，均衡发放工资，可以有效降低税负。

（二）全年一次性奖金的纳税筹划

由于工资薪金类所得在适用七级超额累进税率时，不同月份应纳税所得额对应着不同的税率和速算扣除数，而全年一次性奖金是以除以"12"后的所得确定的税率和速算扣除数与总额相对应，只要奖金超过了某一个限额就要对全部一次性奖金适用较高一级的税率，且因为速算扣除数只能减除一次，金额相对较小，其实质上是一种全额累进税率。如果运用不当，就会出现相邻区间奖金总额相差很少而税负相差很大的现象。

【例3-46】张某12月份的工资为4 000元，年末又取全年一次性年终奖18 010元，请对张某全年一次性奖金的发放提出纳税筹划方案。

解析：

18 010÷12 = 1 500.83 （元），适用税率为10%，速算扣除数为105。

全年一次性奖金应纳个人所得税金额 = 18 010×10%-105 = 1 696 （元）

税后收益额 = 18 010-1 696 = 16 314 （元）

当全年一次性奖金或奖金余额除以12个月后的商数，对应的应纳税所得额正好是相邻上一档税率的最下限数据时，降低全年一次性奖金金额，使其适用下一档税率，可以有效提高纳税人税后收益。

纳税筹划方案为：将年终一次性奖金调减为17 990元，则：17 990÷12 = 1 499.17 （元），适用税率就为3%，速算扣除数为0。

年终一次性奖金应纳个人所得税金额 = 17 990×3%-0 = 539.70 （元）

税后收益 = 17 990-539.70 = 17 450.30 （元）

由此可见，通过纳税筹划张某少缴个人所得税1 156.30元（1 696-539.70），多获税后收益1 136.30元（17 450.30-16 314），因此，适当降低全年一次性奖金金额，使其适用下一档税率，可以有效提高纳税人税后收益。

1.临界点产生的原因。

【例3-47】假设甲雇员12月的工资薪金所得为4 500元，（1）如果当月取得全年一次性奖金18 000元，甲雇员取得全年一次性奖金的应纳税额是多少？（2）若甲雇员的全年一次性奖金为18 000.12元，甲雇员取得全年一次性奖金的应纳税额是多少？

解析：

（1）如果当月取得全年一次性奖金18 000元。18 000÷12 = 1 500 （元），适用税率就为3%，速算扣除数为0。

全年一次性奖金应纳个人所得税＝18 000×3%－0＝540（元）

税后收益＝18 000－540＝17 460（元）

（2）如果甲雇员的全年一次性奖金为18 000.12元。18 000.12÷12＝1 500.01（元），1 500.01元位于七级超额税率表的第二级，对应的税率为10%，速算扣除数为105。

全年一次性奖金应纳个人所得税＝18 000.12×10%－105＝1 695.01（元）

税后收益＝18 000.12－1 695.01＝16 305.11（元）

通过上述计算可以看出，甲雇员的全年一次性奖金在18 000元的基础上仅增加了0.12元，就导致了税后收益相差1 154.89元（17 460－16 305.11）的现象。造成这种全年一次性奖金税前收入增加而税后收益减少的原因，是由于工资薪金所得的个人所得税税率采用七级超额累进税率，且速算扣除数只能减除一次，金额相对较小，这种人为划分使得不同的级距中间有一个临界点。当全年一次性奖金额位于临界点两端附近时，就会出现税前收入增加税后收益反而减少的异常情况。

2.计算与临界点税后收益相等的平衡点。

上面的例子反映了在税率变化的临界点附近，临界点后面区间最低点的全年一次性奖金的税后收益小于临界点前面区间最高的全年一次性奖金的税后收益。那么临界点后面区间的税后收益在哪一点将等于临界点前面区间最高的全年一次性奖金的税后收益，这一点人们称之为临界点税后收益相等的平衡点，是我们下面研究的问题。

【例3-48】以【例3-58】为基础，假设甲雇员的全年一次性奖金分别为19 200元、19 283.33元、20 400元，分别计算其应纳税额及税后所得。

解析：这三个数字除以12后应纳税所得额都对应着10%的个人所得税税率和105的速算扣除数。

（1）全年一次性奖金为19 200元时：

应纳个人所得税＝19 200×10%－105＝1.815（元）

税后实际收入＝19 200－1 815＝17 385（元）

（2）全年一次性奖金为19 283.33元时：

应纳个人所得税＝19 283.33×10%－105＝1 823.33（元）

税后实际收入＝19 283.33－1 823.33＝17 460（元）

（3）全年一次性奖金为20 400元时：

应纳个人所得税＝20 400×10%－105＝1 935（元）

税后实际收入＝20 400－1 935＝18 465（元）

综合分析上面这组数字的计算结果，可以发现：全年一次性奖金总额以18 000元为第一个临界点，即第一级税率期间的最高值，在这个点上全年一次性奖金的税后所得为17 460元。超过18 000元后，随着全年一次性奖金数额的增加，在18 000.12元～19 283.33元区间，全年一次性奖金的税后所得都低于17 460元，此区间为全年一次性奖金的无效区间，应避免在此区间发放全年一次性奖金。当全年一次性奖金数额为 19 283.33 元时，税后所得等于 17 460 元，即 19 283.33 元为第一个临界点的平衡点，当全年一次性奖金高于 19 283.33 元时，全年一次性奖金的税后所得都高于 17 460 元。

由此可以归纳得出：在计算全年一次性奖金应纳个人所得税时，总会存在这样的区间，当全年一次性奖金应纳税所得额在区间的两端（前端为临界点，后端为平衡点）时，虽然税前奖金额不相等，但是税后收入是相等的。如全年一次性奖金为 18 000 元和 19 283.33 元时税后收入都是 17 460 元。当全年一次性奖金额在此区间时，税后所得都低于区间两端的税后所得，出现奖金多而税后所得少的现象。由于全年一次性奖金个人所得税适用七级超额累进税率，因此每个临界点与平衡点之间共形成 6 个异常区间，只要全年一次性奖金处于这些区间，就会出现"多发少得"的现象。因此，找到每一级税率对应的异常区间，就能有效地避免"多发少得"的现象。

3.临界点与平衡点之间异常区间的计算

因为全年一次性奖金对应的税率是以奖金总额除以 12 后的商数，确定适用税率和速算扣除数，所以只需要按照工资薪金所得个人所得税税率表的临界值乘以 12，就是全年一次性奖金的临界点。让全年一次性奖金总额等于临界值时的税后所得等于平衡点时的税后所得，就能推出平衡点处的全年一次性奖金总额。如第一个临界点为 1 500，则全年一次性奖金为 18 000 元（1 500×12），税后所得为 17 460 元（18 000-（18 000×3%-0））。假设全年平衡点对应的全年一次性奖金为 X，则：

$$X-(X \cdot 10\%-105) = 17 460$$

$$X = 19 283.33 元$$

由此得到第一个区间为 18 000 元～19 283.33 元，也就是当 18 000 元 < 全年一次性奖金 < 19 283.33 元时，会出现"多发少得"的现象，单位应选择按照 18 000 元发放全年一次性奖金，此时个人所得最多，单位支出最少。

以此类推，其余的区间分别为 54 000 元～60 187.50 元、108 000 元～114 600 元、420 000 元～447 500 元、660 000 元～706 538.46 元、960 000 元～1 120 000 元。分析上面的异常区间就会发现，全年一次性奖金数额越大，税率越高，税后收入相差越大；除去以上区间，全年发放的一次性奖金与税后所得是成正比例关系的，即奖金越多，税后所得越多。

（三）通过非货币支付的方式，降低职工的名义收入

企业在不降低职工实际收入水平的前提下，通过非货币支付方式，尽量降低名义收入，以降低职工应纳个人所得税税负。具体做法包括：

1.由企业为员工提供上下班交通服务。

2.由企业为员工提供住宿服务。

3.由企业给员工提供培训机会。

4.由企业给员工提供必要的福利。

5.由企业为员工交纳各种社会保险。

6.由企业为员工提供免费午餐。

7.由企业为员工提供办公设施及用品等。

总之，非货币支付方式的纳税筹划是在消费水平提高的前提下，通过降低所得额来达到减轻税负的目的，是在遵守国家法律的前提下，合理选择职工工资的支付方式，以帮助职工在提高消费水平的同时减轻个人所得税税负。

（四）通过发放非税项目收入，降低职工的应税收入

税法规定，职工从企业获得的工资收入，非税项目收入主要包括：①按照国家统一规定发放的补贴、津贴，即按照国务院规定发给的政府特殊津贴和国务院规定免税的补贴、津贴；②福利费、抚恤金、救济金；③按照国家统一规定发给干部、职工的安家费、退职费、退休工资、离休工资、离休生活补助费；④企业和个人按照国家或者地方政府规定的比例缴付的住房公积金、基本医疗保险费、基本养老保险费、失业保险费；⑤个人与用人单位因解除劳动关系而取得的一次性经济补偿收入，相当于当地上年职工平均工资3倍数额以内的部分；⑥破产企业的安置费收入；⑦据实报销的通信费用（各省规定的标准不同）；⑧个人按照规定办理代扣代缴税款手续取得的手续费；⑨集体所有制企业改为股份合作制企业时，职工个人以股份形式取得的拥有所有权的企业量化资产；⑩独生子女补贴；⑪执行公务员工资制度未纳入基本工资总额的补贴、津贴差额和家属成员的副食品补贴；⑫托儿补助费；⑬差旅费津贴、误餐补贴等。

纳税人取得上述收入，可以从工资额中扣除，能够有效降低纳税人的应纳个人所得税金额，企业应按照规定足额发放上述非税项目资金，提高职工的生活水平。

二、劳务报酬所得的纳税筹划

劳务报酬所得是指个人独立从事应税劳务，临时为外单位工作取得的报酬，提供所得的单位与个人之间不存在稳定的雇佣与被雇佣关系。《个人所得税法实施条例》规定：劳务报酬所得，属于一次性收入的，以取得该项收入为一次；属于同一项目连续性收入的，以一个月内取得的收入为一次。

劳务报酬所得以每次取得的收入，定额或定率减除规定费用后的余额为应纳税所得额。每次收入不超过4 000元的：应纳税额＝（每次收入－800）×20%。每次收入在4 000元以上的：应纳税额＝每次收入×（1-20%）×20%。每次收入的应纳税所得额超过20 000元的：应纳税额＝每次收入×（1-20%）×适用税率-速算扣除数。

（一）增加劳务报酬的支付次数

对于劳务报酬，属于同一项目连续性收入的，以一个月内取得的收入为一次。在现实生活中，某些季节性生产的行业，在销售旺季会雇用一些临时工，这些临时工可能在销售旺季时获得较高的劳务报酬，而在销售淡季收入可能会很少，甚至没有收入。这样就有可能在收入较多时适用较高的税率，而在收入较少时适用较低的

税率，甚至可能达不到基本的抵扣额，结果造成总体税负较高。对于这种情况可以通过增加劳务报酬的支付次数进行纳税筹划。

【例3-49】某旅游度假村，在旅游旺季要在当地临时雇用10人作为服务接待人员，这10人每年能在该旅游度假村工作6个月，每月收入3 000元，该旅游度假村在支付劳务报酬时代扣代缴个人所得税。为上述业务作出纳税筹划方案。

解析：

纳税筹划前，按6个月取得收入。

该旅游度假村应代扣代缴的个人所得税金额 ＝ ［（3 000-800）×20%］×10×6 ＝ 26 400（元）

纳税筹划方案：该旅游度假村增加劳务报酬的支付次数，将雇用人员的劳务报酬分12个月发放。

纳税筹划后，按12个月取得收入。

雇用人员每月取得的收入 ＝ 3 000×6÷12 ＝ 1 500（元）

应代扣代缴的个人所得税金额 ＝ ［（1 500-800）×20%］×10×12 ＝ 16 800（元）

通过纳税筹划，企业少纳个人所得税9 600元（26 400-16 800），该旅游度假村可以将少纳的税款支付给雇用人员，以提高他们的收入水平。

（二）利用费用转移进行纳税筹划

为临时雇用单位提供劳务的个人，可以由自己承担的费用改由雇用单位提供，以实现少纳个人所得税的目的。

【例3-50】某大学教授张某受聘到某企业讲课，为期5天。企业支付劳务报酬50 000元，但有关交通费、食宿费等由张某自理，张某共开支10 000元。为上述业务作出纳税筹划方案。

解析：

纳税筹划前，交通费、食宿费等由张某自理。

张某应纳个人所得税金额 ＝ 50 000×（1-20%）×30%-2 000 ＝ 10 000（元）

张某净收入 ＝ 50 000-10 000-10 000 ＝ 30 000（元）

纳税筹划方案：交通费、食宿费由该企业承担，相应减少劳务报酬至40 000元。

张某应纳个人所得税 ＝ 40 000×（1-20%）×30%-2 000 ＝ 7 600（元）

张某净收入 ＝ 40 000-7 600 ＝ 32 400（元）

通过纳税筹划张某少缴个人所得税2 400元（10 000-7 600），净收入增加2 400元（32 400-30 000）。

（三）将劳务报酬转化为工资、薪金

在经济生活中，工资、薪金所得与劳务报酬非常容易混淆。工资、薪金属于非独立个人劳务活动所得；劳务报酬是指个人独立从事各种技艺、提供各种劳务取得的报酬。两者最主要的区别在于，前者存在雇佣与被雇佣的关系，后者不存在这种关系。因此，可以通过变更合同的方式，将劳务报酬所得转化为工资、薪金所得，按工资、薪金所得缴纳个人所得税。

【例3-51】张某通过注册会计师考试后，一直未从事注册会计师工作，作为非执业会员在某事业单位工作，月薪4 000元。则张某每月工资、薪金应纳个人所得税税额＝（4 000-3 500）×3%＝15（元）。从2015年1月开始张某到甲公司兼职，定期为甲公司编制财务报表，甲公司一次性支付张某劳务费24 000元。试着为企业劳务费的支付作出纳税筹划方案。

解析：

纳税筹划前，一次性取得劳务报酬。

劳务报酬应纳个人所得税＝24 000×（1-20%）×20%＝3 840（元）

张某全年应纳个人所得税＝3 840＋15×12＝4 020（元）

纳税筹划方案：张某与甲公司业签订一年的聘用合同，将其劳务收入按工资性质发放，每月2 000元。

纳税筹划后，劳务报酬转化为工资、薪金。

张某全年应纳个人所得税＝［（2 000＋4 000-3 500）×10%-105］×12＝1 740（元）

将劳务报酬转化为工资、薪金，张某全年少纳个人所得税税额为2 280元（4 020-1 740）。

第六节　其他税种的纳税筹划

一、城市维护建设税的纳税筹划

城市维护建设税是国家对缴纳增值税和消费税的单位和个人，就其实际缴纳的税额为计税依据而征收的一种税。城建税属于附加税，征收范围广泛，要求税款专款专用。

（一）城市维护建设税税率的纳税筹划

城市维护建设税在全国范围内征收，包括城市、县城、建制镇以及城镇以外的地区。即只要是缴纳增值税和消费税的地方，除税法另有规定者外，都属于城市维护建设税的征税范围。

由于不同的地区，规定了不同的城市维护建设税税率，因此，纳税人应根据自身情况，在不影响经济效益的前提下，选择城市维护建设税税率低的区域设立企业，这样不仅可以少缴城市维护建设税，还能降低房产税和城镇土地使用税的税负。

（二）选择委托加工地点的纳税筹划

税法规定，下列两种情况，可按缴纳增值税、消费税所在地的规定税率缴纳城市维护建设税：一是由受托方代扣代缴、代收代缴消费税的单位和个人，其代扣代缴、代收代缴的城市维护建设税按受托方所在地适用税率执行；二是流动经营等无固定纳税地点的单位和个人，在经营地缴纳增值税和消费税的，其城市维护建设税的缴纳按经营地适用税率执行。

纳税人委托加工应税消费品由受托方代收代缴消费税。对于由受托方代扣代缴、代收代缴消费税的单位和个人，其代扣代缴、代收代缴的城市维护建设税按受托方所在地适用税率执行。因此，纳税人在委托加工时，可以选择城市维护建设税税率比自己低的地区的受托单位进行委托加工，可以降低城市维护建设税税负。

（三）降低城市维护建设税的计税依据

纳税人可以通过合理合法的手段降低应纳增值税、消费税的税额；通过对出口退税业务的纳税筹划降低当期免抵的增值税税额，从而降低城市维护建设税的计税依据，进而降低城市维护建设税的税负。

【例3-52】甲企业自营出口，退税率15%，2015年12月有关业务如下：外购原材料、燃料、动力取得增值税专用发票，注明价款600万元，增值税102万元；当月内销货物取得不含税销售收入300万元，款项已存入银行；当月外销货物取得不含税销售收入500万元。甲企业适用的城市维护建设税税率为7%，2014年12月还有200万元的购进货物因结算问题，未取得增值税专用发票，为甲企业作出纳税筹划方案。

解析：

纳税筹划前，计算甲企业出口退税业务的退税金额。

当期免抵退不得免征和抵扣的税额＝500×（17%－15%）＝10（万元）

当期应纳税额＝300×17%－（102－10）＝－41（万元）

免抵退税额＝500×15%＝75（万元）

当期期末留抵税额≤当期免抵退税额，当期应退税额＝当期期末留抵税额。

当期应退税额＝41万元

当期免抵税额＝75－41＝34（万元）

当期免抵的增值税税额，应纳入城市维护建设税和教育费附加的计征范围。

甲企业应纳城市维护建设税和教育费附加＝34×（7%+3%）＝3.40（万元）

纳税筹划方案：甲企业应将2014年12月购进的200万元货物与对方协商，以取得增值税专用发票，这样可以增加进项税额34万元（200×17%）。

纳税筹划后，计算甲企业出口退税业务的退税金额。

当期免抵退不得免征和抵扣的税额＝500×（17%－15%）＝10（万元）

当期应纳税额＝300×17%－（102+34－10）＝－75（万元）

免抵退税额＝500×15%＝75（万元）

当期期末留抵税额≤当期免抵退税额，当期应退税额＝当期期末留抵税额＝免抵退税额。

当期应退税额＝75万元

当期免抵税额＝0

因为当期免抵的增值税税额为0，甲企业应纳城市维护建设税和教育费附加也为0。通过纳税筹划，甲企业出口退税金额增加34万元（75－41），使当期免抵的增值税税额为0，少纳城市维护建设税和教育费附加3.40万元。因此，做好增值税、消费税的纳税筹划，也会降低城市维护建设税。

二、土地增值税的纳税筹划

土地增值税，是对转让国有土地使用权、地上建筑物及其附着物并取得收入的单位和个人，就其转让房地产所取得的增值额征收的一种税。土地增值税实行四级超率累进税率，以纳税人转让房地产取得的增值额占扣除项目的比率高低确定税率，增值比率越高适用的税率也越高，税收负担较为合理。。

（一）土地增值税征税范围的纳税筹划

土地增值税可以通过以下标准来界定其征税范围。一是转让的土地使用权是国有土地使用权，二是国有土地使用权、地上的建筑物及其附着物的权属发生转移，三是对转让房地产并取得收入的行为征税。根据上述判断标准，某些方式的建房行为不属于土地增值税的征税范围，不用缴纳土地增值税。纳税人可以通过对征税范围的纳税筹划，避免成为土地增值税的纳税人。

1.变房地产销售为代建行为。

代建行为是指房地产开发公司代客户进行房地产开发，开发完成后向客户收取代建收入的行为。房地产开发公司虽然取得了收入，但没有发生房地产权属的转移，故不属于土地增值税的征税范围。代建行为不用缴纳土地增值税，属于建筑业劳务收入，是增值税的征税范围，适用6%的增值税率，税负较低。而土地增值税适用30%~60%的四级超率累进税率，销售不动产还按6%的税率缴纳增值税，代建行为节税效果明显。因此，如果房地产开发公司在开发之初便能确定最终客户，在取得相同收益的情况下，可以与客户协商采用代建方式进行开发，而不是采用先开发后销售的方式。房地产开发公司以客户的名义取得土地使用权和购买各种建筑材料及设备，也可以协商由客户自己购买和取得，房地产开发公司还可以根据市场情况，适当降低代建劳务收入，以取得客户的积极配合，有效降低税收负担。

2.变房地产销售为合作建房行为。

税法规定，对于一方出地，一方出资金，双方合作建房，建成后按比例分房自用的，暂免征收土地增值税；建成后转让的，应征收土地增值税。如果房地产开发公司在开发前能够找到需要购房的单位和个人，可以协商由房地产开发公司提供土地的使用权，由购房者出资共同开发，开发完成后按约定比例分房，这样就符合合作建房的条件。购房者分得的自用部分房产不必缴纳土地增值税，房地产开发公司在出售剩余部分住房时，才需要对这部分收入缴纳土地增值税，大大降低了房地产开发公司的税负。

3.变房地产销售为投资、联营行为。

以房地产进行投资、联营的，投资、联营的一方以房地产作价入股进行投资或作为联营条件，将房地产转让到所投资、联营的企业中时，暂免征收土地增值税。对投资、联营企业将上述房地产再转让的，应征收土地增值税。纳税人可以通过变房地产销售为投资、联营，避免成为土地增值税的纳税人，但上述纳税筹划方法只适用于投资、联营的各方均为非房地产企业。

对于以土地（房地产）作价投资入股进行投资或联营的，凡所投资、联营的企业从事房地产开发的，或者房地产开发企业以其建造的商品房进行投资和联营的，均应按规定缴纳土地增值税。

（二）转让房地产收入的纳税筹划

纳税人转让房地产所取得的收入，是指转让房地产取得的全部价款及有关的经济收益，包括货币收入、实物收入和其他收入。

1.将房地产销售与装修分开核算。

在现实生活中，很多房地产在出售之前已经进行了简单的装修和维护，并安装了一些必要的设施。如果将房地产的装修、维护以及设施的安装单独核算，从房地产销售收入中分离出来，可以合理合法地降低房地产的销售价格，控制房地产的增值率，从而降低纳税人的土地增值税税负。

【例3-53】甲房地产开发企业准备开发一栋精装修的楼房，预计精装修房屋的市场售价是2 800万元，其中包含装修费900万元，为该企业做出纳税筹划方案。

解析：

纳税筹划前，甲企业房地产销售收入应为2 800万元，装修费计入销售收入。

纳税筹划方案：甲企业可以分两次签订合同，在毛坯房建成后先签订1 900万元的房屋销售合同，装修时再签订900万元的房屋装修合同。

纳税筹划后，纳税人销售毛坯房属于土地增值税征税范围，需要对其增值额计算缴纳土地增值税；而房屋装修不属于土地增值税征收范围，其增值额不需要缴纳土地增值税。纳税人还可以在合理范围内，降低毛坯房的销售价格，提高装修费收入，降低土地增值税纳税金额。

2.合理确定普通标准住宅的销售价格以享受免税优惠。

土地增值税暂行条例规定，纳税人建造普通标准住宅出售，增值额未超过扣除项目金额的20%，免缴土地增值税；增值额超过扣除项目金额的20%，应就其全部增值额按规定缴纳土地增值税。企业可以利用上述规定进行纳税筹划，合理确定普通标准住宅的销售价格，使增值额不超过扣除项目金额的20%，以达到最佳的节税效果。

【例3-54】某市房地产开发公司。2016年10月出售普通标准住宅总面积9 000平方米。有关支出如下：取得土地使用权支付的土地出让金700万元，房地产的开发成本1 600万元，房地产开发费用200万元，其中借款利息支出100万元（能够按照转让房地产项目计算分摊利息并提供金融机构证明），当地省政府规定，不包括利息支出的其他开发费用的扣除标准为5%。城市维护建设税税率为7%，教育费附加率为3%，通过测算，该公司的增值税税负为4.80%。企业营销部门在制订售房方案时，拟订了两个方案。方案一：销售价格为平均售价4 000元/平方米（不含增值税）；方案二：销售价格为平均售价3 988元/平方米（不含增值税）。分别计算各方案该公司应缴纳的土地增值税，通过纳税筹划分析选择最佳销售方案。解析：

方案一：计算应纳土地增值税。

（1）销售额＝4 000×9 000＝3 600（万元）。

（2）扣除项目金额：

取得土地使用权所支付的金额＝700万元

房地产开发成本＝1 600万元

房地产开发费用＝100+（700＋1 600）×5%＝215（万元）

与转让房地产有关的税金＝3 600×4.80%×（7%+3%）＝17.28（万元）

加计20%扣除金额＝（700＋1 600）×20%＝460（万元）

扣除项目合计＝700＋1 600＋215＋17.28＋460＝2 992.28（万元）

（3）增值额＝3 600−2 992.28＝607.72（万元）。

（4）增值额与扣除项目的比例＝607.72÷2 992.28×100%＝20.31%。

（5）增值额未超过扣除项目的50%，适用的土地增值税税率为30%，速算扣除率为0。

应纳土地增值税＝607.72×30%＝182.32（万元）

方案二：计算应纳土地增值税。

（1）销售额＝3 988×9 000＝3 589.20（万元）。

（2）扣除项目金额：

取得土地使用权所支付的金额＝700万元

房地产开发成本＝1 600万元

房地产开发费用＝100+（700＋1 600）×5%＝215（万元）

与转让房地产有关的税金＝3 589.20×4.80%×（7%+3%）＝17.23（万元）

加计20%扣除金额＝（700＋1 600）×20%＝460（万元）

扣除项目合计＝700＋1 600＋215＋17.23＋460＝2 992.23（万元）

（3）增值额＝3 589.20−2 992.23＝596.97（万元）。

（4）增值额与扣除项目的比例＝596.97÷2 992.23×100%＝19.95%。

（5）由于该公司开发普通标准住宅出售，增值额未超过扣除项目的20%，根据税法的规定，免征土地增值税，故应纳土地增值税金额为0。

虽然方案一的售价高于方案二，但是方案二不需要缴纳土地增值税，因此在纳税筹划分析中应比较各方案扣除土地增值税后的收益。

方案一的收益＝3 600−（700+1 600+215+17.28+182.32）＝885.40（万元）

方案二的收益＝3 589.20−（700+1 600+215+17.23）＝1 056.97（万元）

通过上述分析可以看出，该公司降低普通标准住宅的销售价格的行为，不但没有降低其扣除土地增值税后的收益，反而使收益增加171.57万元（1 056.97−885.40）。

企业对普通标准住宅进行纳税筹划时，在增值额与扣除项目之比略高于20%的情况下，可以适当降低房屋的销售价格，使增值额与扣除项目之比小于20%，以享受免征土地增值税的税收优惠政策；在增值额与扣除项目之比远高于20%的情况下，企业可以采用适当提高材料档次，或适当提高绿化品质，或选择好的设计院适当提高设计费，适当给合作单位让利等方法增加房地产开发成本，提高扣除项目，使增值额与扣除项目之比控制在20%及以下，从而可以享受免征土地增值税的税收优惠，另外，提高品质后更有利于房屋的销售。

纳税人在享受免税优惠政策时应注意，纳税人既建造普通标准住宅，又进行其他房地产开发的，应分别核算增值额；不分别核算增值额或不能准确核算增值额的，其建造的普通标准住宅不享受免税优惠。

（三）土地增值税扣除项目的纳税筹划

土地增值税的扣除项目包括：取得土地使用权所支付的金额、房地产开发成本、房地产开发费用、与转让房地产有关的税金和财政部规定的其他扣除项目。

1.均衡分配开发成本。

这种方法主要是适用于房地产开发业务较多的企业。因为这类企业通常同时进行多处房地产的开发，不同地点的开发成本会因为地价或其他原因产生不同，这会导致有的房屋开发项目销售后增值率较高，而有的房地产开发项目增值率较低，这种不均匀会加重企业的税收负担，这就要求企业在合理合法的前提下，对开发成本进行必要的调整，使各房地产开发项目的增值率大致相同，从而节省税款。因此，均衡分配开发成本是抵销增值额、减少应纳税款的极好选择。房地产开发企业可将一段时间内发生的各项开发成本进行最大限度的调整分配，就可以将获得的增值额进行最大限度的平均，这样就不会出现某些开发项目增值率过高的现象，从而节省部分税款的缴纳。如果结合其他纳税筹划方法，使增值率刚好在某一临界点以下，可以享受免税优惠政策，则节税效果更加明显。

2.将开发费用转化为开发成本。

在计算土地增值税时，房地产开发费用即期间费用不以实际发生数扣除，而是根据利息是否按转让房地产项目计算分摊作为一定条件，按房地产项目直接成本的一定比例扣除。纳税人可以通过事前筹划，在合理合法的前提下，将实际发生的期间费用转移到房地产开发成本中。例如，属于房地产公司总部人员的工资、福利费等都属于期间费用的开支范围，由于它的实际发生数不能增加土地增值税的扣除金额，人事部门可以在不影响总部工作的前提下，把总部的一些人员安排到于每个具体房地产开发项目中，这些人的工资、福利费就可以部分计入房地产开发成本。期间费用的减少不影响土地增值税的计算，而房地产的开发成本的增加，却可以有效降低增值额。这样，房地产开发公司在不增加任何开支的情况下，通过将开发费用转化为开发成本，可以增加土地增值税扣除项目金额，从而达到节税的目的。

3.利用利息支出进行纳税筹划。

《土地增值税暂行条例实施细则》第七条（三）中关于利息支出扣除项目的规定为："财务费用中的利息支出，凡能够按转让房地产项目计算分摊并提供金融机构证明的，允许据实扣除，但最高不能超过按商业银行同类同期贷款利率计算的金额。其他房地产开发费用，按本条（一）、（二）项规定计算的金额之和的百分之五以内计算扣除。凡不能按转让房地产项目计算分摊利息支出或不能提供金融机构证明的，房地产开发费用按本条（一）、（二）项规定计算的金额之和的百分之十以内计算扣除。上述计算扣除的具体比例，由各省、自治区、直辖市人民政府规定。"这里所说的"（一）"为取得土地使用权所支付的金额，是指纳税人为取得土地使用权所支付的地价款和按国家统一规定交纳的有关费用。这里的"（二）"为开发土地和新建房及配套设施的成本，是指纳税人房地产开发项目实际发生的成本，包括土地征用及拆迁补偿费、前期工程费、建筑安装工程费、基础设施费、公共配套设施费、开发间接费用。

上述规定为企业利息费用的纳税筹划提供了可能。如果房地产开发企业在开发过程中主要依靠负债筹资，利息费用占的比例较大，应提供金融机构贷款证明，并按房地产项目计算分摊利息支出，实现利息据实扣除，增加扣除项目金额。反之，如果企业主要依靠权益资本筹资，开发过程中借款较少，利息费用较低，则可不提供金融机构贷款证明或不计算分摊利息支出，这样可多扣除房地产开发费用。

【例3-55】甲房地产公司开发一住宅楼，共支付地价款800万元，为开发土地和新建房及配套设施花费1 400万元，甲房地产开发企业在开发过程中主要依靠负债筹资，利息费用占的比例较大，财务费用中可以按转让房地产项目计算分摊利息的利息支出为200万元，不超过商业银行同类同期贷款利率。该企业在计算土地增值税时，怎样计算开发费用对企业更有利。

解析：

方法一：提供金融机构贷款证明，并按房地产项目计算分摊利息支出。

房地产开发费用 ＝ 200 ＋（800 ＋ 1 400）×5% ＝ 310（万元）

方法二：不提供金融机构贷款证明或不计算分摊利息支出。

房地产开发费用 ＝（800 ＋ 1 400）×10% ＝ 220（万元）

通过上述分析可以看出，在利息费用所占比例较大时，企业应提供金融机构贷款证明，并按房地产项目计算分摊利息支出，这种方式开发费用多扣除90万元（310-220），对企业更为有利。

（四）不同增值率的房地产分开与合并纳税的选择

土地增值税适用四档超率累进税率，其中最低税率为30%，最高税率为60%，如果对增值率不同的房地产合并纳税，有可能降低高增值率房地产的适用税率，使该部分房地产的税负下降，同时也可能提高低增值率房地产的适用税率，增加这部分房地产的税负。因此，纳税人需要具体测算分开纳税与合并纳税应纳税款情况，选择低税负的纳税方法，以达到节税的目的。

【例3-56】某房地产开发公司同时开发A、B两幢商业用房，且处于同一片土地上，销售A房产取得收入300万元，允许扣除的金额为200万元；销售B房产取得收入400，允许扣除的项目金额为100万元。该房地产企业既可以分开核算也可以合并核算A、B两幢商业用房的收入和成本，为该房地产企业选择最佳纳税方法。

解析：

（1）分开核算，分别纳税：

A 房地产的增值率＝（300－200）÷200×100%＝50%，适用税率30%。

应纳土地增值税＝（300－200）×30%＝30（万元）

B 房地产的增值率＝（400－100）÷100×100%＝300%，适用税率60%。

应纳土地增值税＝（400－100）×60%－100×35%＝145（万元）

共缴纳土地增值税＝30＋145＝175（万元）

（2）合并核算，合并纳税：

两幢房地产的收入总额＝300＋400＝700（万元）

允许扣除的金额＝200＋100＝300（万元）

增值率＝（700－300）÷300×100%＝133.30%，适用税率50%。

应纳土地增值税＝（700－300）×50%－300×15%＝155（万元）

（3）合并纳税少缴土地增值税＝175－155＝20（万元）。

通过以上计算可以看出，合并核算，合并纳税对该房地产公司有利。因此，对于增值率相差很大的不同房地产项目，如果合并纳税有利，房地产开发公司应将两处房地产安排在一起开发、出售，并将两处房地产的收入和扣除项目合并在一起核算，一起申报纳税，可以达到少缴税的目的。

三、城镇土地使用税的纳税筹划

城镇土地使用税是以城镇土地为征税对象，对在城镇范围内拥有土地使用权的单位和个人征收的一种税。城镇土地使用税按纳税人实际占用的土地面积乘以规定的税额计算应纳税额。城镇土地使用税可以从以下几个方面进行筹划。

（一）经营用地所属区域的纳税筹划

城镇土地使用税的征税范围，包括在城市、县城、建制镇和工矿区内的国家所有和集体所有的土地。城镇土地使用税实行差别幅度税额，不同城镇适用不同税额，对同一城镇的不同地段，根据市政建设状况和经济繁荣程度也确定不等的负担水平，其目的是为了调节土地的级差收入，公平税负。经营者占有并实际使用的土地，其所在区域直接关系到缴纳城镇土地使用税数额的大小。因此经营者可以结合投资项目的实际需要在下列几方面进行选择：一是在征税区与非征税区之间的选择。二是在经济发达省份与经济欠发达省份之间的选择。三是在同一省份内的大中小城市以及县城和工矿区之间的选择。四是在同一城市、县城和工矿区之内的不同等级土地之间的选择。

【例3-57】甲、乙两自然人拟投资设立一有限责任公司，公司需占地2 000平方米。现在有三个地址可供选择：一是设立在A地，其适用的城镇土地使用税税率为每平方米10元；二是设立在B地，其适用的城镇土地使用税税率为每平方米7元；三是设立在C地，其适用的城镇土地使用税税率为每平方米4元。假设不考虑其他因素，该公司应设立在何地？

解析：

设立在A地，应纳城镇土地使用税金额＝2 000×10＝20 000（元）

设立在B地，应纳城镇土地使用税金额＝2 000×7＝14 000（元）

设立在 C 地，应纳城镇土地使用税金额 = 2 000×4 = 8 000（元）

在不考虑其他因素的情况下，该有限公司应选择 C 地设立，缴纳的城镇土地使用税最少。

（二）利用城镇土地使用税优惠政策进行纳税筹划

【例 3-58】某企业厂区外有一块 30 000 平方米的空地没有利用，由于该地在厂区后面远离街道、地理位置不好，目前的商业开发价值不大，所以一直闲置，目前主要是职工及家属以及周边居民将其作为休闲娱乐之用。该地区适用的城镇土地使用税税率为每平方米 7 元，为该企业做出纳税筹划方案。

解析：纳税筹划前，该企业每年需为这地块负担的城镇土地使用税计算如下：

应纳城镇土地使用税金额 = 30 000×7 = 210 000（元）

纳税筹划方案：企业应把那块空地改造成公共绿化用地，划分到厂区以外。

纳税筹划后，因为厂区以外的公共绿化用地和向社会开放的公园用地，暂免征收土地使用税。该企业每年可以少缴城镇土地使用税 210 000 元。

四、房产税的纳税筹划

房产税是以房产为征税对象，以房产的余值或房产的租金收入为计税依据，向房产所有人或经营人征收的一种税。

（一）将企业设立在农村避免成为房产税的纳税人

房产税的征税范围仅限于城市、县城、建制镇和工矿区内的房产，而对坐落于此区域之外的农村房屋不征收房产税。纳税人在不影响企业生产经营的情况下，可将企业设立在农村，可以免缴房产税。

【例 3-59】甲公司欲投资建厂，预计房产原值为 6 000 万元。现有两种方案可供选择：一是建在市区，当地政府规定的扣除比例为 30%；二是建在农村。假设该公司无论将厂区建在哪里都不影响公司的生产经营，为该公司选择厂区建设地点。

解析：

将厂区建在市区，应纳房产税金额 = 6 000×（1−30%）×1.2% = 50.40（万元）。

将厂区建在农村，可以免缴房产税。

因此，该公司应将厂区建在农村，可以少缴房产税 50.40 万元。另外，甲公司设在农村还可免缴城镇土地使用税，城市维护建设税的税率为 1%，而设在市内为 7%，可以节约大量城市维护建设税。

（二）通过降低房产原值实现从价计征房产税的纳税筹划

独立于房屋之外的建筑物，如围墙、烟囱、水塔、变电塔、油池油柜、酒窖菜窖、酒精池、糖蜜池、室外游泳池、玻璃暖房、砖瓦石灰窑以及各种油气罐等，不属于房产。

由于税法对房产的界定非常明确，同时规定地价应包括在房产原值中计征房产税，因此，按照房产原值从价计征房产税的经营用房，其纳税筹划空间较小，企业在纳税筹划中应注意把企业的一些露天建筑，如室外游泳池、停车场等与企业房产分开核算，避免出现将这部分建筑物的价值计入房产原值，缴纳房产税的情况。

【例3-60】甲企业位于某市市区，企业除厂房、办公用房外，还包括厂区围墙、烟囱、水塔、变电塔、游泳池、停车场等建筑物，总计工程造价5亿元，除厂房、办公用房外的建筑设施工程造价1亿元。假设当地政府规定的扣除比例为30%，甲企业应如何确认房产原值，以降低应纳房产税税额。

解析：

如果将所有建筑物都作为房产计入房产原值。

每年应纳房产税金额 = 50 000 × （1 - 30%）×1.2% = 420（万元）

如果将厂房、办公用房外的建筑设施，如游泳池、停车场等都建成露天的，并把这些露天建筑物在会计账簿中单独核算，与厂房、办公用房严格分开。

应纳房产税金额 = （50 000 - 10 000）× （1 - 30%）×1.2% = 336（万元）

分开核算少缴房产税金额 = 420 - 336 = 84（万元）

因此，纳税人应注意把企业的一些露天建筑与企业房产分开核算，可以少纳房产税。

（三）分别签订合同以降低房产租金

企业在出租房屋时，通常还包括房屋内部或外部的一些附属设施，比如机器设备、办公家具、附属用品等，原则上这些设施并不交纳房产税。但是，如果把这些设施与房屋不加区别地同时写在一张租赁合同里，这些设施也要交纳房产税。

【例3-61】某集团公司准备将其下属的一家开工不足的工厂出租给甲企业，双方约定厂房连同设备一起出租，厂房和设备的租金各为1 000万元（不含增值税），一年的租金共计2 000万元，厂房连同设备合并签订一份租赁合同。在只考虑房产税的情况下，为该集团公司做出纳税筹划方案。

解析：

纳税筹划前，由于厂房连同设备一起签订的租赁合同，应按2 000万元计算缴纳房产税。

应纳房产税 = 2 000×12% = 240（万元）

纳税筹划方案：应分别签订房产租赁合同和设备租赁合同，并分别核算房产的租金收入和设备的租金收入，只有房产的租金收入需要计算缴纳房产税，而设备出租不涉及房产税。

应纳房产税 = 1 000×12% = 120（万元）

通过纳税筹划，少纳房产税120万元（240-120），因此，在厂房连同设备一起出租的情况下，应分别签订租赁合同。

需要注意的是，本例只考虑了房产税的影响，营业税改征增值税前租赁业务统一按5%的税率缴纳营业税，不需要考虑流转税的影响。营业税改征增值税后，出租设备应缴纳增值税，因设备的租金收入为1 000万元，该企业营业税改征增值税业务应认定为一般纳税人，适用17%的增值税税率，纳税人还应考虑这方面因素的影响。纳税人将厂房连同设备合并签订一份租赁合同，属于兼营行为。纳税人兼营销售货物、劳务、服务、无形资产和不动产，适用不同税率或者征收率的，应当分别核算适用不同税率或者征收率的销售额；未分别核算的，从高适用税率。

（四）变更业务类型改变房产税的计算方式

由于房产税按房产余值或租金收入计算，不同方法计算的结果存在差异，这为纳税筹划提供了空间。企业可以将按照租金收入缴纳房产税的情况，改变为按照自营房产缴纳房产税，实现纳税筹划的目的。

【例3-62】某商业零售企业现有3栋闲置库房位于城市，原值为1 000万元。企业经研究提出以下两种利用方案：方案一：将闲置库房出租收取租赁费，库房的年租金收入为100万元；方案二：配备保管人员将库房改为仓库，为客户提供仓储服务，收取仓储费，假设仓储收入也为100万元，该企业没有其他服务的项目。如果以房产余值为计税依据，房产税的扣除比例为30%，通过纳税筹划分析，为该企业选择最佳利用方案。

解析：

采用方案一，将闲置库房出租，该企业的应纳税情况：

由于该企业没有其他的服务项目，应税服务的销售额不超过500万元，服务业务按小规模纳税人缴纳增值税。

应纳增值税＝100÷（1+3%）×3%＝2.91（万元）

应纳房产税＝100÷（1+3%）×12%＝11.65（万元）

应纳城市维护建设税和教育费附加＝11.65×（7%+3%）＝0.29（万元）

应纳税额合计＝2.91+11.65+0.29＝14.85（万元）

采用方案二，为客户提供仓储服务，该企业应纳税情况：

应纳增值税＝100÷（1+3%）×3%＝2.91（万元）

应纳房产税＝1 000×（1-30%）×1.2%＝8.40（万元）

应纳城市维护建设税和教育费附加＝2.91×（7%+3%）＝0.29（万元）

应纳税额合计＝2.91+8.40+0.29＝11.60（万元）

方案二比方案一节约的税款金额＝14.85-11.60＝3.25（万元）

通过纳税筹划分析可以看出，为客户提供仓储服务为最佳利用方案。纳税人在选择提供仓储服务时应注意，租赁只要提供空库房就可以了，存放商品的安全问题由承租企业自行负责，而仓储则需对存放商品的安全性负责，出租方必须配有专门的仓储管理人员，添置有关的设备，从而会增加人员工资和经费开支。如果存放物品发生失窃、霉烂、变质等损失，出租方还需承担赔偿责任。假如扣除这些开支后，出租方仍可取得较为可观的收益，则采用仓储方式才是最佳方案。

五、印花税的纳税筹划

印花税是对经济活动和经济交往中书立、使用、领受应税凭证的单位和个人征收的一种税。印花税属于行为税，相对于企业缴纳的各类流转税、所得税来说，其计算方法简便，税款支出金额较低，企业对印花税的重视一般也较低。但是，从节省税收成本的角度出发，企业应加强对印花税的纳税筹划，以减轻自身的税收负担。

（一）减少合同上所载金额

印花税的计税依据是合同上所载金额。税法规定，凡由两方或两方以上当事人共同书立的，其当事人各方都是印花税的纳税人，应当由各方就所持凭证的计税金额各自履行纳税义务。因而出于共同利益，双方或多方当事人可以经过合理筹划，使某些金额通过非违法的途径从合同所载金额中减除，压缩合同的计税金额，达到少缴印花税的目的。

【例3-63】甲企业需要委托乙企业加工一批产品，双方签订一份加工承揽合同，合同金额为300万元，其中包括由乙企业提供的辅助材料成本100万元。试作出该合同的纳税筹划方案。

解析：

纳税筹划前，合同金额为300万元。

双方各自应纳印花税 = 300×0.5‰×10 000 = 1 500（元）

由于加工承揽合同的计税依据是加工承揽收入，而且这里的加工承揽收入是指合同中规定的受托方的加工费收入和提供的辅助材料金额之和。如果双方当事人能将辅助材料金额降低或去掉，可以减少合同上所载金额，降低应纳印花税。

纳税筹划方案：甲企业自己提供辅助材料，双方只对加工费签订加工承揽合同。

纳税筹划后，甲企业自己提供辅助材料，加工承揽合同的金额降低。

双方各自应纳印花税 = （300-100）×0.5‰×10 000 = 1 000（元）

双方各自少纳印花税 = 1 500-1 000 = 500（元）

通过纳税筹划，双方都节省了印花税支出。如果这种合同数量较多，将为企业带来较多的纳税筹划收益。

另外，纳税人对加工承揽合同进行纳税筹划时应注意，对于由委托方提供主要材料或原料的，受托方只提供辅助材料的加工合同，无论加工费和辅助材料金额是否分别记载，均以辅助材料与加工费的合计数为计税依据，按照加工承揽合同计税贴花。对委托方提供的主要材料或原料金额不计税贴花。

对于由受托方提供原材料的加工、定做合同，凡在合同中分别记载加工费金额与原材料金额的，加工费金额按"加工承揽合同"，原材料金额按"购销合同"计税，两项税额相加数，即为合同应贴印花；若合同中未分别记载加工费与原材料金额，应按全部金额依照"加工承揽合同"计税贴花。

（二）签订不定额合同进行纳税筹划

在现实经济交往中，经济合同的当事人在签订合同时，有时会遇到计税金额无法确定的情况。税法规定，在签订时无法确定计税金额的合同，如技术转让、财产租赁等合同，可先按定额5元贴花，以后结算时再按实际金额计税，补贴印花。这为纳税人进行纳税筹划提供了条件。

【例3-64】甲公司将办公楼的第一层1 000平方米租赁给乙超市，双方约定的租金标准为每平方米90元/月，租赁期为3年，合同约定总租金为324万元，每年年初支付年租金。从纳税筹划的角度考虑，甲乙双方应如何签订租赁合同。

解析：

如果在签订合同时明确规定3年租金为324万元。

两企业各自应纳印花税 = 3 240 000×1‰ = 3 240（元）

如果两企业在签订合同时仅规定每天的租金数，而不具体确定租赁合同的执行时限，由于计税金额无法确定，两企业在签订合同时只需各自缴纳5元的印花税，余下部分等到结算时才缴纳。虽然税款以后还是要缴纳的，但递延纳税使双方企业获得了资金的时间价值。

因此，甲乙双方应签订租赁期限不确定的租赁合同，使合同的计税金额无法确定，可以实现递延纳税。

（三）在合理合法的前提下保守确认合同金额

印花税是一种行为税，应当于书立或者领受时贴花，具体是指在合同的签订时、书据的立据时、账簿的启用时和证照的领受时贴花。纳税人只要有签订应税合同的行为发生，合同各方的纳税义务便已产生，应该计算应纳印花税税额并贴花。

税法规定，应税合同在签订时纳税义务即已发生，不论合同是否兑现或是否按期兑现，均应计算应纳税额并贴花。已贴花的凭证，修改后所载金额增加的，其增加部分应当补贴印花税票。对已履行并贴花的合同，实际结算金额与合同所载金额不一致的，只要双方未修改合同金额，一般不再补贴印花。

纳税人在签订合同时，要考虑到很多合同会因为各种原因而无法实现或无法完全实现的情况。在合同的设计上，应充分考虑未来的不确定因素，在确定合同金额时，在合理合法的前提下，保守地确认合同金额，将合同的金额确认为较低数额，可以降低印花税的缴纳。例如，两企业在订立合同之初认为履行合同的金额为900万元，而实际最终结算时发现只履行了600万元或甚至因为其他原因没有办法履行，但双方当事人必须按合同金额900万元计算缴纳印花税，这样就多负担了印花税税款。

（四）减少签订承包合同的环节

建筑安装工程承包合同是印花税中的一种应税凭证，该种合同的计税依据为合同上记载的承包金额，其适用税率为0.3‰。税法规定，建筑安装工程承包合同的计税依据为承包金额。施工单位将自己承包的建设项目分包或转包给其他施工单位，其所签订的分包或转包合同，应按新的分包或转包合同所载金额另行贴花。

【例3-65】甲建筑公司与A商场签订了一份建筑合同，总计金额为1亿元，甲公司因业务需要又分别与建筑公司乙和丙签订了分包合同，分包合同金额分别为4 000万元和3 000万元，乙公司又将2 000万元分包给丁建筑公司。为工程各方签订建筑安装工程承包合同作出纳税筹划方案。

解析：

纳税筹划前，根据各方签订的合同金额，应纳印花税如下：

（1）依据甲公司与A商场签订的合同计算印花税。

双方各自应纳印花税 = 10 000×0.3‰ = 3（万元）

（2）依据甲公司与乙、丙公司签订的分包合同计算印花税。

甲公司应纳印花税＝（4 000＋3 000）×0.3‰＝2.10（万元）

乙公司应纳印花税＝4 000×0.3‰＝1.20（万元）

丙公司应纳印花税＝3 000×0.3‰＝0.90（万元）

（3）依据乙公司与丁公司签订的分包合同计算印花税。

双方各自应纳印花税＝2 000×0.3‰＝0.60（万元）

（4）这四家建筑公司共应纳印花税＝3＋2.10＋1.20＋0.90＋0.60＋0.60＝8.40（万元）。

纳税筹划方案：工程各方应直接与A商场签订建筑安装工程承包合同，减少分包环节。这样，可以有效降低应纳印花税税额。

纳税筹划后，工程各方应纳印花税如下：

甲公司应纳印花税＝（10 000－4 000－3 000）×0.3‰＝0.90（万元）

乙公司应纳印花税＝（4 000－2 000）×0.3‰＝0.60（万元）

丙公司应纳印花税＝3 000×0.3‰＝0.90（万元）

丁公司应纳印花税＝2 000×0.3‰＝0.60（万元）

这四家建筑公司共应纳印花税＝0.90＋0.60＋0.90＋0.60＝3（万元）

纳税筹划后少纳印花税＝8.40－3＝5.40（万元）

因此，纳税人应尽量减少签订承包合同的环节，尽量少地书立应税凭证，从而达到节约印花税的目的。

（五）通过分开核算进行纳税筹划

同一凭证因载有两个或两个以上经济事项而适用不同税目税率的，如分别载有金额，则应分别计算应纳税额，相加后按合计税额贴花；如未分别记载金额，则按税率较高的计税贴花。

【例3-66】某企业与铁道部门签订运输合同，合同中所载运输费及保管费共计400万元，合同没有分别记载运输费及保管费金额。为该合同做出纳税筹划方案。

解析：

纳税筹划前，合同未分别记载金额。

该合同中涉及货物运输合同和仓储保管合同两个印花税税目，而且两者税率不相同，前者为0.5‰，后者为1‰。由于合同未分别记载金额，按税率高的计税贴花，即按1‰税率计算应纳印花税。

双方企业各自应纳印花税＝400×1‰×10 000＝4 000（元）

纳税筹划方案：纳税人应在合同上分别记载运输费及保管费金额，如果运输费为240万元，仓储保管费为160万元，纳税人应按分别适用的税率，计算缴纳印花税。

纳税筹划后，合同上分别记载运输费及保管费金额。

双方企业各自应纳印花税＝（240×0.5‰＋160×1‰）×10 000＝2 800（元）

双方各自少纳印花税＝4 000－2 800＝1 200（元）

思考题

第一节思考题

1.如何理解纳税筹划？

2.纳税筹划有哪几种主要形式？它们之间有什么区别？

3.涉税零风险筹划可以为企业带来哪些经济利益？

4.纳税筹划的成本包括哪几方面内容？

5.纳税筹划的收益包括哪几方面内容？

6.简述纳税筹划成本与收益分析的具体步骤。

7.纳税筹划技术有哪些？它们的特点是什么？

第二节思考题

1.利用税负无差别点进行分析时，采用的销售额为什么必须是含税销售额？

2.怎样根据纳税人的不同情况确定其是增值税一般纳税人还是小规模纳税人？

3.怎样对混合销售行为进行纳税筹划？

4.纳税人在销售过程中可以采用哪些折扣方式？纳税人在采用各种折扣方式促销商品时，应注意哪些问题？

5.如何通过不同的代销方式进行纳税筹划？

6.怎样通过对供应商的选择在采购环节取得最大的纳税筹划利益？

7.如何利用增值税税收优惠政策进行纳税筹划？

8.农产品加工企业进行增值税纳税筹划的法律依据有哪些？农产品加工企业应如何进行纳税筹划？

第三节思考题

1.纳税人如何利用计税销售额进行消费税的纳税筹划？

2.简述自产自用应税消费品的纳税筹划思路。

3.如何运用定价策略进行消费税的纳税筹划？

4.在现行消费税政策下，酒类生产企业如何进行纳税筹划？

5.消费税纳税人应如何寻求减轻税收负担的途径？

6.简述包装物的处理方式及纳税筹划思路。

7.简述成套销售应税消费品的纳税筹划思路。

第四节思考题

1.如何利用优惠税率进行企业所得税纳税筹划？

2.小微企业纳税筹划应注意哪些问题？

3.怎样创造条件成为国家重点扶持的高新技术企业？

4.怎样对不征税收入进行纳税筹划？

5.如何选择存货的计价方法进行纳税筹划？

6.简述固定资产计提折旧的纳税筹划思路。

7.如何利用税收优惠政策进行企业所得税的纳税筹划？

8.如何利用加计扣除规定进行纳税筹划？

9.如何对预缴企业所得税进行纳税筹划？

第五节思考题

1.工资、薪金支出应从哪些方面进行纳税筹划？

2.为了达到节税的目的，企业可以通过哪些非货币支付方式降低职工的名义收入？

3.简述全年一次性奖金的纳税筹划方法。

4.简述劳务报酬的纳税筹划方法。

第六节思考题

1.资源税的纳税人可以通过哪些途径减轻税负？

2.土地增值税开发费用的扣除是如何规定的？怎样利用该规定进行纳税筹划？

3.土地增值税的纳税筹划为什么要控制增值率，有哪些具体做法？

4.怎样通过减少房地产的流转环节降低应缴纳的契税？

5.纳税人如何运用城镇土地使用税征税范围的规定进行纳税筹划？

6.简述房产税的纳税筹划方法。

7.根据印花税计税依据的规定，纳税人应从哪些方面降低印花税的税负？

练习题

第一节练习题

一、单项选择题

1.纳税筹划的主体是（　　）。

A.纳税人　　　　　　B.征税对象　　　　　C.计税依据　　　　　D.税务机关

2.纳税筹划的最高目标是（　　）。

A.减轻税收负担　　　　　　　　　　B.实现税后利润最大化

C.实现企业价值最大化　　　　　　　D.纳税最少、纳税最晚

3.企业通过努力来做到账目清楚，纳税申报正确，缴纳税款及时、足额，使其一般不会出现任何关于税收方面的处罚是（　　）的主要形式。

A.节税筹划　　　　　　　　　　　　B.避税筹划

C.涉税零风险筹划　　　　　　　　　D.税负转嫁筹划

4.避税筹划的最大特点是（　　）。

A.违法性　　　　　　B.可行性　　　　　　C.非违法性　　　　　D.合法性

5.以下关于纳税筹划的表述正确的是（　　）。

A.纳税筹划是税务代理机构可以从事的具有签证性的业务内容

B.纳税筹划只能在法律许可的范围内进行

C.纳税筹划可以在纳税行为发生之前或之后进行

D.纳税筹划的最终目的是减少纳税额

6.相对节税主要考虑的是（   ）。

A.费用绝对值   B.利润总额   C.货币时间价值   D.税率

7.狭义的纳税筹划是指（   ）。

A.节税   B.节税和避税   C.避税   D.逃税

8.以下说法中正确的是（   ）。

A.偷税要追究刑事责任   B.避税是违法的

C.节税是一种守法意识   D.避税是一种守法意识

9.下列说法中不正确的是（   ）。

A.纳税筹划所取得的收益是合法收益

B.纳税筹划所取得的收益是不合法收益

C.纳税筹划是企业的正当权利

D.纳税筹划是企业的一项财务活动

10.纳税人由于采用拟定的纳税筹划方案而放弃潜在利益是纳税筹划的（   ）。

A.机会成本   B.风险成本   C.非税成本   D.心理成本

11.税负转嫁的筹划通常需要借助（   ）来实现。

A.价格   B.税率   C.纳税人   D.计税依据

二、多项选择题

1.以下属于纳税筹划主要形式的有（   ）。

A.节税筹划   B.涉税零风险筹划

C.税负转嫁筹划   D.避税筹划

2.实现纳税风险最小化的好处包括（   ）。

A.可以使纳税人不至于遭受税务机关的经济处罚，避免发生不必要的损失

B.可以避免企业发生不必要的名誉损失，使企业的品牌和产品更容易为消费
  者所接受，从而有利于企业的生产经营

C.主要通过达到涉税零风险这一状态来实现

D.使企业的税负最低

3.纳税筹划成本包括（   ）。

A.风险成本   B.心理成本

C.非税成本   D.因进行纳税筹划而新增的纳税成本

4.纳税筹划收益包括（   ）。

A.因进行纳税筹划而新增的收入

B.因进行纳税筹划而减少的纳税成本

C.因进行纳税筹划而新增的货币时间价值

D.由于涉税零风险筹划带给企业的利益

5.因进行纳税筹划而新增的纳税成本具体包括（   ）。

A.新增的正常税负   B.新增的办税费用

C.新增的税收滞纳金和罚款   D.新增的执行费用

6.避税筹划（　　　）。

A.利用了税法的空白、漏洞或缺陷

B.违背了税法的立法精神

C.是政府处罚的行为

D.政府一般采取各种反避税措施加以防范

7.税率差异技术的特点包括（　　　）。

A.获得相对收益　　　　　　　　B.适用范围广

C.技术比较简单　　　　　　　　D.具有相对确定性

8.（　　　）适用范围较窄。

A.分割技术　　　　　　　　　　B.减免税技术

C.抵免技术　　　　　　　　　　D.延期纳税技术

三、判断题

1.纳税筹划一般应是在应税行为发生时进行。（　　　）

2.实现税负最小化的纳税筹划目标通常没有考虑相关的风险。（　　　）

3.涉税零风险筹划虽然不能为企业带来直接经济利益的增加，但却能够为企业创造出一定的间接经济利益。（　　　）

4.避税筹划不违背法律本身但违背法律立法精神。（　　　）

5.推迟纳税时间通过推迟收入和费用的确认来实现。（　　　）

6.企业进行税务筹划时，应注意税法的相关规定，避免出现违法筹划行为。（　　　）

7.因进行纳税筹划而新增的收入，不包括纳税人发生的与纳税筹划活动无关的新增收入。（　　　）

8.获取资金时间价值最大化的目标是纳税筹划中的最高目标。（　　　）

9.纳税人最大和最基本的权利，是不需要缴纳比税法规定更多的税款。（　　　）

10.纳税筹划是依法进行的，因此纳税筹划没有风险。（　　　）

11.纳税筹划的具体目标主要是寻求低税负点和延期纳税，通过纳税筹划，有利于促进国家税收制度的不断健全和完善。（　　　）

12.纳税人可以根据自身情况，合理选择会计政策，不需要税务机关批准。（　　　）

13.税负转嫁是纳税筹划的一种特殊形式，它只能在一定的条件和范围内（供求弹性）采用。（　　　）

14.延期纳税技术比较简单，适用范围广，纳税人应积极采用。（　　　）

15.税负转嫁的关键在于其产品定价是否合理，产品是否能被市场所接受。（　　　）

16.纳税人在同时使用多种纳税筹划技术时，可以获得纳税筹划收益的叠加。（　　　）

第二节练习题

一、单项选择题

1.利用税负无差别点进行增值税纳税人身份选择，采用的销售额是（　　　）。

A.只能是不含税销售额

B.只能是含税销售额

C.可以是不含税销售额

D.既可以是不含税销售额，也可以是含税销售额

2.纳税人销售货物价格明显偏低且无正当理由的，或纳税人发生了视同销售货物的行为而无销售额的，主管税务机关按何种顺序确定销售额（　　　）。

A.按纳税人最近时期同类货物的平均销售价格确定、按其他纳税人最近时期同类货物的平均销售价格确定、按组成计税价格确定

B.按纳税人最近同类货物的平均销售价格确定、按组成计税价格确定、按当月同类货物的平均销售价格确定

C.按纳税人按组成计税价格确定、按最近时期同类货物的平均销售价格确定、按当月同类货物的平均销售价格确定

D.按纳税人按组成计税价格确定、按当月同类货物的平均销售价格确定、按最近时期同类货物的平均销售价格确定

3.我国目前实行的增值税的类型是（　　　）。

A.消费型增值税　　　　　　　　　B.收入型增值税

C.生产型增值税　　　　　　　　　D.积累型增值税

4.下列收入应按照价外费用计入销售额缴纳增值税的有（　　　）。

A.纳税人销售货物的同时代办保险而向购买方收取的保险费

B.各地派出所按规定收取的居民身份证工本费用

C.纳税人代有关行政管理部门收取的各项费用

D.纳税人销售软件产品且随同销售一并收取的软件安装费、维护费、培训费等收入

5.下列行为属于视同销售货物，应征收增值税的有（　　　）。

A.某商店为厂家代销服装

B.某批发部门将外购的部分饮料用于个人消费

C.某企业将外购的水泥用于本单位基本建设工程

D.某企业将外购的床单用于职工福利

6.下列企业属于增值税一般纳税人，但可按3%征收率征税的是（　　　）。

A.机械厂销售机器设备　　　　　　B.外贸公司出口一批服装

C.自来水公司销售自来水　　　　　D.煤矿企业销售煤炭

二、多项选择题

1.营业税全面改征增值税后，现行增值税税率包括（　　　）。

A.6%　　　　　　B.11%　　　　　　C.13%　　　　　　D.17%

2.增值税的销售额为纳税人销售货物或应税劳务向购买方收取的全部价款和价外费用，但（　　）不包括在价外费用中。

A.向买方收取的手续费

B.向买方收取的销项税额

C.受托加工应税消费品代收代缴的消费税

D.同时符合以下两个条件的代垫运费：一是承运部门的运费发票开具给购买方；二是纳税人将该项发票转交给购买方

3.某单位外购如下货物，按增值税有关规定不能作为进项税额抵扣的有（　　）。

A.外购的固定资产　　　　　　　　B.外购货物用于免税项目

C.外购货物用于集体福利　　　　　D.外购货物用于无偿赠送他人

4.下列项目属于免征增值税的有（　　）。

A.农业生产者销售自产的玉米　　　B.药厂销售避孕药品

C.药厂销售使用过的低于原值的设备　D.机械厂销售农业机具

5.下列行为中，视同销售货物应征增值税的有（　　）。

A.委托他人代销货物　　　　　　　B.销售代销货物

C.将自产的货物分给职工作福利　　D.将外购的货物用于非应税项目

6.对增值税小规模纳税人，下列表述中正确的有（　　）。

A.实行简易办法征收

B.不得自行开具或申请代开增值税专用发票

C.不得抵扣进项税额

D.一经认定为小规模纳税人，不得再转为一般纳税人

三、判断题

1.企业对增值税一般纳税人销售其自行开发生产的软件产品，按17%的法定税率征收增值税后，对其增值税实际税负超过3%的部分实行即征即退政策。（　　）

2.小规模纳税人是指年应税销售额在规定标准以下，并且会计核算不健全，不能按规定报送有关税务资料的增值税纳税人。（　　）

3.增值税纳税人可以根据本企业实际经营情况和能够取得进项税额的多少决定是否作为一般纳税人。（　　）

4.纳税人将购买的货物无偿赠送他人，因该货物购买时已缴增值税，因此，赠送他人时可不再计入销售额征税。（　　）

5.一企业采取赊销方式销售货物，按合同约定收款日期是5月30日，但对方7月6日才付款，所以该企业可在实际收款之日计算销项税额。（　　）

6.纳税人采取以旧换新方式销售货物的，不得从新货物销售额中减除收购旧货物的价款。（　　）

7.如果销售额和折扣额在同一张发票上分别注明，则可按折扣后的余额作为销售额计算增值税；如果就折扣额另开发票，则不论其在财务上如何处理，均不得从

销售额中减除折扣额，因此销售折扣最好按折扣后的净额开具发票。　　（　　）

8.纳税人发生兼营行为，应分别核算销售货物、提供加工修理修配劳务或者应税服务的销售额，避免出现从高适用税率的情况，增加企业的税收负担。　　（　　）

四、案例分析题

1.甲公司为增值税一般纳税人，适用增值税税率为17%，适用的城市维护建设税税率为7%，教育费附加率为3%。现在需要采购一批原材料，在同样质量和服务的前提下，有以下三种方案可供选择：

方案一：从一般纳税人A公司处购买，每吨含税价格2 340元，A公司适用的增值税税率为17%，并能取得增值税专用发票。

方案二：从小规模纳税人B公司处购买，该小规模纳税人能够委托主管税务局代开增值税征收率为3%的专用发票，每吨含税价格2 060元。

方案三：从个体工商户C处购买，每吨含税价格1 950元，只能出具普通发票。

甲公司以此原材料生产的产品每吨含税销售价格为3 510元，发生的相关费用对纳税筹划不产生影响，本题不予考虑。

要求：通过纳税筹划分析，比较三个方案的税前利润，为甲公司选择最佳采购方案。

2.甲商场为增值税一般纳税人，增值税税率为17%，城市维护建设税税率为7%，教育费附加率为3%，商品的销售毛利率为30%。该商场为了扩大销售，设计了三种促销方式：一是商品9折销售（直接按折扣后的净额开具发票）；二是购买价值1 000元的商品赠送价值100元的商品；三是购物满1 000元，返还100元现金。（以上价格均为含税价格）

要求：通过纳税筹划分析，比较三个方案的现金净流量，为该商场选择最佳销售方式。

3.某食品厂为增值税一般纳税人，生产菊花饮品，适用的增值税税率为17%。有以下两个方案：

方案一：以120万元收购农户生产的菊花，该企业首先将收购的菊花加工成菊花饼，发生的人工及制造费用为25万元；然后对菊花饼进行加工，生产菊花饮品。本年度销售菊花饮品的收入为180万元（不含税）。

方案二：企业不进行菊花饼的生产，直接收购农户生产的菊花饼，收购价格为145万元，该企业对收购的菊花饼进行加工，生产菊花饮品。本年度销售菊花饮品的收入为180万元（不含税）。

要求：（1）计算两个方案的增值税税负率。（2）如果仅考虑增值税，企业应采取哪个方案？

4.某广告公司年销售额在400万元左右（含税），在广告制作过程中公司每年购进的可按17%增值税税率抵扣的货物价值在117万元左右（含税），该公司现为小规模纳税人，按3%的征收率计算缴纳增值税。

要求：为该广告公司作出纳税筹划方案。

第三节练习题

一、单项选择题

1.委托加工的应税消费品,由受托方代收代缴消费税的计税依据应为 (   )。

A.市场上同类消费品的不含增值税销售价格

B.受托方同类消费品的不含增值税的销售价格

C.委托方同类消费品的不含增值税销售价格

D.以 (材料成本 + 加工费) × (1 + 成本利润率) ÷ (1−消费税税率) 计算的组成计税价格

2.自产自用应税消费品应纳的消费税,其纳税环节为 (   )。

A.消费环节　　　　　　　　　　B.生产环节

C.移送使用环节　　　　　　　　D.加工环节

3.根据消费税的有关规定,下列纳税人自产自用应税消费品不缴纳消费税的是 (   )。

A.某汽车制造厂将自制的小汽车用于对外投资

B.卷烟厂用于生产卷烟的自制烟丝

C.日化厂用于交易会样品的自产化妆品

D.汽车厂用于管理部门的自产汽车

4.下列消费品中实行从价定率与从量定额相结合征税办法的是 (   )。

A.啤酒　　　　B.白酒　　　　C.酒精　　　　D.葡萄酒

5.某化妆品厂为增值税一般纳税人,在商场设一非独立核算的销售柜台,2016年10月该厂将生产的一批高档化妆品交销售柜台,计价160万元。销售柜台将其零售,取得含税销售额177.22万元。该项业务应缴纳的消费税税额为 (   )。

A.45.44万元　　B.46万元　　C.45.13万元　　D.47.72万元

6.下列说法不正确的有 (   )。

A.凡征收消费税的消费品都征收增值税

B.凡征收增值税的货物都征收消费税

C.应税消费品征收增值税,其税基含有消费税

D.应税消费品征收消费税,其税基不含增值税

二、多项选择题

1.下列各项中,可按委托加工应税消费品的规定征收消费税的有 (   )。

A.受托方代垫原料,委托方提供辅助材料的

B.委托方提供原料和主要材料,受托方代垫部分辅助材料的

C.受托方负责采购委托方所需原材料的

D.委托方提供原料、材料和全部辅助材料的

2.按现行消费税规定,下列关于消费税计税数量的说法中,正确的是 (   )。

A.销售应税消费品的,为应税消费品的销售数量

B.自产自用应税消费品,为应税消费品的移送使用数量

C.委托加工应税消费品的，为受托方加工的应税消费品数量

D.委托加工应税消费品的，为受托方收回的应税消费品数量·

3.下列用外购已税消费品连续生产的应税消费品，在计税时按当期生产领用数量计算准予扣除外购的应税消费品已纳的消费税税款的情形有（　　　）。

A.外购已税鞭炮生产的鞭炮

B.外购已税烟丝品生产的卷烟

C.外购已税酒精生产的白酒

D.外购已税摩托车生产的摩托车

4.按现行消费税规定，纳税人自产自用的应税消费品（　　　）。

A.如果用于连续生产应税消费品的，不纳税

B.如果用于连续生产应税消费品，纳税

C.如果用于连续生产非应税消费品，纳税

D.如果用于生产非应税消费品，不纳税

5.根据消费税的规定，纳税人委托加工的应税消费品，用于连续生产应税消费品的，已缴纳的消费税税款准予从应纳消费税税额中抵扣。下列各项中，可以抵扣已缴纳的消费税的有（　　　）。

A.委托加工收回的已税高档化妆品用于生产高档化妆品

B.委托加工收回的已税燃料油生产应税消费品

C.委托加工收回的已税汽车轮胎用于生产小汽车

D.委托加工收回的已税烟丝用于生产卷烟

6.某汽车制造厂生产的小汽车用于以下方面，应缴纳消费税的有（　　　）。

A.投资给某企业

B.移送改装分厂改装成加长型豪华小轿车

C.赠送给当地检察机关办案使用

D.用于本厂管理部门自己使用

7.消费税纳税筹划的基本途径包括（　　　）。

A.合理确定销售额　　　　　　　B.合理选择税率

C.应税消费品的合理定价　　　　D.委托加工的选择

8.纳税人采取的如下方式中，按现行消费税政策的规定，可以减轻纳税人消费税税负的是（　　　）。

A.分设独立法人的销售公司，以较低但合理的价格向销售公司供货

B.将啤酒的销售价格从3 000元/吨降至2 999元/吨

C.对不同税率的应税消费品分别核算

D.采用委托加工的方式生产应税消费品

三、判断题

1.从其他工商企业购进的已税消费品，用于继续生产应税消费品销售的，在计征消费税时，生产耗用的外购应税消费品的已纳消费税税款准予扣除。（　　　）

2. 消费税纳税人销售的应税消费品，因质量等原因由购买者退回时，经所在地主管税务机关审核批准后，可退还已征收的消费税税款。（   ）

3. 受托加工应税消费品的个体经营户不承担代收代缴消费税的义务。（   ）

4. 企业受托加工应税消费品，如果没有同类消费品的销售价格，企业可按委托加工合同上注明的材料成本与加工费之和作为组成计税价格，计算代收代缴消费税。（   ）

5. 卷烟厂用委托加工收回的已税烟丝为原料连续生产的卷烟，在计算纳税时，准予从应纳消费税税额中按当期生产领用数量计算扣除委托加工收回的烟丝已纳消费税税款。（   ）

6. 生产应税消费品企业采购应税消费品作为原材料，应从生产厂家购入，可以实行已纳税款抵扣制，降低企业的税负。（   ）

7. 委托方将收回的应税消费品，以不高于受托方的计税价格出售的，为直接出售，不再缴纳消费税；委托方以高于受托方的计税价格出售的，不属于直接出售，需按照规定申报缴纳消费税，在计税时准予扣除受托方已经代收代缴的消费税。（   ）

四、案例分析题

1. A企业主要生产各种口味的水果酒，适用的消费税税率为10%，其生产水果酒的原料为某粮食白酒，均从B酒厂购入。2014年B酒厂向A企业提供白酒40万千克，售价为3 200万元。粮食白酒适用消费税比例税率为20%，定额税率为0.50元/500克。2014年A企业销售各种口味水果酒取得收入5 000万元。（以上价格均为不含税价）

要求：（1）计算纳税筹划前，A企业、B酒厂应纳消费税。（2）提出纳税筹划方案。（3）计算纳税筹划后节约的税款。

2. 某轮胎生产企业，2015年3月销售汽车轮胎10 000个，每个轮胎不含增值税的销售价格为1 000元，其中每个包含包装物价值100元，汽车轮胎消费税税率为3%。

要求：（1）计算该企业应纳消费税。（2）就包装物处理提出纳税筹划方案。（3）计算纳税筹划后该企业应纳消费税及少缴的消费税。

3. 甲公司既生产销售粮食白酒，又生产销售滋补药酒，粮食白酒适用消费税比例税率为20%，定额税率为0.50元/500克，滋补药酒的税率为10%。2014年度，粮食白酒的销售额为200万元，销售量为5万千克，药酒销售额为300万元，销售量为4万千克，但该公司没有分别核算两种酒的销售额和销售数量。

要求：（1）计算纳税筹划前，该酒厂应纳消费税。（2）提出纳税筹划方案。（3）计算纳税筹划后节约的税款。

4. 某小汽车生产企业系增值税一般纳税人，适用的增值税税率为17%，主要生产销售气缸容量为2.20升的A型小汽车，适用的消费税税率为12%。该企业生产的A型小汽车，平均售价为15万元，最高售价为18万元，以上价格均为不含税价格。2015年5月，该企业以100辆A型小汽车对外投资，与其他企业共同设立汽车租赁公司，A型小汽车按平均售价确定投资成本，该企业取得汽车租赁公司45%的股权。

要求：（1）计算纳税筹划前，该投资业务应纳消费税。（2）提出纳税筹划方案。（3）计算纳税筹划后节约的税款。

5.某酒厂主要生产销售粮食白酒，产品主要销售给各地的批发商，也有一部分通过非独立核算的门市部直接销售给零售商或消费者个人。2014年共批发粮食白酒500吨，零售粮食白酒300吨，已知粮食白酒的批发价为每吨3.50万元（不含税价），零售价为每吨5万元（不含税价）。该白酒生产企业消费税计税价格不低于销售单位对外销售价格的70%，所以无须核定计税价格。

要求：（1）计算纳税筹划前，零售白酒应纳消费税。（2）提出纳税筹划方案。（3）计算纳税筹划后节约的税款。

第四节 练习题

一、单项选择题

1.企业发生的公益性捐赠支出，在年度利润总额（　　）以内的部分，准予在计算应纳税所得额时扣除。

A.3%　　　　　　　B.10%　　　　　　　C.20%　　　　　　　D.12%

2.根据企业所得税法的规定，以下依法收取的（　　）应该作为免税收入。

A.财政拨款　　　　　　　　　　B.行政事业性收费

C.政府性基金　　　　　　　　　D.国债利息收入

3.企业所得税法规定，计算应纳税所得额时，下列项目可以在税前直接扣除的有（　　）。

A.企业转让资产，该项资产的净值

B.各项税收的滞纳金、罚金和罚款

C.无形资产的受让、开发支出

D.超过国家规定限额的公益救济性捐赠部分

4.根据企业所得税的相关规定，除另有规定外，企业实际发生的下列支出中，当年不超过规定标准的，可以税前扣除，超过标准的，当年不得扣除，也不得结转以后纳税年度扣除的是（　　）。

A.广告费　　　　　　　　　　B.业务招待费

C.业务宣传费　　　　　　　　D.职工教育经费

5.2014年某软件生产企业发放的合理工资总额200万元；实际发生职工福利费用35万元、工会经费3.50万元、职工教育经费8万元（其中职工培训经费4万元）；另为职工支付补充养老保险12万元、补充医疗保险8万元。2015年企业申报所得税时就上述费用应调增应税所得额（　　）万元。

A.7　　　　　　　B.9　　　　　　　C.12　　　　　　　D.22

6.某生产企业，2014年全年销售额1 600万元，成本600万元，税金及附加290

万元，按规定列支各种费用400万元，其中新产品开发费80万元、广告费支出250万元。该企业当年应纳企业所得税为（   ）万元。

A.70   B.52   C.67.5   D.80

7.根据企业所得税法的规定，某国家重点扶持的高新技术企业，2012年亏损15万元，2013年度亏损10万元，2014年度盈利125万元，企业2014年应纳企业所得税税额为（   ）万元。

A.18.75   B.17.25   C.15   D.25

8.根据企业所得税法的规定，下列关于企业所得税税率的说法正确的是（   ）。

A.企业所得税基本税率为20%

B.企业所得税法实行地区差别比例税率

C.国家重点扶持的高新技术企业适用10%的企业所得税税率

D.在中国境内未设立机构场所的非居民企业可以适用企业所得税的低税率计算缴纳企业所得税

二、多项选择题

1.根据企业所得税法的规定，下列选项中应计入应纳税所得额，缴纳企业所得税的有（   ）。

A.国债利息收入   B.企业接受其他单位捐赠的收入

C.违约金收入   D.确实无法偿付的应付款项

2.下列关于企业所得税的说法中，正确的有（   ）。

A.判定居民企业的标准有登记注册地标准和实际管理机构所在地标准

B.判定居民企业的标准有登记注册地标准和所得来源地标准

C.我国境内的居民企业适用的税率为25%

D.我国企业所得税非居民企业适用25%的税率

3.下列企业2014年发生的广告费和业务宣传费支出，不超过当年销售（营业）收入30%的部分，准予扣除；超过部分，准予在以后纳税年度结转扣除的有（   ）。

A.化妆品制造企业   B.医药制造企业

C.饮料制造企业   D.酒类制造企业

4.根据企业所得税法的规定，下列固定资产可以计提折旧在税前扣除的有（   ）。

A.以融资租赁方式租出的固定资产

B.以融资租赁方式租入的固定资产

C.单独估价作为固定资产入账的土地

D.以经营租赁方式租出的固定资产

5.下列属于企业所得税税收优惠方式的有（   ）。

A.加计扣除   B.减计收入   C.税额抵免   D.费用返还

6.根据企业所得税法的规定，在计算企业所得税应纳税所得额时，下列项目不得在企业所得税税前扣除的有（　　　）。

A.计提的用于生态恢复方面的专项资金

B.违反法律被司法部门处以的罚金

C.非广告性质的赞助支出

D.外购货物因自然灾害造成的损失

7.根据企业所得税相关规定，固定资产大修理支出应同时符合的条件有（　　　）。

A.修理后固定资产改变了用途

B.修理后固定资产延长使用寿命1年以上

C.修理后固定资产延长使用寿命2年以上

D.修理支出达到取得固定资产时的计税基础50%以上

三、判断题

1.注册地是我国判定居民与非居民企业的唯一标准。（　　　）

2.企业的收入总额，不包括企业以非货币形式取得的收入。（　　　）

3.企业安置残疾人员所支付的工资，在按照支付给残疾职工工资据实扣除的基础上，按照支付给残疾职工工资的100%加计扣除。（　　　）

4.小微企业一律按20%的税率计算缴纳企业所得税。（　　　）

5.非居民企业取得的技术转让所得也适用企业所得税的优惠政策。（　　　）

6.对于盈利企业，在原材料价格不断上涨的情况下，存货计价方法采用先进先出法比采用加权平均法更为有利。（　　　）

7.纳税人逾期归还银行贷款，银行按规定加收的罚息，因具有罚款性质，不允许在税前扣除。（　　　）

8.除税收法规另有规定外，税前扣除一般应遵循以下原则：权责发生制原则、配比原则、相关性原则、确定性原则、合理性原则。（　　　）

9.企业为购置、建造固定资产发生借款的，在有关资产购置、建造期间发生的合理的借款费用，应予以资本化，作为资本性支出计入有关资产的成本。（　　　）

10.软件生产企业的职工培训费用，可按实际发生额在计算应纳税所得额时扣除。（　　　）

四、案例分析题

1.某生产企业为劳动密集型企业，根据工作需要，在2014年度需要雇用工人400人，全年需要支付职工工资1 200万元。针对工作岗位的实际情况，其中有40个岗位可以安排残疾人员，企业当年的应纳税所得额为280万元。

要求：（1）如果企业全部安排非残疾人员，计算应纳企业所得税税额。（2）如果企业安排40名残疾人员上岗，每年为这部分残疾人员支付工资120万元，计算应纳企业所得税税额，并计算少缴企业所得税金额。（3）企业享受安置残疾职工的优惠政策应同时具备哪些条件？

2.某生产企业2014年实现销售收入15 000万元，当年发生业务招待费120万元，发生广告费和业务宣传费3 600万元。该企业为了达到节税目的，采取分立的办法进行纳税筹划。将企业的销售部门分离出去，成立有着独立法人的销售公司。企业生产的产品以12 600万元的价格卖给销售公司，销售公司再以15 000万元对外销售。费用在两个公司分配：生产企业与销售公司的业务招待费各分配60万元，广告费和业务宣传费分别为1 600万元和2 000万元。

要求：（1）计算纳税筹划前业务招待费、广告费和业务宣传费的扣除限额，计算超过扣除限额部分应纳企业所得税。（2）计算分设销售公司后业务招待费、广告费和业务宣传费的扣除限额，计算超过扣除限额部分应纳企业所得税、节税金额。（3）对业务招待费作进一步的纳税筹划，计算分设后生产企业和销售公司最多可以税前扣除的业务招待费、当年应列支的业务招待费。

3.某企业上期末甲材料库存100千克，每千克价格100元。本期购进甲材料发生两笔业务：本月5日购进200千克，每公斤价格150元；15日购进100千克，每千克价格200元。该公司的生产车间本期领用两批，本月8日领用200千克，18日领用150千克。

要求：请在先进先出法、加权平均法之间选择有利于降低企业当期税负的存货核算方法。

4.甲企业2014年预计实现会计利润100万元（扣除捐赠后的利润额），该企业计划向公益性事业捐赠12万元，其中通过公益性组织捐赠8万元，直接向受赠单位捐赠4万元。假设不考虑其他纳税调整因素。

要求：（1）纳税筹划前，计算该企业当年应缴纳的企业所得税。（2）为该企业捐赠行为作出纳税筹划方案。（3）计算纳税筹划后少缴纳的企业所得税。

5.某商业企业拥有资产总额500万元，在职职工60人。该企业预计2016年全年实现应纳税所得额620万元。

要求：（1）纳税筹划前，计算该企业当年应缴纳的企业所得税。（2）为该企业做出纳税筹划方案。（3）计算纳税筹划后少缴纳的企业所得税及增加的税后收益。

第五节 练习题

一、单项选择题

1.某人为某公司设计机械制造图纸，获得设计费收入30 000元，其应纳个人所得税的税额为（　　）。

A.8 000元　　　　　B.6 000元　　　　　C.5 200元　　　　　D.12 000元

2.提供著作权的使用权取得的所得，属于（　　）所得。

A.劳务报酬所得　　　　　　　　B.稿酬所得

C.偶然所得　　　　　　　　　　D.特许权使用费所得

3.按照个人所得税法的有关规定，下列表述正确的是（　　）。

A.个人发表一篇作品，出版单位分三次支付稿酬，则三次稿酬应合并为一次征税

B.个人在两处或两处以上出版同一作品而分别取得稿酬,则应合并各处取得的所得纳税

C.若因作品加印而获得稿酬,单独作为稿酬所得计税

D.作者去世后,对取得其遗作稿酬的个人,不再征收个人所得税

4.在商品营销活动中,企业和单位对营销业绩突出的雇员以培训班、研讨会、工作考察等名义组织旅游活动,通过免收差旅费、旅游费对个人实行的营销业绩奖励(包括实物、有价证券等)(　　　)。

A.不缴纳个人所得税

B.按工资、薪金所得缴纳个人所得税

C.按劳务报酬所得缴纳个人所得税

D.按偶然所得缴纳个人所得税

5.某杂志社专职编辑12月取得工资5 200元,同时由于在本单位杂志上发表文章,取得稿费1 800元,还取得年终绩效工资10 400元,则该编辑12月应缴纳个人所得税(　　　)元。

A.517 B.557 C.2 160 D.2 470

二、多项选择题

1.个人所得税的纳税义务人包括(　　　)。

A.私营企业所有投资者 B.个人独资企业

C.在境内有所得的港澳台同胞 D.合伙企业合伙人

2.根据个人所得税的有关规定,下列各项准予定额或定率扣除费用的有(　　　)。

A.财产转让所得 B.财产租赁所得

C.中奖所得 D.特许权使用费所得

3.纳税人取得的以下所得或发生的以下事项应按照"工资、薪金所得"缴纳个人所得税的有(　　　)。

A.退休人员再任职取得的收入

B.员工因拥有股权而参与企业税后利润分配取得的所得

C.职工因为单位低价向其售房取得的所得

D.某股份公司为股东购买车辆并将车辆所有权归到股东个人名下

4.中国公民钱某任职于甲公司,并在乙公司兼职,12月钱某工资收入4 000元,兼职收入3 000元,另外从甲公司领取全年一次性奖金15 000元。下列关于钱某12月份个人所得税的处理,表述正确的有(　　　)。

A.兼职收入应并入当月工资申报纳税

B.兼职收入应按劳务报酬所得缴纳个人所得税

C.全年一次性奖金应和12月份工资合并纳税

D.全年一次性奖金应当单独作为一个月的工资纳税

5.下列利息收入中,应缴纳个人所得税的有(　　　)。

A.参加企业集资取得的利息

B.职工个人以股份形式取得的企业量化资产参与企业分配获得的利息

C.国家发行的金融债券利息

D.个人按规定缴付住房公积金而存入银行账户取得的利息

三、判断题

1.对企事业单位承包、承租所得按次征收个人所得税。　　　　　　　（　　）

2.个人将应税所得全部用于公益救济性捐赠，将不承担缴纳个人所得税的义务。　　　　　　　　　　　　　　　　　　　　　　　　　　　　（　　）

3.同一作品出版、发表后，因再版而追加稿酬的，应与以前出版、发表时取得的稿酬合并计算为一次，计征个人所得税。　　　　　　　　　　　　（　　）

4.不在企业任职，取得的董事费收入按照"劳务报酬所得"缴纳个人所得税。

　　　　　　　　　　　　　　　　　　　　　　　　　　　　　　　（　　）

5.私营企业投资者从其投资的企业借款不归还，又不用于生产经营的，按"利息、股息、红利所得"缴纳个人所得税。　　　　　　　　　　　　　（　　）

6.全年一次性奖金应单独作为一个月的工资计算缴纳个人所得税。　（　　）

7.个人购买体育彩票中奖，一次中奖收入在2万元以下的，暂免征收个人所得税。　　　　　　　　　　　　　　　　　　　　　　　　　　　　（　　）

四、案例分析题

1.某企业为季节性生产企业，该企业职工实行计件工资制，一年之中只有8个月生产，在这8个月的生产期内，职工平均工资为6 000元/月，其他4个月没有工资收入。

要求：为职工的工资发放做出纳税筹划方案，并计算少缴纳的个人所得税。

2.王某为一单位的软件开发人员。他利用业余时间为某电脑公司开发软件并提供一年的维护服务。双方约定1年的劳务报酬为42 000元。王某可以要求对方一次性支付该笔报酬，也可以要求对方按软件维护期分12个月支付，每月支付3 500元。

要求：为王某选择最佳的报酬取得方式，并计算少缴纳的个人所得税。

3.白某为自由职业者，2014年为甲公司提供经纪服务，无论是与甲公司签订劳务合同还是签订聘用合同，甲公司每月都支付白某8 000元的报酬。

要求：从纳税筹划的角度考虑应如何签订合同，并计算少缴纳的个人所得税。

第六节练习题

一、单项选择题

1.下列企业既是增值税纳税人又是资源税纳税人的是（　　）。

A.销售有色金属矿产品的贸易公司

B.进口有色金属矿产品的企业

C.在境内开采有色金属矿产品的企业

D.在境外开采有色金属矿产品的企业

2.下列项目中，属于进口关税完税价格组成部分的是（　　）。

A.进口人向自己的境外采购人员支付的购货佣金

B.进口人负担的向中介机构支付的经纪费

C.进口设备报关后的安装调试费用

D.货物运抵境内输入地点起卸之后的运输费用

3.《契税暂行条例》中所说的土地、房屋权属是指（　　　）。

A.土地使用权和房屋所有权　　　　　B.土地使用权和房屋使用权

C.土地所有权和房屋所有权　　　　　D.土地承包权和房屋所有权

4.下列各项中，应缴纳城镇土地使用税的有（　　　）。

A.公园自用土地　　　　　　　　　　B.国家机关自用土地

C.军队自用土地　　　　　　　　　　D.企业内部绿化占用土地

5.纳税人隐瞒、虚报房地产成交价格的，按照（　　　）计算征收土地增值税。

A.提供的扣除项目金额加倍　　　　　B.隐瞒、虚报的房地产成交价格加倍

C.最高一档税率　　　　　　　　　　D.房地产评估价格

6.纳税人经营用房屋的计税依据是（　　　）。

A.房屋的原值　　　B.房屋净值　　　C.房屋重置价值　　　D.房屋余值

二、多项选择题

1.资源税的纳税义务人包括（　　　）。

A.在中国境内开采并销售煤炭的个人

B.在中国境内开采并销售天然气的国有企业

C.在中国境内开采应税矿产品自用的个人

D.进口应税资源的国有企业

2.下列房产免征房产税的有（　　　）。

A.个人所有，并且供自己及家人居住的房产

B.大修停用三个月以内的房产

C.基建单位在基建工地建造用来作为工人食堂的临时性板房

D.宗教寺庙中宗教人员生活用的房产

3.关于契税的计税依据，下列表述正确的有（　　　）。

A.土地使用权交换的，以所交换的土地使用权的价格差额为计税依据

B.房屋赠与的，由征收机关参照房屋买卖的市场价格核定计税依据

C.买卖已装修的房屋，契税计税依据中应包括装修费用

D.土地使用权出售的，以评估价格为计税依据

4.转让旧房时，计算土地增值税的扣除项目应包括（　　　）。

A.房屋及建筑物的评估价格　　　　　B.取得土地使用权支付的地价款

C.按国家规定缴纳的有关费用　　　　D.转让环节缴纳的税金

5.下列有关契税的表述中，正确的有（　　　）。

A.契税的纳税人是我国境内土地、房屋权属的承受者

B.契税的征税对象是我国境内产权发生转移的土地、房屋

C.契税实行幅度比例税率

D.契税纳税人不包括国有经济单位

6.下列各项，属于房产税免税范围的有（　　　）。

A.人民团体自用的房产　　　　　　　B.事业单位的业务用房

C.个人所有的营业用房　　　　　　　D.宗教寺庙出租的住房

7.印花税采用的纳税办法有（　　　）。

A.自行贴花　　　　B.委托代征　　　　C.汇贴或汇缴　　　　D.代扣代缴

三、判断题

1.以物易物方式的商品交易合同，以购销合计金额作为印花税的计税依据。

（　　　）

2.对应税凭证，凡由两方或两方以上当事人共同书立应税凭证的，其当事人各方都是印花税的纳税人，应各就其所持凭证的计税金额履行纳税义务。（　　　）

3.土地使用权未确定的，不用缴纳城镇土地使用税。（　　　）

4.个人拥有产权的房屋，不用缴纳房产税。（　　　）

5.纳税人开采或者生产应税产品过程中，因意外事故或自然灾害等原因遭受重大损失的，由国家税务总局酌情决定减征或免征资源税。（　　　）

四、案例分析题

1.某房地产开发公司主要从事普通标准住宅的开发。2016年9月出售普通住宅，总面积9 100平方米。该房地产支付土地出让金为2 700万元，房地产的开发成本为8 800万元，利息支出为1 000万元（利息支出不能按照收入项目准确分摊）。城建税税率为7%，印花税税率为0.05%，教育费附加征收率为3%，通过测算该公司的增值税税负为4.80%。当地省政府规定的房地产开发费用的扣除标准为10%。企业营销部门在制订售房方案时，拟订了两个方案，方案一：销售价格为平均售价20 000元/平方米（不含税）；方案二：销售价格为平均售价19 780元/平方米（不含税）。

要求：（1）分别计算各方案中该公司应缴纳的土地增值税。（2）比较分析哪个方案对房地产公司更为有利。

2.甲将自有的一套普通住宅以110万元的价格出售给乙，然后以200万元的价格向熟人丙购买了一套高级住宅。该地区规定的契税税率为4%。

要求：（1）分别计算甲、乙应缴纳的契税。（2）为上述房屋转让业务做出纳税筹划方案。（3）计算纳税筹划后应缴契税及节约的税额。

第四章

企业纳税业务的核算管理

纳税核算是指企业依据税收法规及会计制度的规定对企业发生的涉税经济活动或事项分税种进行计量、记录、核算、反映，准确地记录纳税信息的一种专门工作。纳税管理是综合性非常强的一种管理活动，而纳税核算规范、账证完整是纳税管理最重要、最基本的要求，如果企业会计核算不规范，不能依法取得并保存会计凭证，或会计记录不健全，则纳税管理可能无效或效果大打折扣。

第一节 增值税涉税业务的会计处理

一、一般纳税人增值税的会计处理

（一）一般纳税人增值税会计核算的账户设置

增值税一般纳税人应当在"应交税费"科目下设置"应交增值税"、"未交增值税"、"预交增值税"、"待抵扣进项税额"、"待认证进项税额"、"待转销项税额"、"增值税留抵税额"、"简易计税"、"转让金融商品应交增值税"和"代扣代交增值税"等明细科目进行增值税的会计核算。各明细科目的核算内容为：

1. "应交税费——应交增值税"明细账户

增值税一般纳税人应在"应交增值税"明细账内设置"进项税额"、"销项税额抵减"、"已交税金"、"转出未交增值税"、"减免税款"、"出口抵减内销产品应纳税额"、"销项税额"、"出口退税"、"进项税额转出"和"转出多交增值税"等专栏。其中：

（1）"进项税额"专栏，记录一般纳税人购进货物、加工修理修配劳务、服务、无形资产或不动产而支付或负担的、准予从销项税额中抵扣的增值税税额。

（2）"销项税额抵减"专栏，记录一般纳税人按照现行增值税制度规定因扣减销售额而减少的销项税额。

（3）"已交税金"专栏，记录一般纳税人已缴纳的当月应交增值税税额。

（4）"转出未交增值税"和"转出多交增值税"专栏，分别记录一般纳税人月度终了转出当月应交未交或多交的增值税税额。

（5）"减免税款"专栏，记录一般纳税人按现行增值税制度规定准予减免的增值税税额。

（6）"销项税额"专栏，记录一般纳税人销售货物、加工修理修配劳务、服务、无形资产或不动产应收取的增值税税额，以及从境外单位或个人购进服务、无形资产或不动产应扣缴的增值税税额。

（7）"出口退税"专栏，记录一般纳税人出口产品按规定退回的增值税税额。

（8）进项税额转出"专栏，记录一般纳税人购进货物、加工修理修配劳务、服务、无形资产或不动产等发生非正常损失以及其他原因而不应从销项税额中抵扣，按规定转出的进项税额。

（9）"出口抵减内销产品应纳税额"专栏，记录实行"免、抵、退"办法的一般纳税人按规定计算的出口货物的进项税抵减内销产品的应纳税额。

2．"应交税费——未交增值税"明细科目

"应交税费——未交增值税"明细科目核算一般纳税人月度终了从"应交增值税"或"预交增值税"明细科目转入当月应交未交、多交或预交的增值税税额，以及当月缴纳以前期间未交的增值税税额。

实际工作中，由于增值税的纳税期限一般为下月的15日以前，对于不涉及预交增值税或简易计税项目的企业，如果是在纳税期限内缴纳的增值税，可视同缴纳当月税金，直接通过"应交税费——应交增值税（已交税金）"账户核算，上月末不必通过"应交税费——应交增值税（转出未交增值税）"转入"应交税费——未交增值税"账户。实际工作中企业欠缴和多缴增值税的情况极少，因此很多企业不设置"应交税费——应交增值税（转出未交增值税）""应交税费——应交增值税（转出多交增值税）""应交税费——未交增值税"账户，月末不结转下月应缴纳的增值税，纳税时直接通过"应交税费——应交增值税（已交税金）"账户核算，这样可以简化增值税的会计核算。

3．"预交增值税"明细科目

"预交增值税"明细科目，核算一般纳税人转让不动产、提供不动产经营租赁服务、提供建筑服务、采用预收款方式销售自行开发的房地产项目等，以及其他按现行增值税制度规定应预交的增值税税额。

企业预交的增值税税款，可以在当期增值税应纳税额中抵减，抵减不完的，结转下期继续抵减。纳税人以预交税款抵减应纳税额，应以完税凭证作为合法有效凭证。月份终了，将当月预交的增值税额自"应交税费——预交增值税"科目转入"未交增值税"科目。

4．"应交税费——待抵扣进项税额"明细科目

"待抵扣进项税额"明细科目，核算一般纳税人已取得增值税扣税凭证并经税务机关认证，按照现行增值税制度规定准予以后期间从销项税额中抵扣的进项税额。包括一般纳税人自2016年5月1日后取得并按固定资产核算的不动产或者2016年5月1日后取得的不动产在建工程，按现行增值税制度规定准予以后期间从销项税额中抵扣的进项税额。

5．"应交税费——待认证进项税额"明细科目

"待认证进项税额"明细科目，核算一般纳税人由于未经税务机关认证而不得从当期销项税额中抵扣的进项税额。包括：一般纳税人已取得增值税扣税凭证、按照现行增值税制度规定准予从销项税额中抵扣，但尚未经税务机关认证的进项税

额；一般纳税人已申请稽核但尚未取得稽核相符结果的海关缴款书进项税额。

6."应交税费——待转销项税额"明细科目

"待转销项税额"明细科目，核算一般纳税人销售货物、加工修理修配劳务、服务、无形资产或不动产，已确认相关收入（或利得）但尚未发生增值税纳税义务而需于以后期间确认为销项税额的增值税税额。待转销税额的情况，主要是由于会计与税法在确认收入时点不一致时产生的。

7."简易计税"明细科目

"简易计税"明细科目，核算一般纳税人采用简易计税方法发生的增值税计提、扣减、预交、缴纳等业务。

8."转让金融商品应交增值税"明细科目

"转让金融商品应交增值税"明细科目，核算增值税纳税人转让金融商品发生的增值税税额。

在增值税税制下，金融商品持有期间（含到期）利息（保本收益、报酬、资金占用费、补偿金等）收入应当按照贷款服务缴纳增值税，这部分税金不在此科目核算。

9."代扣代交增值税"明细科目

"代扣代交增值税"明细科目，核算纳税人购进在境内未设经营机构的境外单位或个人在境内的应税行为代扣代缴的增值税。境外单位或者个人在境内发生应税行为，在境内未设有经营机构的，以购买方为增值税扣缴义务人，扣缴义务人对于代扣代缴的增值税应该通过此科目核算。

"应交税费"科目下，除上述9个明细科目外，兼有销售服务、无形资产或者不动产的原增值税一般纳税人，截止到纳入营改增试点之日前的增值税期末留抵税额按照现行增值税制度规定不得从销售服务、无形资产或不动产的销项税额中抵扣的增值税留抵税额，还需要设置"增值税留抵税额"明细科目进行会计核算。

此外，增值税一般纳税人，在税务机关对其增值税纳税情况进行检查后，凡涉及增值税涉税账务调整的，应设置"应交税费——增值税检查调整"账户，单独核算应补（退）的增值税。补（退）税款后，根据具体情况进行相关账务调整，凡检查后应调减账面进项税额或调增增值税销项税额以及进项税额转出的数额，借记有关账户，贷记本账户；凡检查后应调增账面进项税额或调减销项税额以及进项税额转出的数额，借记本账户，贷记有关账户。全部调账事项入账后，应结出本账户的余额，并按税法规定进行财税处理，调账结束后本账户无余额。

【例4-1】某企业向希望小学捐赠产品一批，成本10万元，市场售价20万元，该企业的会计处理为：

借：营业外支出　　　　　　　　　　　　　　　　　　　　100 000

　　贷：库存商品　　　　　　　　　　　　　　　　　　　　　　100 000

税务机关在税务稽查中发现该笔业务核算错误，企业以自产产品对外捐赠，根据税法规定为视同销售的行为，该企业应确认增值税销项税额。税务机关将对企业补征增值税、城市维护建设税和教育费附加，并根据具体情况对企业征收滞纳金和进行罚款。为突出"应交税费——增值税检查调整"账户的运用，本例不考虑城市维护建设税、教育费附加、滞纳金和罚款。

（1）补缴增值税税款。

借：应交税费——增值税检查调整　　　　　　　　　　　　　　34 000

　　贷：银行存款　　　　　　　　　　　　　　　　　　　　　　　　34 000

（2）更正会计核算错误。

借：营业外支出　　　　　　　　　　　　　　　　　　　　　　34 000

　　贷：应交税费——应交增值税（销项税额）　　　　　　　　　　　34 000

（3）结转增值税检查调整。

借：应交税费——应交增值税（销项税额）　　　　　　　　　　34 000

　　贷：应交税费——增值税检查调整　　　　　　　　　　　　　　34 000

对查补的增值税通过"增值税检查调整"明细科目核算，可以准确反映税款查补情况。另外，与销项税额对冲，不允许企业抵顶进项税额，也是对偷漏税行为的一种惩罚。

（二）一般纳税人增值税的会计处理

1.一般纳税人不含出口业务的增值税会计处理

资料：光华股份有限公司为增值税一般纳税人，主要从事食品的生产与销售，兼营为其他企业代加工食品。为了保证食品的质量，公司配有冷藏车负责运输，并单独进行会计核算。公司产品适用的增值税税率为17%，运输服务适用的税率为11%，公司按月缴纳增值税。2016年9月，该公司发生下列与增值税有关的经济业务。

（1）缴纳增值税的会计核算。

【例4-2】9月7日，光华公司缴纳上月应纳增值税税额32 000元。假设该公司未设"应交税费——未交增值税"账户。

借：应交税费——应交增值税（已交税金）　　　　　　　　　　32 000

　　贷：银行存款　　　　　　　　　　　　　　　　　　　　　　　32 000

（2）进项税额的核算。

一般纳税人购进货物、劳务、服务、无形资产和不动产符合规定条件所支付的进项税额，准予从销项税额中抵扣。支付的增值税税额通过"应交税费——应交增值税（进项税额）"账户核算。

①购进原材料。

【例4-3】9月4日，光华公司从制糖厂购入原材料白糖一批，取得的增值税专用发票上注明的价款为30 000元，进项税额为5 100元；支付运输费用2 000元，取得的增值税专用发票上注明运费为1 801.80元、增值税税额198.20元，全部款项通过银行转账支付。材料已验收入库，发票已通过税务机关认证。

进项税额 = 5 100+198.20 = 5 298.20（元）

借：原材料——白糖　　　　　　　　　　　　　　　　　　31 801.80

　　应交税费——应交增值税（进项税额）　　　　　　　　5 298.20

　贷：银行存款　　　　　　　　　　　　　　　　　　　　　　　　37 100

②购进免税农产品。

【例4-4】9月5日，光华公司从农业生产者手中购入原材料玉米，开具收购发票注明金额为320 000元，货款用现金支付，玉米已验收入库。

　　进项税额＝320 000×13%＝41 600（元）

借：原材料——玉米　　　　　　　　　　　　　　　　　　278 400

　　应交税费——应交增值税（进项税额）　　　　　　　　41 600

　贷：库存现金　　　　　　　　　　　　　　　　　　　　　　　320 000

③取得动产类固定资产。

【例4-5】9月13日，光华公司购入食品加工生产线，价款230 000元，增值税税额为39 100元，设备已安装完成，款项已用银行存款支付。取得的增值税专用发票已通过税务机关认证。

借：固定资产　　　　　　　　　　　　　　　　　　　　　230 000

　　应交税费——应交增值税（进项税额）　　　　　　　　39 100

　贷：银行存款　　　　　　　　　　　　　　　　　　　　　　269 100

④取得并按固定资产核算的不动产或者在建工程。

一般纳税人自2016年5月1日后取得并按固定资产核算的不动产或者2016年5月1日后取得的不动产在建工程，其进项税额按规定分2年从销项税额中抵扣，第一年抵扣比例为60%，第二年抵扣比例为40%。

【例4-6】9月14日，光华公司购置一房地产公司新建的商品房作产品销售部，取得的该房地产公司开具的增值税专用发票上注明的房价为1 904 761.90元、增值税税额为95 238.10元，款项已用银行存款支付。取得的增值税专用发票已通过税务机关认证。

借：固定资产　　　　　　　　　　　　　　　　　　　　1 904 761.90

　　应交税费——应交增值税（进项税额）　　　　　　　　57 142.86

　　　　　　——待抵扣进项税额　　　　　　　　　　　　38 095.24

　贷：银行存款　　　　　　　　　　　　　　　　　　　　　　2 000 000

⑤进口原材料。

企业进口货物，从海关取得的进口增值税专用缴款书上注明的增值税税额为进项税额，缴纳的关税应计入采购成本。

【例4-7】9月15日，光华公司从国外进口大豆一批，到岸价折合人民币15万元，款项已支付，经海关核定到岸价为关税完税价格，关税税率为20%，增值税税率为13%。公司已向海关支付了关税和增值税税款，并取得了相关完税凭证，进口大豆已验收入库。

　　应纳关税＝150 000×20%＝30 000（元）

组成计税价格 = 150 000×（1+20%）= 180 000（元）

应纳增值税 = 180 000×13% = 23 400（元）

借：原材料　　　　　　　　　　　　　　　　　　　　　　180 000

　　应交税费——应交增值税（进项税额）　　　　　　　　 23 400

　　贷：银行存款——外币户　　　　　　　　　　　　　　　　　　150 000

　　　　　　　　——人民币户　　　　　　　　　　　　　　　　　 53 400

（3）销项税额的核算。

增值税一般纳税人销售货物、劳务、服务、固定资产、无形资产或不动产，对收取的增值税税额，通过"应交税费——应交增值税（销项税额）"核算。

①直接收款销售产品。

【例4-8】9月30日光华公司销售给各商场产品，共取得价款600 000元，增值税税额102 000元，企业已开出增值税专用发票，款项已存入银行。

借：银行存款　　　　　　　　　　　　　　　　　　　　　702 000

　　贷：主营业务收入　　　　　　　　　　　　　　　　　　　　600 000

　　　　应交税费——应交增值税（销项税额）　　　　　　　　　102 000

②委托代销。

【例4-9】9月30日，光华公司收到华联超市送来的委托代销清单及代销款项，公司向超市开出增值税专用发票，销售额为540 000元，增值税为91 800元，对方按不含税销售额的5%收取手续费，手续费取得增值税专用发票，其上注明手续费25 471.70元、增值税税额1 528.30元。手续费直接从货款中扣除，共收到款项604 800元，存入银行。

借：银行存款　　　　　　　　　　　　　　　　　　　　　604 800

　　销售费用　　　　　　　　　　　　　　　　　　　　 25 471.70

　　应交税费——应交增值税（进项税额）　　　　　　　　 1 528.30

　　贷：主营业务收入　　　　　　　　　　　　　　　　　　　　540 000

　　　　应交税费——应交增值税（销项税额）　　　　　　　　　 91 800

③视同销售行为。

【例4-10】9月10日，光华公司将自产的产品分给职工作为福利，该批产品的售价为8 000元，成本为6 500元。

借：应付职工薪酬——职工福利　　　　　　　　　　　　　 9 360

　　贷：主营业务收入　　　　　　　　　　　　　　　　　　　　 8 000

　　　　应交税费——应交增值税（销项税额）　　　　　　　　　 1 360

借：主营业务成本　　　　　　　　　　　　　　　　　　　 6 500

　　贷：库存商品　　　　　　　　　　　　　　　　　　　　　　 6 500

【例4-11】9月11日，光华公司将自产的产品捐赠给福利院，该产品不含税售价6 000元，成本4 200元。

借：营业外支出　　　　　　　　　　　　　　　　　　　　　 5 220

　　　贷：库存商品　　　　　　　　　　　　　　　　　　　　　4 200
　　　　　应交税费——应交增值税（销项税额）　　　　　　　1 020
　　④以物易物行为。

　　【例4-12】9月15日，光华公司用自己生产的产品向面粉厂换取面粉一批，换出产品和换入面粉的价格相同，都是26 000元，双方都已开具增值税专用发票。换出产品的成本是21 000元。

　　　借：原材料——面粉　　　　　　　　　　　　　　　　　26 000
　　　　　应交税费——应交增值税（进项税额）　　　　　　　3 380
　　　　　应收账款　　　　　　　　　　　　　　　　　　　　1 040
　　　贷：主营业务收入　　　　　　　　　　　　　　　　　　26 000
　　　　　应交税费——应交增值税（销项税额）　　　　　　　4 420
　　　借：主营业务成本　　　　　　　　　　　　　　　　　　21 000
　　　贷：库存商品　　　　　　　　　　　　　　　　　　　　21 000
　　⑤其他业务收入。

　　【例4-13】9月17日，光华公司没收已逾期的包装物押金4 680元。

　　销项税额=4 680÷（1+17%）×17%=680（元）

　　　借：其他应付款——包装物押金　　　　　　　　　　　　4 680
　　　贷：其他业务收入　　　　　　　　　　　　　　　　　　4 000
　　　　　应交税费——应交增值税（销项税额）　　　　　　　　680

　　【例4-14】9月30日，光华公司共取得运输收入合计444 000元，其中开具普通发票111 000元，开具增值税专用发票价税合计333 000元。

　　应确认的其他业务收入=444 000÷（1+11%）=400 000（元）

　　销项税额=400 000×11%=44 000（元）

　　　借：银行存款　　　　　　　　　　　　　　　　　　　444 000
　　　贷：其他业务收入　　　　　　　　　　　　　　　　　400 000
　　　　　应交税费——应交增值税（销项税额）　　　　　　　44 000
　　⑥受托加工业务。

　　【例4-15】9月15日，光华公司为明阳公司提供加工服务，加工一批食品，开出增值税专用发票，发票标明加工费2 000元，税款340元，款项尚未收到。

　　　借：应收账款——明阳公司　　　　　　　　　　　　　　2 340
　　　贷：主营业务收入　　　　　　　　　　　　　　　　　　2 000
　　　　　应交税费——应交增值税（销项税额）　　　　　　　　340
　　⑦销售退回业务。

　　【例4-16】9月16日，光华公司上月销售的一批食品，由于质量问题发生退回，价款是3 000元，增值税税额510元，企业开出红字增值税专用发票，并以银行存款支付退货款。该批食品的成本是2 100元，货已收到。

　　　借：主营业务收入　　　　　　　　　　　　　　　　　　3 000

应交税费——应交增值税（销项税额） 510

　　贷：银行存款 3 510

借：库存商品 2 100

　　贷：主营业务成本 2 100

（4）不得抵扣进项税额的核算。

①购进货物取得普通发票，没有增值税专用发票不可以抵扣进项税额。

【例4-17】9月12日，光华公司从美极调料厂（小规模纳税人）购入调料一批，取得普通发票，价款为7 000元，款项已通过银行存款支付。

借：原材料——调料 7 000

　　贷：银行存款 7 000

②已经抵扣进项税额的外购货物改变用途，用于不得抵扣进项税额的用途，需作进项税额转出。

【例4-18】9月20日，光华公司将换回的面粉免费发给职工做福利，价值3 000元。

进项税额转出=3 000×13%=390（元）

借：应付职工薪酬——职工福利 3 390

　　贷：原材料 3 000

　　　　应交税费——应交增值税（进项税额转出） 390

③在产品、产成品发生非正常损失，其所用外购材料、劳务、服务等的进项税额需做转出处理。

【例4-19】9月30日，由于管理不善，光华公司损毁一批产品，已知损失产品账面价值为84 000元，当期总的生产成本为420 000元，其中耗用外购材料、低值易耗品等的价值为300 000元，外购货物均适用17%的增值税税率。经批准，由保管员赔偿6 000元，其余作损失处理。账务处理如下：

损失产品成本中所耗外购货物的购进额=84 000×（300 000÷420 000）=60 000（元）

应转出进项税额=60 000×17%=10 200（元）

借：待处理财产损溢——待处理流动资产损溢 94 200

　　贷：库存商品 84 000

　　　　应交税费——应交增值税（进项税额转出） 10 200

借：其他应收款 6 000

　　管理费用 88 200

　　贷：待处理财产损溢——待处理流动资产损溢 94 200

④如果已抵扣进项税额的固定资产发生非正常损失，应在当月计算不得抵扣的进项税额，作进项税额转出。不得抵扣的进项税额=固定资产净值×适用税率。

【例4-20】9月23日，光华公司于2013年1月购入的一台设备由于管理不善发生事故报废，该设备原值20 000元，已提折旧5 000元，并且该设备购入时进项税额3 400元已全部抵扣。

不得抵扣的进项税额 =（20 000−5 000）×17% = 2 550（元）

①固定资产转入清理。

借：固定资产清理　　　　　　　　　　　　　　　　　　　15 000

　　累计折旧　　　　　　　　　　　　　　　　　　　　　　5 000

　　贷：固定资产　　　　　　　　　　　　　　　　　　　　　　　20 000

②转出进项税额。

借：固定资产清理　　　　　　　　　　　　　　　　　　　　2 550

　　贷：应交税费——应交增值税（进项税额转出）　　　　　　　　2 550

③结转清理净损益。

借：营业外支出　　　　　　　　　　　　　　　　　　　　17 550

　　贷：固定资产清理　　　　　　　　　　　　　　　　　　　　　17 550

2.一般纳税人出口业务的增值税会计处理。

一般纳税人出口货物可以享受出口退增值税的优惠。《出口货物退（免）税管理办法》规定：可以退（免）税的出口货物一般应具备以下四个条件：①必须是属于增值税、消费税征税范围的货物；②必须是报关离境的货物；③必须是在财务上作销售处理的货物；④必须是出口收汇并已核销的货物。出口退增值税的计算主要有两种方法：一种是"免、抵、退"税方法，另一种是"先征后退"方法。

（1）"免、抵、退"税方法的会计处理。

生产企业自营或委托外贸企业代理出口自产货物，除另有规定外，增值税一律实行免、抵、退税管理办法。"免"税，是指对生产企业出口的自产货物，在出口时免征本企业生产销售环节增值税；"抵"税，是指生产企业出口自产货物所耗用的原材料、零部件、燃料、动力等所含应予退还的进项税额，抵顶内销货物的应纳税额；"退"税是指生产企业出口的自产货物在当月内应抵顶的进项税额大于应纳税额时，对未抵顶完的部分予以退税。

为了核算出口退税业务，企业应在"应交税费———应交增值税"账户下设置"出口抵减内销产品应纳税额"和"出口退税"两个三级明细账户。

"出口抵减内销产品应纳税额"账户，反映出口企业销售出口货物后，向税务机关办理免、抵、退税申报，按规定计算的应免抵税额。

"出口退税"明细账户，记录企业出口适用零税率的货物，货物出口后凭相关手续向税务机关申报办理出口退税而收到退回的税款。

下面通过例题说明企业如何采用"免、抵、退"税方法进行出口退增值税的会计处理。

【例4-21】甲企业自营出口，产品退税率15%，2016年6月发生相关业务如下：外购原材料、燃料、动力取得增值税专用发票，注明价款700万元，增值税119万元；当月内销货物取得不含税销售收入300万元，款项已存入银行；当月外销货物取得不含税销售收入500万元。

①外购原材料、燃料、动力。

借：原材料　　　　　　　　　　　　　　　　　　　　　7 000 000

　　应交税费——应交增值税（进项税额）　　　　　　1 190 000

　　贷：银行存款　　　　　　　　　　　　　　　　　　　　　　8 190 000

②内销货物。

借：银行存款　　　　　　　　　　　　　　　　　　　3 510 000

　　贷：主营业务收入　　　　　　　　　　　　　　　　　　　　3 000 000

　　　　应交税费——应交增值税（销项税额）　　　　　　　　　510 000

③出口货物销售。

出口货物免征增值税，没有销项税额。

借：应收账款　　　　　　　　　　　　　　　　　　　5 000 000

　　贷：主营业务收入　　　　　　　　　　　　　　　　　　　　5 000 000

④当期"免、抵、退"不得免征和抵扣的税额。

当期"免、抵、退"不得免征和抵扣的税额＝500×（17%－15%）＝10（万元）

借：主营业务成本　　　　　　　　　　　　　　　　　100 000

　　贷：应交税费——应交增值税（进项税额转出）　　　　　　　100 000

⑤计算应退增值税税额。

当期应纳税额＝300×17%－（119－10）＝－58（万元）

免抵退税额＝500×15%＝75（万元）

当期期末留抵税额≤当期免抵退税额，当期应退税额＝当期期末留抵税额。

当期应退税额＝58万元

当期免抵税额＝75－58＝17（万元）

借：其他应收款——应收出口退税款　　　　　　　　　580 000

　　　应交税费——应交增值税（出口抵减内销产品应纳税额）　170 000

　　贷：应交税费——应交增值税（出口退税）　　　　　　　　　750 000

⑥实际收到出口退税款时。

借：银行存款　　　　　　　　　　　　　　　　　　　580 000

　　贷：其他应收款——应收出口退税款　　　　　　　　　　　　580 000

（2）"先征后退"方法的会计处理。

外贸企业以及实行外贸企业财务制度的工贸企业收购货物出口，实行"先征后退"的计算方法，其出口销售环节免征增值税，在货物出口后按收购成本与退税率计算退税额退还给外贸企业，征、退税之差计入企业成本。

【例4-22】某外贸公司购进出口商品一批，取得的增值税专用发票上注明的商品价款为60 000元、增值税税额为10 200元。该批商品已经全部办理了出口报关手续，并已收到销货款12 000美元，当时的市场汇率为1美元兑换6.20元人民币。出口商品的退税率为9%，有关会计处理如下：

①购进商品时：

借：库存商品   60 000
　　应交税费——应交增值税（进项税额）   10 200
　　贷：银行存款   70 200

②商品出口收回货款时：

借：银行存款   74 400
　　贷：主营业务收入   74 400

③结转出口商品销售成本时：

借：主营业务成本   60 000
　　贷：库存商品   60 000

④计算征、退税之差，调整出口商品销售成本：

征、退税之差计入出口商品销售成本的金额＝60 000×（17%−9%）＝4 800（元）

借：主营业务成本   4 800
　　贷：应交税费——应交增值税（进项税额转出）   4 800

⑤计算本期应收的出口退税款时：

应收出口退税款＝60 000×9%＝5 400（元）

借：其他应收款——应收出口退税款   5 400
　　贷：应交税费——应交增值税（出口退税）   5 400

⑥实际收到出口退税款时：

借：银行存款   5 400
　　贷：其他应收款——应收出口退税款   5 400

二、小规模纳税人及一般纳税人简易计税方法的增值税会计处理

（一）小规模纳税人的增值税会计处理

小规模纳税人应纳增值税税额，通过"应交税费——应交增值税"明细账户核算。由于小规模纳税人不得抵扣进项税额，不用在"应交税费——应交增值税"明细账户下设置若干三级明细，只需采用三栏式账户结构进行核算。

【例4−23】四通电子厂是增值税小规模纳税人，2016年7月发生经济业务如下：

①7月3日，向阳光电路板厂购入电路板一批，取得增值税专用发票，价款是60 000元，税额为10 200元，材料已经入库，货款用银行存款支付。

借：原材料——电路板   70 200
　　贷：银行存款   70 200

②7月5日，向电器零售商店购入电阻一批，取得普通发票上注明的价款为500元，款项用现金支付。

借：原材料——电阻   500
　　贷：库存现金   500

③7月8日，缴纳上月应纳的增值税800元。

借：应交税费——应交增值税   800

贷：银行存款   800

④7月13日，销售一批产品给大华公司，开具的普通发票上注明价款为20 900元，货款通过转账存入银行。该批产品成本为14 000元。

应纳增值税税额＝20 900÷（1+3%）×3%＝608.74（元）

借：银行存款   20 900

    贷：主营业务收入   20 291.26

        应交税费——应交增值税   608.74

借：主营业务成本   14 000

    贷：库存商品   14 000

⑤7月20日，将一批自产的复读机捐给希望小学，该批产品的市场销售价为4 120元，成本为3 100元。

应纳增值税税额＝4 120÷（1+3%）×3%＝120（元）

借：营业外支出   3 220

    贷：库存商品   3 100

        应交税费——应交增值税   120

⑥小规模纳税人月收入不足3万元的，免增值税，该企业本月收入额不足3万元，免增值税。企业月底可以将免税额计入营业外收入。

借：应交税费——应交增值税   728.74

    贷：营业外收入——补贴收入   728.74

（二）一般纳税人采用简易计税方法计税的会计处理

一般纳税人采用简易计税方法计税，其应纳税额的计算与小规模纳税人的计算方法相同。在会计核算中应注意，按简易计税方法计算的应纳增值税不能计入销项税额，因为其不可以抵扣进项税额，应记入"应交税费——应交增值税（简易计税）"。

【例4-24】甲企业为一般纳税人，2016年5月销售已使用过的旧设备一台，该设备为2007年购入，原值是80 000元，已提折旧63 000元，售价为25 000元，收到款项存入银行。

该业务应交的增值税＝25 000÷（1+3%）×2%＝485.44（元）

①固定资产转入清理。

借：固定资产清理   17 000

    累计折旧   63 000

    贷：固定资产   80 000

②收到销售固定资产价款。

借：银行存款   25 000

    贷：固定资产清理   25 000

③计算应纳增值税。

借：固定资产清理   485.44

    贷：应交税费——应交增值税（简易计税）   485.44

④结转清理净损益。

借：固定资产清理　　　　　　　　　　　　　　　　　7 514.56

　　贷：营业外收入　　　　　　　　　　　　　　　　　　　　7 514.56

三、"营改增"试点纳税人增值税差额计税的会计处理

2016年5月1日全面"营改增"试点后，允许部分"营改增"试点纳税人从销售额中扣除支付给其他纳税人的成本费用。制定差额计税的目的是对某些难以取得进项税的项目降低税负，实现营业税向增值税转换的平稳过渡。可以差额征税的企业主要有：房地产企业，允许扣除支付的土地价款；融资租赁售后回租，允许扣除本金；纳税人提供旅游服务，允许扣除向其他单位或个人支付的住宿费、餐饮费、交通费等。

（一）一般纳税人差额计税的会计处理

1.一般计税方法差额计税的会计处理

按现行增值税制度规定企业发生相关成本费用允许扣减销售额的，发生成本费用时，按应付或实际支付的金额，借记"主营业务成本""存货""工程施工"等科目，贷记"应付账款""应付票据""银行存款"等科目。待取得合规增值税扣税凭证且纳税义务发生时，按照允许抵扣的税额，借记"应交税费——应交增值税（销项税额抵减）"，贷记"主营业务成本""存货""工程施工"等科目。

【例4-25】某旅游公司为增值税一般纳税人。2016年6月取得含税收入106万元，当月支付住宿费等21.20万元，取得增值税发票。

①公司提供应税服务。

借：应收账款　　　　　　　　　　　　　　　　　　1 060 000

　　贷：主营业务收入　　　　　　　　　　　　　　　　　1 000 000

　　　　应交税费——应交增值税（销项税额）　　　　　　　60 000

②公司支付住宿费，取得增值税扣税凭证。

借：主营业务成本　　　　　　　　　　　　　　　　　212 000

　　贷：银行存款　　　　　　　　　　　　　　　　　　　212 000

借：应交税费——应交增值税（销项税额抵减）　　　　12 000

　　贷：主营业务成本　　　　　　　　　　　　　　　　　　12 000

2.简易计税方法差额计税的会计处理

在简易计征法下，待取得合规增值税扣税凭证且纳税义务发生时，按照允许抵扣的税额，借记"应交税费——简易计税"科目，贷记"主营业务成本""存货""工程施工"等科目。

（二）小规模纳税人差额计税的会计处理

小规模纳税人在取得合规增值税扣税凭证且纳税义务发生时，借记"应交税费——应交增值税"科目，贷记"主营业务成本""存货""工程施工"等科目。

四、增值税预交税款的会计处理

全面"营改增"试点后，部分行业的特殊业务涉及增值税预交税款的情况。一

般纳税人转让不动产、提供不动产经营租赁服务、提供建筑服务、采用预收款方式销售自行开发的房地产项目等，按规定应预交增值税税额。

一般纳税人应设置"应交税费——预交增值税"明细科目进行预交税款的会计核算。以下以纳税人跨县（市、区）提供建筑服务为例说明预交增值税的会计核算。

一般纳税人跨县（市、区）提供建筑服务，适用一般计税方法计税的，以取得的全部价款和价外费用扣除支付的分包款后的余额，按照2%的预征率计算应预交税款。

应预交税款 =（全部价款和价外费用－支付的分包款）÷（1+11%）×2%

一般纳税人跨县（市、区）提供建筑服务，适用简易计税方法计税的，以取得的全部价款和价外费用扣除支付的分包款后的余额，按照3%的征收率计算应预交税款。

应预交税款 =（全部价款和价外费用－支付的分包款）÷（1+3%）×3%

【例4－26】A建筑公司为增值税一般纳税人，机构所在地为甲市。2016年6月1日到乙市承接一项工程项目，并将该项目中的部分施工项目分包给了B公司。6月22日发包方按进度支付工程价款2 000 000元，当月A公司为该项目购进材料取得增值税专用发票上注明价款500 000元，增值税税额85 000元；6月30日A公司支付给B公司工程分包款500 000元、B公司开具给A公司增值税专用发票，注明增值税税额49 550元。该工程项目A建筑公司适用一般计税方法计算应纳税额。

一般纳税人跨县（市）提供建筑服务，适用一般计税方法计税的，纳税人应以取得的全部价款和价外费用扣除支付的分包款后的余额，按照2%的预征率在建筑服务发生地预交税款后，向机构所在地主管税务机关进行纳税申报。

①A公司收到工程价款。

销项税额 = 2 000 000÷（1+11%）×11% = 198 198.20（元）

借：银行存款　　　　　　　　　　　　　　　　　2 000 000
　　贷：主营业务收入　　　　　　　　　　　　　　　　1 801 801.80
　　　　应交税费——应交增值税（销项税额）　　　　　　198 198.20

②购进材料。

借：原材料　　　　　　　　　　　　　　　　　　500 000
　　应交税费——应交增值税（进项税额）　　　　　85 000
　　贷：银行存款　　　　　　　　　　　　　　　　　　585 000

③支付给B公司工程分包款。

借：劳务成本　　　　　　　　　　　　　　　　　450 450
　　应交税费——应交增值税（进项税额）　　　　　49 550
　　贷：银行存款　　　　　　　　　　　　　　　　　　500 000

④在乙市预交增值税。

预交增值税税额 =（2 000 000 － 500 000）÷（1+11%）×2% = 27 027.03（元）

借：应交税费——预交增值税 27 027.03

 贷：银行存款 27 027.03

⑤在增值税纳税申报期内向机构所在地主管税务机关申报纳税。

未扣除预交增值税应纳增值税税额＝（198 198.20－85 000－49 550）＝63 648.2（元）

借：应交税费——应交增值税（转出未交增值税） 63 648.20

 贷：应交税费——未交增值税 63 648.20

扣除预交增值税后应缴纳增值税税额＝63 648.20－27 027.03＝36 621.17（元）

借：应交税费——未交增值税 27 027.03

 贷：应交税费——预交增值税 27 027.03

五、增值税税收优惠的会计处理

1.直接免征增值税

有些经营业务是免征增值税的，例如纳税人经营饲料、农药、农膜等，因为国家政策扶持，销售环节不征收增值税，但进项不允许抵扣。此类收入实现时直接计入主营业务或其他业务收入，无须计提增值税。

【例4-27】某公司购进一批农膜，增值税专用发票注明农膜价款150万元，增值税税额19.50万元。当月农膜已经全部销售，取得价款200万元。

解析：

购入农膜时：

借：库存商品 1 695 000

 贷：银行存款 1 695 000

销售农膜时：

借：银行存款 2 000 000

 贷：主营业务收入 2 000 000

2.小规模纳税人月收入不足3万元或按季申报不足9万元的，免征增值税

小规模纳税人的应税行为，应征增值税，但销售额符合国家免征额度规定的，不征收增值税。此类收入免征增值税，属于政策优惠，但发票开具时，要注明税率。

自2016年4月1日起，增值税小规模纳税人缴纳增值税、消费税、文化事业建设费，以及随增值税、消费税附征的城市维护建设税、教育费附加等税费，原则上实行按季申报。

【例4-28】某设计公司（小规模纳税人）2016年7月取得设计收入8 000元，8月取得设计收入12 000元，9月取得设计收入36 000元，收入均含税。按季度申报增值税的会计处理如下：

7月取得收入时：

借：银行存款 8 000

 贷：主营业务收入 7 766.99

  应交税费——应交增值税 233.01

8月取得收入时：

借：银行存款　　　　　　　　　　　　　　　　　　　　12 000

　　贷：主营业务收入　　　　　　　　　　　　　　　　　　　11 650.49

　　　　应交税费——应交增值税　　　　　　　　　　　　　　　349.51

9月取得收入时：

借：银行存款　　　　　　　　　　　　　　　　　　　　36 000

　　贷：主营业务收入　　　　　　　　　　　　　　　　　　　34 951.46

　　　　应交税费——应交增值税　　　　　　　　　　　　　　1 048.54

9月底确认符合免征增值税收入条件时：

借：应交税费——应交增值税　　　　　　　　　　　　　1 631.06

　　贷：营业外收入——补贴收入　　　　　　　　　　　　　　1 631.06

3.增值税税控系统专用设备和技术维护费用抵减增值税税额的会计处理

（1）增值税一般纳税人的会计处理。

按税法规定，增值税一般纳税人初次购买增值税税控系统专用设备支付的费用以及缴纳的技术维护费允许在增值税应纳税额中全额抵减的，应在"应交税费——应交增值税"科目下增设"减免税款"专栏，用于记录该企业按规定抵减的增值税应纳税额。

企业购入增值税税控系统专用设备，按实际支付或应付的金额，借记"固定资产"科目，贷记"银行存款""应付账款"等科目。按规定抵减的增值税应纳税额，借记"应交税费——应交增值税（减免税款）"科目，贷记"递延收益"科目。按期计提折旧，借记"管理费用"等科目，贷记"累计折旧"科目；同时，借记"递延收益"科目，贷记"管理费用"等科目。

企业发生技术维护费，按实际支付或应付的金额，借记"管理费用"等科目，贷记"银行存款"等科目。按规定抵减的增值税应纳税额，借记"应交税费——应交增值税（减免税款）"科目，贷记"管理费用"等科目。

应该说明的是，"应交税费——应交增值税（减免税款）"账户核算纳税人直接享受的增值税减免税款。在实际工作中，只有极少数的企业享受增值税直接减免的优惠政策，一般纳税人初次购买增值税税控系统专用设备以及缴纳的技术维护费全年只能发生一次，因此，很少有企业设置"应交税费——应交增值税（减免税款）"账户，发生的减免税款业务，直接通过"应交税费——应交增值税（已交税金）"账户核算。

【例4-29】甲公司缴纳增值税税控系统专用设备维护费1 000元。假设该企业未设"应交税费———应交增值税（减免税款）"账户。

借：管理费用　　　　　　　　　　　　　　　　　　　　1 000

　　贷：银行存款　　　　　　　　　　　　　　　　　　　　　1 000

借：应交税费——应交增值税（已交税金）　　　　　　　1 000

　　贷：管理费用　　　　　　　　　　　　　　　　　　　　　1 000

（2）小规模纳税人的会计处理。

按税法有关规定，小规模纳税人初次购买增值税税控系统专用设备支付的费用以及缴纳的技术维护费允许在增值税应纳税额中全额抵减的，按规定抵减的增值税应纳税额应直接冲减"应交税费——应交增值税"科目。

企业购入增值税税控系统专用设备，按实际支付或应付的金额，借记"固定资产"科目，贷记"银行存款""应付账款"等科目。按规定抵减的增值税应纳税额，借记"应交税费——应交增值税"科目，贷记"递延收益"科目。按期计提折旧，借记"管理费用"等科目，贷记"累计折旧"科目；同时，借记"递延收益"科目，贷记"管理费用"等科目。

企业发生技术维护费，按实际支付或应付的金额，借记"管理费用"等科目，贷记"银行存款"等科目。按规定抵减的增值税应纳税额，借记"应交税费——应交增值税"科目，贷记"管理费用"等科目。

第二节 消费税涉税业务的会计处理

对消费税的核算应在"应交税费——应交消费税"账户下进行。为了全面介绍消费税各纳税环节的会计处理，本书以某一生产应税消费品的工业企业为研究对象，说明消费税涉税业务的会计核算。具体资料如下：

资料：宏达实木地板生产企业系增值税一般纳税人，纳税人识别号为130022311224567，主要以外购的普通实木地板为原料，生产销售各种高档实木地板，适用的消费税税率为5%，实木地板的成本利润率为5%，期初库存外购已税实木地板20万元。2016年6月其消费税涉税业务的会计处理如下：

一、生产销售应税消费品的会计处理

由于消费税属于价内税，企业销售应税消费品的售价已包含消费税（不含增值税），因此，企业缴纳的消费税，应记入"税金及附加"账户，由销售收入补偿。

【例4-30】6月份销售实木地板，共取得价款500 000元，增值税税额85 000元，企业已开出增值税专用发票，款项已存入银行。

借：银行存款　　　　　　　　　　　　　　　　　　　585 000
　　贷：主营业务收入　　　　　　　　　　　　　　　　　　500 000
　　　　应交税费——应交增值税（销项税额）　　　　　　　85 000

应纳消费税=500 000×5%=25 000（元）

借：税金及附加　　　　　　　　　　　　　　　　　　25 000
　　贷：应交税费——应交消费税　　　　　　　　　　　　　25 000

二、视同销售应税消费品的会计处理

（一）自产自用应税消费品

自产自用的应税消费品，用于连续生产应税消费品的，不需缴纳消费税，用于

其他方面的（主要包括用于生产非应税消费品、在建工程、管理部门、非生产机构、广告、样品等方面），于移送使用时缴纳消费税。

【例4-31】丁企业对原值225万元的自有销售部门市房进行装修。领用本企业生产的A款式实木地板100平方米进行装修，A款式地板每平方米成本为200元，该企业同期A款式实木地板售价有280/平方米、320元/平方米和360元/平方米三种。

A款式实木地板的成本=200×100=20 000（元）

A款式实木地板的平均售价=（280+320+360）÷3=320（元/平方米）

应纳消费税金额=320×100×5%=1 600（元）

借：在建工程   21 600

　贷：库存商品   20 000

　　　应交消费税   1 600

（二）企业以生产的应税消费品换取生产资料和消费资料、投资入股、抵偿债务

企业以生产的应税消费品换取生产资料和消费资料、投资入股、抵偿债务，应视同销售，按应税消费品售价或组成计税价格计算应缴纳的增值税。

税法规定，纳税人用于换取生产资料和消费资料、投资入股和抵偿债务等方面的应税消费品，应当以纳税人同类应税消费品的最高销售价格作为计税依据计算征收消费税。

【例4-32】在该门市房装修过程中，丁企业没有购买任何其他装修材料，而是用A款式实木地板200平方米与一家装修材料商店进行交换，换回了其他装修材料进行装修，双方相互开具了增值税专用发票，注明增值税税额10 880元。

丁企业换取装修材料的行为，应按平均售价确认增值税销项税额，按最高销售价格作为计税依据计算缴纳消费税。

应确认的增值税销项税额=320×200×17%=10 880（元）

应纳消费税金额=360×200×5%=3 600（元）

（1）确认换出产品收入并同时确认换入工程物资成本。

借：工程物资   64 000

　　应交税费——应交增值税（进项税额）   10 880

　　贷：主营业务收入   64 000

　　　　应交税费——应交增值税（销项税额）   10 880

（2）结转应纳消费税。

借：税金及附加   3 600

　　贷：应交税费——应交消费税   3 600

（3）在建工程使用工程物资。

借：在建工程   64 000

　　贷：工程物资   64 000

（三）企业以生产的应税消费品用于"换取生产资料和消费资料、投资入股、抵偿债务"以外的其他改变应税消费品所有权的方面

企业以生产的应税消费品用于"换取生产资料和消费资料、投资入股、抵偿债务"以外的其他改变应税消费品所有权的方面，应视同销售，按应税消费品售价或组成计税价格计算应缴纳的增值税和消费税，此时增值税和消费税的计税依据一致，不存在按应税消费品的最高销售价格作为计税依据计算缴纳消费税的情况。

【例4-33】经丁企业法人代表批准，丁企业一主要投资者无偿从本企业领用一批实木地板，成本30 000元，市场售价40 000元。

上述行为是向投资者分配利润的一种方式，是一种视同销售行为。

应确认的增值税销项税额 = 40 000×17% = 6 800（元）

应纳消费税金额 = 40 000×5% = 2 000（元）

借：利润分配——应付利润 46 800
　　贷：主营业务收入 40 000
　　　　应交税费——应交增值税（销项税额） 6 800
借：税金及附加 2 000
　　贷：应交税费——应交消费税 2 000

三、委托加工应税消费品的会计处理

（一）委托方的会计处理

委托加工应税消费品，由受托方在向委托方交货时代收代缴消费税，受托方为个体经营者除外。

1.委托方将委托加工产品收回后，直接用于销售的，在销售时不再缴纳消费税。将受托方代收代缴的消费税随同应支付的加工费一并计入委托加工的应税消费品成本。

委托方将收回的应税消费品，以不高于受托方的计税价格出售的，为直接出售，不再缴纳消费税；委托方以高于受托方的计税价格出售的，不属于直接出售，需按照规定申报缴纳消费税，在计税时准予扣除受托方已代收代缴的消费税。

2.委托加工产品收回后用于连续生产应税消费品，已纳税款按规定准予抵扣，将受托方代收代缴的消费税记入"应交税费——应交消费税"账户的借方。

【例4-34】丁企业委托甲实木地板生产企业加工B款式实木地板一批，原材料成本为300 000元，支付不含增值税的加工费为80 000元。甲企业无B款式实木地板同类消费品的销售价格。B款式实木地板加工完成验收入库，加工费用等已经支付，取得甲企业开具的增值税专用发票一张。收回的B款式实木地板一半用于进一步加工生产C款式实木地板；另一半直接出售，丁企业已开具增值税专用发票，注明价款300 000元、增值税税额51 000元，款项已存入银行。

（1）发出原材料。

借：委托加工物资 300 000
　　贷：原材料 300 000

（2）支付加工费。

借：委托加工物资 80 000

应交税费——应交增值税（进项税额） 13 600

贷：银行存款 93 600

（3）支付代收代缴的消费税。

甲企业无B款式实木地板同类消费品的销售价格，计算代收代缴的消费税，应按组成计税价格确认。

B款式实木地板的组成计税价格＝（300 000＋80 000）÷（1－5%）＝400 000（元）

甲企业应代收代缴的消费税＝400 000×5%＝20 000（元）

由于收回的B款式实木地板一半用于进一步加工生产C款式实木地板；另一半直接出售，支付的代收代缴消费税，一半应记入"应交税费——应交消费税"账户的借方，另一半计入直接出售地板的成本。

借：委托加工物资 10 000

应交税费——应交消费税 10 000

贷：银行存款 20 000

（4）收回验收入库。

借：原材料——B款式实木地板 190 000

库存商品——B款式实木地板 200 000

贷：委托加工物资 390 000

（5）生产领用B款式实木地板。

借：生产成本 190 000

贷：原材料——B款式实木地板 190 000

（6）对外销售B款式实木地板。

销售B款式实木地板的价格为300 000元，高于受托方的计税价格200 000元，不属于直接出售，需按照规定申报缴纳消费税，在计税时准予扣除受托方已代收代缴的消费税。

①确认销售收入。

借：银行存款 351 000

贷：主营业务收入 300 000

应交税费——应交增值税（销项税额） 51 000

②结转销售成本并从成本中分离准予扣除受托方已代收代缴的消费税。

借：主营业务成本 190 000

应交税费——应交消费税 10 000

贷：库存商品——B款式实木地板 200 000

该业务也可以不分离消费税，直接借记"主营业务成本"。两种会计处理对利润的影响一致。

借：主营业务成本 200 000

　　　贷：库存商品——B款式实木地板　　　　　　　　　　　　　　200 000

（二）受托方的会计处理

【例4-35】接上例，甲企业的会计处理如下：

（1）收到委托方发来的原材料。

收到委托方发来的原材料，因资产所有权不属于甲企业，不作为企业资产进行核算，只在备查簿中进行登记。

（2）收取加工费。

　　借：银行存款　　　　　　　　　　　　　　　　　　　　　　93 600

　　　贷：主营业务收入　　　　　　　　　　　　　　　　　　　　80 000

　　　　　应交税费——应交增值税（销项税额）　　　　　　　　13 600

（3）收取代收代缴的消费税。

　　借：银行存款　　　　　　　　　　　　　　　　　　　　　　20 000

　　　贷：应交税费——应交消费税　　　　　　　　　　　　　　20 000

（4）委托加工业务结束，缴纳代收代缴的消费税。

　　借：应交税费——应交消费税　　　　　　　　　　　　　　　20 000

　　　贷：银行存款　　　　　　　　　　　　　　　　　　　　　20 000

在备查簿中核销委托加工物资。

四、进口应税消费品的会计处理

进口应税消费品在海关缴纳的消费税，一般不通过"应交税费——应交消费税"账户核算，缴纳的消费税直接计入进口应税消费品成本。对于生产企业进口的应税消费品，直接出售不需要再缴纳消费税，因为不属于企业生产销售，且已在海关缴纳了消费税，企业应注意与自产产品分开核算；生产企业将进口的应税消费品，用于连续生产其他应税消费品，属于纳税人用外购的已税消费品连续生产应税消费品，在征收消费税时可以扣除外购已税消费品已纳的消费税税款。

【例4-36】丁企业从国外进口实木地板一批，到岸价折合人民币为10万元，款项已支付，经海关核定到岸价为关税完税价格，关税税率为14%。丁企业已向海关支付了关税、增值税、消费税税款，并取得了相关完税凭证，实木地板已验收入库，企业作库存商品处理，直接用于出售。

应纳关税 = 100 000×14% = 14 000（元）

组成计税价格 = 100 000×（1+14%）÷（1-5%）= 120 000（元）

应纳增值税 = 120 000×17% = 20 400（元）

应纳消费税 = 120 000×5% = 6 000（元）

　　借：库存商品　　　　　　　　　　　　　　　　　　　　　120 000

　　　　应交税费——应交增值税（进项税额）　　　　　　　　20 400

　　　贷：银行存款（外币户）　　　　　　　　　　　　　　　100 000

　　　　　银行存款（人民币户）　　　　　　　　　　　　　　40 400

五、外购已税消费品已纳税款的扣除

为了消除重复课税，纳税人用税法规定的外购或委托加工收回的已税消费品连续生产应税消费品的，在征收消费税时可以扣除外购或委托加工已税消费品已纳的消费税税款。

【例4-37】该企业本月购入已税实木地板，价值40万元，生产领用42万元，期末库存18万元。

生产领用实木地板可以抵扣的消费税 = 420 000×5% = 21 000（元）

借：生产成本　　　　　　　　　　　　　　　　　　　399 000
　　应交税费——应交消费税　　　　　　　　　　　　 21 000
　　贷：库存商品——B款式实木地板　　　　　　　　　　　　 420 000

六、金银首饰、铂金首饰和钻石及钻石饰品的会计处理

金银首饰、铂金首饰和钻石及钻石饰品，由生产环节、进口环节征收消费税改在零售环节征收消费税。计算消费税时用不含增值税的售价乘以5%的消费税税率，计算应纳的消费税，不得扣除已纳的消费税款，按计算应缴纳的消费税税额借记"税金及附加"账户，贷记"应交税费——应交消费税"账户。

第三节 企业所得税涉税业务的会计处理

一、应纳税所得额的涉税业务会计处理

企业所得税的计税依据是应纳税所得额，应纳税所得额的确认应以权责发生制为原则。应纳税所得额，是指企业每一纳税年度的收入总额，减除不征税收入、免税收入、各项扣除以及允许弥补的以前年度亏损后的余额。用公式表示为：

应纳税所得额 = 收入总额 - 不征税收入 - 免税收入 - 各项扣除 - 允许弥补的以前年度亏损

以下为企业所得税应纳税所得额确认中的一些特殊涉税业务的相关会计处理。

（一）不征税收入的会计处理

企业可以运用"递延收益"科目核算不征税收入，具体会计处理如下：

1.收到政府不征税收入。

借：银行存款
　　贷：递延收益

2.不征税收入支出的两种情况。

第一种情况，支出形成费用的：

借：管理费用等
　　贷：银行存款

同时：

借：递延收益
　　贷：营业外收入

第二种情况，支出形成资产的：

借：固定资产（或无形资产）

　　贷：银行存款

资产折旧或摊销时：

借：管理费用

　　贷：累计折旧（或累计摊销）

同时：

借：递延收益

　　贷：营业外收入

3.如果企业将符合规定条件的财政性资金作不征税收入处理计入递延收益后，在5年（60个月）内未发生支出且未缴回财政部门或其他拨付资金的政府部门的部分，在第6年应转让营业外收入。

借：递延收益

　　贷：营业外收入

（二）免税收入

1.国债利息收入。

为鼓励企业积极购买国债，支援国家建设项目，税法规定，企业因购买国债所得的利息收入，免征企业所得税。

2.符合条件的居民企业之间的股息、红利等权益性收益。

符合条件的居民企业之间的股息、红利等权益性收益是指居民企业直接投资于其他居民企业取得的投资收益，不包括连续持有居民企业公开发行并上市流通的股票不足12个月取得的投资收益。

企业可以在"投资收益"科目下，设置"符合免税条件的股息所得"和"不符合免税条件的股息所得"二级明细科目。从非上市公司取得的股息为免税收入，确认为投资收益时记入"符合免税条件的股息所得"；连续持有上市流通的股票12个月取得的股息为免税收入，确认为投资收益时记入"符合免税条件的股息所得"；连续持有上市流通的股票不足12个月取得的股息，确认为投资收益时记入"不符合免税条件的股息所得"。

3.在中国境内设立机构、场所的非居民企业从居民企业取得与该机构、场所有实际联系的股息、红利等权益性投资收益。

该收益不包括连续持有居民企业公开发行并上市流通的股票不足12个月取得的投资收益。

4.符合条件的非营利组织的收入。

（三）投资资产的税务处理

投资资产是指企业对外进行权益性投资和债权性投资而形成的资产。

1.投资资产的成本。

投资资产按以下方法确定投资成本：

（1）通过支付现金方式取得的投资资产，以购买价款为成本。

（2）通过支付现金以外的方式取得的投资资产，以该资产的公允价值和支付的相关税费为成本。

2.投资资产成本的扣除方法。

企业对外投资期间，投资资产的成本在计算应纳税所得额时不得扣除，企业在转让或者处置投资资产时，投资资产的成本准予扣除。

《国家税务总局关于企业所得税若干问题的公告》第五条规定：投资企业从被投资企业撤回或减少投资，其取得的资产中，相当于初始出资的部分，应确认为投资收回；相当于被投资企业累计未分配利润和累计盈余公积按减少实收资本比例计算的部分，应确认为股息所得；其余部分确认为投资资产转让所得。

【例4-38】某居民企业将投资于A居民企业的投资成本为100万元的股权转让（拥有被投资单位普通股股权的10%），取得转让收入180万元，被投资企业累计未分配利润和盈余公积为100万元，则该企业：

应确认的投资收益＝180－100＝80（万元）

应确认的股息所得＝100×10%＝10（万元）

应确认的投资资产转让所得＝80－10＝70（万元）

企业可以在"投资收益"科目下，设置"符合免税条件的股息所得"和"投资资产转让所得"二级明细科目，将10万元股息所得记入"符合免税条件的股息所得"科目；将70万元资产转让所得记入"投资资产转让所得"科目，该明细科目核算需要计入应纳税所得额的投资收益。具体会计处理为：

借：银行存款　　　　　　　　　　　　　　　　　　　　　1 800 000

　　贷：长期股权投资　　　　　　　　　　　　　　　　　　　　1 000 000

　　　投资收益——符合免税条件的股息所得　　　　　　　　　　　100 000

　　　　　——投资资产转让所得　　　　　　　　　　　　　　　700 000

二、企业所得税的会计处理

企业会计核算的标准有《企业会计准则》和《小企业会计准则》，对于企业所得税的会计处理，《企业会计准则》和《小企业会计准则》进行了不同的规定，适用不同准则的企业应采用相应的所得税会计处理方法。

（一）适用于《小企业会计准则》的企业所得税会计处理

《小企业会计准则》规定企业所得税的会计处理采用"应付税款法"，按照税法规定计算缴纳的企业所得税，作为所得税费用处理，不确认递延所得税。

（二）适用于《企业会计准则》的企业所得税会计处理

1.所得税会计处理方法。

企业会计准则要求所得税会计采用资产负债表债务法核算。资产负债表债务法是从资产负债表出发，通过比较资产负债表上列示的资产、负债按照会计准则规定确定的账面价值与按照税法规定确定的计税基础，对于两者之间的差异分别按照应纳税暂时性差异与可抵扣暂时性差异，确认相关的递延所得税负债与递延所得税资产。

2.账户设置。

采用资产负债表债务法对所得税进行会计核算，主要通过以下四个账户来进行：

（1）"所得税费用"账户。

"所得税费用"账户核算企业确认的应从当期利润总额中扣除的所得税费用，借方登记计算出的所得税费用，贷方登记期末转入"本年利润"账户的所得税费用，结转后该账户无余额。

（2）"递延所得税资产"账户。

"递延所得税资产"账户，核算企业确认的可抵扣暂时性差异产生的递延所得税资产。资产负债表日，递延所得税资产应有余额大于其账面余额的，应按其差额借记"递延所得税资产"账户，资产的应有余额小于其账面余额的，按其差额贷记"递延所得税资产"账户。资产负债表日，预计未来期间很可能无法获得足够的应纳税所得额用以抵扣可抵扣暂时性差异的，按原确认的递延所得税资产中应减记的金额，贷记"递延所得税资产"账户。本科目期末余额在借方，反映企业确认的递延所得税资产。

（3）"递延所得税负债"账户。

"递延所得税负债"账户核算企业确认的应纳税暂时性差异产生的所得税负债。资产负债表日递延所得税负债的应有余额大于其账面余额的，贷记"递延所得税负债"账户，资产负债表日递延所得税负债的应有余额小于其账面余额的，按其差额借记"递延所得税负债"账户。本科目期末余额在贷方，反映企业已确认的递延所得税负债。

（4）"应交税费——应交所得税"账户。

"应交税费——应交所得税"账户核算企业按税法计算的应交未交企业所得税税款，借方登记实际缴纳的企业所得税，贷方登记计算出应交的企业所得税。期末贷方余额表示应交未交的企业所得税，借方余额表示多缴纳的企业所得税。

3.资产负债表债务法会计处理的基本程序。

在采用资产负债表债务法核算所得税的情况下，企业一般应于每一资产负债表日进行所得税核算。发生特殊交易或事项时，在确认因交易或事项产生的资产、负债时即应确认相关的所得税影响。企业进行所得税核算时一般应遵循以下程序：

（1）按照会计准则规定确定资产负债表中除递延所得税资产和递延所得税负债以外的其他资产和负债项目的账面价值。其中资产、负债的账面价值，是指企业按照相关会计准则的规定进行核算后在资产负债表中列示的金额。

（2）按照会计准则中对于资产和负债计税基础的确定方法，以适用的税收法规为基础，确定资产负债表中有关资产、负债项目的计税基础。

〔3）比较资产、负债的账面价值与其计税基础，对于两者之间存在差异的，分析其性质，除会计准则中规定的特殊情况外，分别应纳税暂时性差异与可抵扣暂时

性差异并乘以所得税税率，确定该资产负债表日递延所得税负债和递延所得税资产的应有金额，并与期初递延所得税资产和递延所得税负债的余额相比，确定当期应予进一步确认的递延所得税资产和递延所得税负债金额或应予转销的金额，作为构成利润表中所得税费用的递延所得税费用（或收益）。

（4）按照税法规定计算确定当期应纳税所得额，将应纳税所得额与适用的所得税税率计算的结果确认为当期应交所得税，作为利润表中应予确认的所得税费用中的当期所得税部分。

（5）确定利润表中的所得税费用。利润表中的所得税费用包括当期所得税和递延所得税两个组成部分。企业在计算确定当期所得税和递延所得税后，两者之和（或之差）即为利润表中的所得税费用。

【例4-39】A企业会计核算适用《企业会计准则》，其所得税税率为25%。2015年度有关所得税会计核算的资料如下：

（1）本年度实现税前会计利润400 000元。

（2）取得国债利息收入10 000元。

（3）持有的一项交易性金融资产期末公允价值上涨8 000元。

（4）计提存货跌价准备20 000元。

（5）本年度开始计提折旧的一项固定资产，成本为200 000元，使用寿命为5年，预计净残值为0，按直线法计提折旧，税法规定的使用年限为10年。假定税法规定的折旧方法及净残值与会计规定相同，折旧费用全部计入当年损益，2015年度除上述事项外，无其他纳税调整事项。

其相关的会计处理如下：

本年应交企业所得税 = ［400 000−10 000−8 000 + 20 000 + （200 000÷5−200 000÷10）］×25%
　　　　　　　　= 105 500（元）

交易性金融资产产生应纳税暂时性差异8 000元。

存货产生可抵扣暂时性差异20 000元。

固定资产产生可抵扣暂时性差异20 000元。

本期递延所得税负债发生额 = 8 000×25% = 2 000（元）

本期递延所得税资产发生额 = 40 000×25% = 10 000（元）

本年度所得税费用 = 105 500 + 2 000−10 000 = 97 500（元）

借：所得税费用　　　　　　　　　　　　　　　　　　　　97 500

　　　递延所得税资产　　　　　　　　　　　　　　　　　10 000

　　贷：递延所得税负债　　　　　　　　　　　　　　　　　　　　2 000

　　　　应交税费——应交所得税　　　　　　　　　　　　　　　　105 500

第四节　个人所得税的会计处理

对于个人而言，个人所得税纳税不涉及会计核算问题，因而个人所得税的会计处理主要指的是企业代扣代缴个人所得税所涉及的会计核算。为了核算代扣代缴的个人所得税，企业一般应设置"应交税费——应交个人所得税"账户，贷方登记按规定应代扣代缴的个人所得税，借方登记已缴纳代扣的个人所得税，期末贷方余额为尚未上缴代扣的个人所得税。

一、企业支付工资、薪金所得代扣代缴的个人所得税的会计处理

企业作为个人所得税的扣缴义务人，应按规定代扣代缴职工应缴纳的个人所得税。企业扣缴的个人所得税税款实际上是个人工资、薪金所得的一部分。代扣个人所得税时，借记"应付职工薪酬——工资"账户，贷记"应交税费——应交个人所得税"账户，上缴代扣的个人所得税时，借记"应交税费——应交个人所得税"账户，贷记"银行存款"账户。

【例4-40】2016年2月25日甲公司汇总本公司应付工资总额为93 000元，其中生产工人工资60 000元，车间管理人员工资13 000元，公司管理人员工资20 000元，按税法规定应代扣代缴个人所得税2 300元，则该公司会计处理如下：

计提工资时：

借：生产成本　　　　　　　　　　　　　　　　　　　　60 000
　　制造费用　　　　　　　　　　　　　　　　　　　　13 000
　　管理费用　　　　　　　　　　　　　　　　　　　　20 000
　　　贷：应付职工薪酬——工资　　　　　　　　　　　　　　　93 000

代扣个人所得税：

借：应付职工薪酬——工资　　　　　　　　　　　　　　93 000
　　　贷：应交税费——应交个人所得税　　　　　　　　　　　　　2 300
　　　　　银行存款　　　　　　　　　　　　　　　　　　　　90 700

缴纳个人所得税时：

借：应交税费——应交个人所得税　　　　　　　　　　　2 300
　　　贷：银行存款　　　　　　　　　　　　　　　　　　　　　2 300

二、支付其他各项所得代扣代缴个人所得税的会计处理

其他所得包括承包经营、承租经营所得，劳务报酬所得，财产租赁所得，特许权使用费所得，稿酬所得，利息、股息、红利所得等。企业在支付上述费用时，借记"管理费用""财务费用""销售费用""其他应付款"等账户，贷记"应交税费——应交个人所得税""银行存款"等账户。上缴代扣的个人所得税时，借记"应交税费——应交个人所得税"账户，贷记"银行存款"账户。

【例4-41】某宾馆请大学教师张某给服务员培训，培训费为8 000元，并代扣代缴个人所得税。相关会计处理如下：

应纳税所得额＝8 000×（1-20%）＝6 400（元）

应纳税额＝6 400×20%＝1 280（元）

支付劳务报酬时：

借：管理费用　　　　　　　　　　　　　　　　　　　　8 000

　　　贷：银行存款　　　　　　　　　　　　　　　　　　　　　　　　6 720

　　　　应交税费——应交个人所得税　　　　　　　　　　　　　　　1 280

　　缴纳代扣个人所得税时：

　　借：应交税费——应交个人所得税　　　　　　　　　　　　1 280

　　　贷：银行存款　　　　　　　　　　　　　　　　　　　　　　　1 280

三、代扣代缴单位取得代扣代缴手续费时的会计处理

　　扣缴义务人扣缴税款收取2%的手续费，作为扣缴义务人的营业外收入，借记"银行存款"账户，贷记"营业外收入"账户。

第五节　其他税种的涉税会计处理

一、城市维护建设税及教育费附加的会计处理

　　核算城市维护建设税和教育费附加，应在"应交税费"账户下设置"应交税费——应交城市维护建设税"和"应交税费——应交教育费附加"账户。计提城市维护建设税及教育费附加时，借记"税金及附加""固定资产清理"等账户，贷记"应交税费——应交城市维护建设税"和"应交税费——应交教育费附加"账户；实际上缴时，借记"应交税费——应交城市维护建设税"和"应交税费——应交教育费附加"账户，贷记"银行存款"账户。

二、关税的会计处理

　　对于关税的核算，企业应当在"应交税费"账户下设置"应交进口关税"和"应交出口关税"两个明细账户，分别用来核算企业发生的和实际缴纳的进出口关税，其贷方反映企业在进出口报关时经海关核准应缴纳的进出口关税，其借方反映企业实际缴纳的进出口关税，余额在贷方反映企业应交而未交的进出口关税。

　　对于进口关税，应当计入进口货物的成本；而对于出口关税，通常应当记入"税金及附加"。

　　（一）自营进口业务关税的核算

　　企业自营进口货物缴纳的进口关税构成进口货物的采购成本。企业在计算应缴纳进口关税时，应借记"材料采购"等账户，贷记"应交税费——应交进口关税"账户；企业缴纳进口关税时，借记"应交税费——应交进口关税"账户，贷记"银行存款"账户。

　　【例4-42】某公司经批准从国外进口一批高档化妆品，其完税价格为人民币620 000元，该化妆品的关税税率为25%，消费税税率为15%，增值税税率为17%。其相关会计处理如下：

　　应交关税税额 = 620 000×25% = 155 000（元）

　　应交消费税税额 = （620 000+155 000）÷（1-15%）×15% = 136 764.71（元）

　　应交增值税税额 = （620 000+155 000）÷（1-15%）×17% = 155 000（元）

　　购进货物并计算进口关税、消费税时：

借：材料采购　　　　　　　　　　　　　　　　　　　756 764.71

　　应交税费——应交增值税（进项税额）　　　　　155 000

　贷：应付账款　　　　　　　　　　　　　　　　　　　620 000

　　　银行存款　　　　　　　　　　　　　　　　　　291 764.71

（二）自营出口业务关税的核算

由于出口关税是对销售环节征收的一种税金，因此，出口关税的核算应通过"税金及附加"等账户进行。企业计算出口应缴纳的出口关税时，借记"税金及附加"等账户，贷记"应交税费——应交出口关税"账户；实际缴纳出口关税时，借记"应交税费——应交出口关税"账户，贷记"银行存款"账户。

【例4-43】某进出口公司自营出口商品一批，该商品离岸价为150 000元，出口关税税率为20%，根据海关开出的税款缴纳凭证，以银行转账支票付讫税款。相关会计处理如下：

出口关税税额 = 150 000÷（1+20%）×20% = 25 000（元）

出口货物时：

借：应收账款　　　　　　　　　　　　　　　　　　150 000

　贷：主营业务收入　　　　　　　　　　　　　　　　150 000

计提出口关税时：

借：税金及附加　　　　　　　　　　　　　　　　　　25 000

　贷：应交税费——应交出口关税　　　　　　　　　　　25 000

实际缴纳出口关税时：

借：应交税费——应交出口关税　　　　　　　　　　　25 000

　贷：银行存款　　　　　　　　　　　　　　　　　　25 000

（三）代理进出口业务关税的会计处理

代理进出口业务，对受托方来说，一般不垫付货款，多以成交额（价格）的一定比例收取劳务费作为其收入。因进出口商品而计缴的关税均应由委托单位负担，受托单位即使向海关缴纳了关税，也只是代垫或代付，日后仍要与委托方结算。

外贸企业在代理进出口业务计算应缴纳的关税时，借记"应收账款"账户，贷记"应交税费——应交进（出）口关税"账户；实际代缴时，借记"应交税费——应交进（出）口关税"账户，贷记"银行存款"账户；实际收到委托方的税款时，借记"银行存款"账户，贷记"应收账款"账户。

【例4-44】某进出口公司受某单位委托代理进口商品一批，进口货款240 000元已汇入进出口公司的开户银行。该进口商品我国口岸到岸价为30 000美元，当日的人民币市场汇率为1：6.30，进口关税税率为20%，代理劳务费按货价的2%收取，该商品已到达指定口岸，公司与委托单位办理有关结算。

该批商品的人民币货价 = 30 000×6.30 = 189 000（元）

进口关税税额 = 189 000×20% = 37 800（元）

代理劳务费 = 189 000×2% = 3 780（元）

（1）收到委托方划来的货款时：

借：银行存款   240 000

　　贷：应付账款——某单位   240 000

（2）用外汇进口商品时：

借：应收账款——某外商   189 000

　　贷：银行存款   189 000

（3）进口关税结算时：

借：应付账款——某单位   37 800

　　贷：应交税费——应交进口关税   37 800

借：应交税费——应交进口关税   37 800

　　贷：银行存款   37 800

（4）将进口商品交付委托单位并收取劳务费时：

借：应付账款——某单位   192 780

　　贷：其他业务收入   3 780

　　　　应收账款——某外商   189 000

（5）将委托单位的余款退回时：

借：应付账款——某单位   9 420

　　贷：银行存款   9 420

【例4-45】某进出口公司受托代理某厂出口一批商品。我国口岸离岸价折合人民币为960 000元，出口关税税率为20%，劳务费为5 000元。会计处理如下：

应交关税税额＝960 000÷（1+20%）×20%＝160 000（元）

（1）应缴出口关税时：

借：应收账款——某单位   160 000

　　贷：应交税费——应交出口关税   160 000

（2）缴纳出口关税时：

借：应交税费——应交出口关税   160 000

　　贷：银行存款   160 000

（3）应收劳务费时：

借：应收账款——某单位   5 000

　　贷：其他业务收入   5 000

（4）收到委托单位划来的税款及劳务费时：

借：银行存款   165 000

　　贷：应收账款——某单位   165 000

三、资源税的会计处理

企业缴纳的资源税，应通过"应交税费——应交资源税"账户进行核算。该账户贷方反映企业应缴纳的资源税税额；借方反映企业已经缴纳或允许抵扣的资源税税额。余额在贷方，表示企业应交而未交的资源税税额。

（一）销售应税产品的会计处理

企业按规定计算对外销售应税产品应缴纳的资源税时，借记"税金及附加"账户，贷记"应交税费——应交资源税"账户；按规定上缴资源税时，借记"应交税费——应交资源税"，贷记"银行存款"账户。

（二）自产自用应税产品的会计处理

对于企业自产自用应税产品，按其计算应纳的资源税税额，借记"生产成本""制造费用""管理费用"等账户，贷记"应交税费——应交资源税"账户；按规定上缴资源税时，借记"应交税费——应交资源税"，贷记"银行存款"账户。

（三）收购未税矿产品时代扣代缴资源税的会计处理

独立矿山、联合企业收购未税矿产品代扣代缴的资源税，应计入采购成本。按实际支付的收购款（不含增值税）和代扣代缴的资源税之和，借记"材料采购"等账户，按可抵扣的增值税进项税额，借记"应交税费——应交增值税（进项税额）"账户，贷记"银行存款""应交税费——应交资源税"等账户。

【例4-46】某炼铁厂收购某铁矿开采的铁矿石100吨，开具增值税专用发票，每吨收购价为125元（其中资源税25元），购进价总计12 500元，增值税进项税额2 125元，价税合计14 625元，企业代扣代缴资源税款后，用银行存款支付收购款。

借：材料采购   12 500

　　应交税费——应交增值税（进项税额）   2 125

　　贷：银行存款   12 125

　　　　应交税费——应交资源税   2 500

四、土地增值税的会计处理

企业核算土地增值税，应当在"应交税费"账户下设置"应交税费——应交土地增值税"明细账户，该账户贷方反映企业计算出应缴纳的土地增值税，借方反映企业实际缴纳的土地增值税，余额在贷方，反映企业应交而未交的土地增值税。

房地产开发企业销售开发产品应缴纳的土地增值税应当记入"税金及附加"账户，按规定计算应由当期营业收入负担的土地增值税，借记"税金及附加"，贷记"应交税费——应交土地增值税"账户。

对于其他非房地产企业转让其已经作为"固定资产""无形资产"等入账的土地使用权、房屋等，其应当缴纳的土地增值税应记入"固定资产清理""营业外支出"等账户。

企业缴纳土地增值税时，借记"应交税费——应交土地增值税"账户，贷记"银行存款"账户。

【例4-47】某市工业企业为增值税一般纳税人。2013年3月以800万元购入办公用房，2016年7月该企业将该办公房转让，取得转让收入1 000万元，转让时该房屋已累计折旧65万元。会计处理如下：

（1）购入时：

借：固定资产　　　　　　　　　　　　　　　　　　　　　8 000 000

　　贷：银行存款　　　　　　　　　　　　　　　　　　　　　　8 000 000

（2）注销转让资产时：

借：固定资产清理　　　　　　　　　　　　　　　　　　　7 350 000

　　累计折旧　　　　　　　　　　　　　　　　　　　　　650 000

　　贷：固定资产　　　　　　　　　　　　　　　　　　　　　8 000 000

（3）取得转让收入时：

借：银行存款　　　　　　　　　　　　　　　　　　　　10 000 000

　　贷：固定资产清理　　　　　　　　　　　　　　　　　　　10 000 000

（4）应缴增值税等流转税时：

应交增值税＝（10 000 000－8 000 000）÷（1+5%）×5%＝95 238.10（元）

应交城建税及教育费附加＝95 238.10×10%＝9 523.81（元）

借：固定资产清理　　　　　　　　　　　　　　　　　　104 761.91

　　贷：应交税费——应交增值税（简易计税）　　　　　　　95 238.10

　　　　　　　——应交城建税及教育费附加　　　　　　　9 523.81

（5）计算应缴土地增值税时：

扣除项目的金额＝8 000 000+9 523.81＝8 009 523.81（元）

土地增值额＝10 000 000－8 000 000－9 523.81＝1 990 476.19（元）

增值额占扣除项目比例＝1 990 476.19÷8 009 523.81×100%＝24.85%

应纳土地增值税＝1 990 476.19×30%＝597 142.86（元）

借：固定资产清理　　　　　　　　　　　　　　　　　　597 142.86

　　贷：应交税费——应交土地增值税　　　　　　　　　　　597 142.86

五、房产税的会计处理

为了核算房产税，企业应设置"应交税费——应交房产税"账户。分期计提房产税时，借记"税金及附加"账户，贷记"应交税费——应交房产税"账户；缴纳房产税时，借记"应交税费——应交房产税"账户，贷记"银行存款"账户。期末，"应交税费——应交房产税"账户贷方余额反映企业应交未交的房产税。

【例4-48】某企业2016年1月1日"固定资产"分类账中，房产原值为850万元，其中160万元的房产租给其他单位使用，每年收取不含增值税租金5万元。当地政府规定，企业自用房屋，按房产原值一次减除20%后作为房产余值纳税，按年计算，分季预交。

（1）2016年1月应纳房产税。

按房产余值计算1月应纳房产税：

年应纳税额＝（8 500 000－1 600 000）×（1－20%）×1.2%＝66 240（元）

月应纳税额＝66 240÷12＝5 520（元）

按租金收入计算1月应纳房产税：

月应纳税额＝50 000×12%÷12＝500（元）

借：税金及附加　　　　　　　　　　　　　　　　　5 520

　　其他业务成本　　　　　　　　　　　　　　　　　500

　　贷：应交税费——应交房产税　　　　　　　　　　　　6 020

（2）2、3月应纳房产税及会计分录与1月相同。

（3）缴纳第一季度房产税时：

借：应交税费——应交房产税　　　　　　　　　　18 060

　　贷：银行存款　　　　　　　　　　　　　　　　　　18 060

六、城镇土地使用税的会计处理

为了核算城镇土地使用税，企业应设置"应交税费——应交城镇土地使用税"账户。计提城镇土地使用税时，借记"税金及附加"账户，贷记"应交税费——应交城镇土地使用税"账户；缴纳城镇土地使用税时，借记"应交税费——应交城镇土地使用税"账户，贷记"银行存款"账户。期末，"应交税费——应交城镇土地使用税"账户贷方余额反映企业应交未交的城镇土地使用税。

【例4-49】某市一家大型商场坐落于该市繁华地段，企业的土地使用证书中写明了其占用土地的面积为1 500平方米，经确定属于一等地段；该商场另设两个统一核算的连锁店，均坐落于该市市区三等地段，共占地3 000平方米。该商场所在城市的城镇土地使用税按年计算、分季缴纳，单位税额为：一等地段年税额10元/平方米，三等地段年税额6元/平方米。

（1）计算该商场应纳城镇土地使用税。

1 500×10＋3 000×6＝33 000（元）

33 000÷4＝8 250（元）

（2）季度末计提城镇土地使用税。

借：税金及附加　　　　　　　　　　　　　　　　8 250

　　贷：应交税费——应交城镇土地使用税　　　　　　　8 250

（3）缴纳城镇土地使用税。

借：应交税费——应交城镇土地使用税　　　　　　8 250

　　贷：银行存款　　　　　　　　　　　　　　　　　　8 250

七、车船税的会计处理

为了核算车船税，企业应设置"应交税费——应交车船税"账户核算企业应纳车船税。分期计提车船税时，借记"税金及附加"账户，贷记"应交税费——应交车船税"账户；缴纳车船税时，借记"应交税费——应交车船税"账户，贷记"银行存款"账户；期末"应交税费——应交车船税"账户贷方余额反映企业应交未交的车船税。

【例4-50】2016年某航运公司拥有机动船3艘，每艘净吨位2 000吨；拖船2艘，发动机功率均为1 000马力。其所在省车船税税额为：净吨位2 000吨以下的每吨4元，2 001吨～10 000吨的每吨5元。公司按季预交车船税。相关会计处理如下：

年应纳税额=3×2 000×4+2×1 000×50%×4×50%=26 000（元）

季度应缴税额=26 000÷4=6 500（元）

（1）每季预交税金。

借：税金及附加　　　　　　　　　　　　　　　　　6 500

　　贷：应交税费——应交车船税　　　　　　　　　　　　　6 500

（2）每季缴纳税金。

借：应交税费——应交车船税　　　　　　　　　　　6 500

　　贷：银行存款　　　　　　　　　　　　　　　　　　　　6 500

八、耕地占用税的会计处理

企业因建造厂房等占用耕地缴纳的耕地占用税应计入建造成本，借记"在建工程"账户，贷记"银行存款"账户。

【例4-51】某公司征用耕地4 000平方米，用于建造生产用厂房，该地区耕地占用税税额为每平方米35元，相关会计处理如下：

应交耕地占用税税额=4 000×35=140 000（元）

（1）计算应交耕地占用税。

借：在建工程　　　　　　　　　　　　　　　　　140 000

　　贷：应交税费——应交耕地占用税　　　　　　　　　　140 000

（2）实际缴纳。

借：应交税费——应交耕地占用税　　　　　　　　140 000

　　贷：银行存款　　　　　　　　　　　　　　　　　　　140 000

九、车辆购置税的会计处理

企业购买、进口、自产、受赠及以其他方式取得并自用的应税车辆应缴的车辆购置税，或者当购置的属于减免税的车辆在转让或改变用途后，按规定应补缴的车辆购置税，企业按规定期限缴纳后，会计根据有关凭证，借记"固定资产"等账户，贷记"银行存款"账户。

【例4-52】某公司购进一辆小汽车，增值税专用发票所列价款35万元，增值税税额5.95万元，款项已用银行存款支付，到主管税务机关缴纳车辆购置税。

应缴车辆购置税税额=350 000×10%=35 000（元）

会计分录如下：

借：固定资产　　　　　　　　　　　　　　　　　385 000

　　应交税费——应交增值税（进项税额）　　　　　59 500

　　贷：银行存款　　　　　　　　　　　　　　　　　　　409 500

　　　　应交税费——应交车辆购置税　　　　　　　　　　　35 000

借：应交税费——应交车辆购置税　　　　　　　　　35 000

　　贷：银行存款　　　　　　　　　　　　　　　　　　　　35 000

十、印花税的会计处理

印花税由于缴纳方式的特殊性，可以不通过"应交税费"账户核算。企业缴纳印花税时，借记"税金及附加"等账户，贷记"银行存款""库存现金"等账户。

【例4-53】某公司于开业时领受房产证、工商营业执照、土地使用证各1件，公司营业账簿中实收资本300万元，其他账簿共有12本。其会计处理如下：

应纳税额 = 3 000 000×5‰+3×5+12×5 = 15 075（元）

借：税金及附加　　　　　　　　　　　　　　　　　　　　　　15 075

　　贷：银行存款　　　　　　　　　　　　　　　　　　　　　　　　15 075

十一、契税的会计处理

契税是在土地、房屋权属转移，由承受单位取得该项产权时缴纳的一种税，对购买单位而言，契税是取得不动产产权的一种必然支出。由于资产是按实际成本计价的，所以取得房产产权所支付的契税也应计入该项资产的实际成本。因此，企业取得土地、房屋产权按规定计算缴纳的契税，可以借记"在建工程""固定资产""无形资产"等账户，贷记"应交税费——应交契税"账户或"银行存款"账户。

【例4-54】某公司以100万元购得一块土地的使用权，当地政府规定的契税税率为3%。相关会计处理如下：

应纳税额 = 100×3% = 3（万元）

借：无形资产——土地使用权　　　　　　　　　　　　　　　　30 000

　　贷：银行存款　　　　　　　　　　　　　　　　　　　　　　　30 000

练习题

一、单项选择题

1.某房地产企业将新开发的商品房对外出售，取得转让收入5 000万元，应当缴纳土地增值税260万元，则企业关于土地增值税的账务处理为（　　　　）。

A.借：税金及附加　　　　　　　　　　　　　　　　　　　2 600 000

　　贷：应交税费——应交土地增值税　　　　　　　　　　　　　2 600 000

B.借：其他业务成本　　　　　　　　　　　　　　　　　　2 600 000

　　贷：应交税费——应交土地增值税　　　　　　　　　　　　　2 600 000

C.借：固定资产清理　　　　　　　　　　　　　　　　　　2 600 000

　　贷：应交税费——应交土地增值税　　　　　　　　　　　　　2 600 000

D.借：其他业务成本　　　　　　　　　　　　　　　　　　2 600 000

　　贷：银行存款　　　　　　　　　　　　　　　　　　　　　　2 600 000

2.企业将外购的货物用于对外捐赠，则以下的会计分录中，正确的是（　　　　）。

A.借：营业外支出

　　贷：库存商品

B.借：营业外支出

　　贷：库存商品

　　　　应交税费——应交增值税（销项税额）

C.借：营业外支出

　　贷：库存商品

　　　　应交税费——应交增值税（进项税额转出）

D.借：营业外支出

　　贷：主营业务收入

　　　　应交税费——应交增值税（销项税额）

3.某企业在2015年8月欠缴增值税20万元，欠税未补。2015年9月末留抵税额为18万元。企业以留抵税额抵欠税的会计处理为（　　　　）。

A.借：应交税费——应交增值税（进项税额）　　　　　　　　　　　　180 000

　　贷：应交税费——未交增值税　　　　　　　　　　　　　　　　　　　180 000

B.借：应交税费——应交增值税（进项税额）　　　　　　　（180 000）

　　贷：应交税费——未交增值税　　　　　　　　　　　　　　　　（180 000）

C.借：应交税费——应交增值税（进项税额）　　　　　　　（200 000）

　　贷：应交税费——应交增值税（转出未交增值税）　　　（200 000）

D.借：应交税费——未交增值税　　　　　　　　　　　　　（180 000）

　　贷：应交税费——应交增值税（进项税额）　　　　　　　　　（180 000）

4.以下业务中需要通过"应交税费——应交增值税（进项税额转出）"科目进行核算的是（　　　）。

A将上月购进的面粉用于本企业食堂做职工福利

B本期收到出口货物的退税额

C当月购进的材料发生退货

D自产的产品用于对外投资

5.某出口企业按照退税申报数进行会计处理，2015年3月当期期末留抵税额30万元，免抵退税额为46万元，则企业正确的会计处理为（　　　）。

A.不用做会计处理

B.借：银行存款　　　　　　　　　　　　　　　　　　　460 000

　　贷：应交税费——应交增值税（出口退税）　　　　　　　　460 000

C.借：应交税费——应交增值税（出口抵减内销产品应纳税额）　300 000

　　贷：应交税费——应交增值税（出口退税）　　　　　　　　300 000

D.借：其他应收款　　　　　　　　　　　　　　　　　　300 000

　　贷：应交税费——应交增值税（出口退税）　　　　　　　　300 000

6.生产企业出口产品（一般贸易）发生销售退回时，由我方承担退货货物的原运保佣①及退货费用的会计处理为（　　　）。

A.借：销售费用

　　贷：主营业务收入

B.借：管理费用

　　贷：主营业务收入

　　　　银行存款

C.借：营业外支出

　　贷：主营业务收入

　　　　银行存款

D.借：待处理财产损溢

　　贷：主营业务收入

　　　　银行存款

7.某小规模纳税人2015年3月销售货物取得银行存款8 000元，当月购入货物6 000元，当月有关增值税的会计处理正确的是（　　　）。

A.借：银行存款　　　　　　　　　　　　　　　　　　　　　8 000

　　贷：主营业务收入　　　　　　　　　　　　　　　　　　　　8 000

B.借：银行存款　　　　　　　　　　　　　　　　　　　　　8 240

　　贷：主营业务收入　　　　　　　　　　　　　　　　　　　　8 000

　　　　应交税费——应交增值税　　　　　　　　　　　　　　　 240

C.借：银行存款　　　　　　　　　　　　　　　　　　　　　8 000

　　贷：主营业务收入　　　　　　　　　　　　　　　　　　 7 766.99

　　　　应交税费——应交增值税　　　　　　　　　　　　　　233.01

D.借：银行存款　　　　　　　　　　　　　　　　　　　　　8 000

　　贷：主营业务收入　　　　　　　　　　　　　　　　　　 7 692.31

　　　　应交税费——应交增值税　　　　　　　　　　　　　　307.69

8.企业缴纳的各种税金中，（　　　）不需要经过"应交税费"科目核算。

A.增值税　　　　　　　　　　　　B.车辆购置税

C.城镇土地使用税　　　　　　　　D.土地增值税

9.某企业将一处旧仓库对外出售，缴纳土地增值税的账务处理为（　　　）。

A.借：税金及附加

　　贷：应交税费——应交土地增值税

B.借：其他业务成本

　　贷：应交税费——应交土地增值税

C.借：固定资产清理

　　贷：应交税费——应交土地增值税

①　运保佣是指运费、保险费和佣金。

D.借：其他业务成本

    贷：银行存款

二、多项选择题

1.以下经济业务中涉及的流转税，不应该在"税金及附加"科目中核算的有（　　）。

A.某工业企业将使用过的固定资产对外投资

B.某房地产企业将新开发的商品房对外出售

C.某工业企业将应税消费品逾期的包装物押金转入其他业务收入

D.某商业企业将空置的门面房对外出租

2."以前年度损益调整"科目的借方发生额反映企业（　　）。

A.以前年度多计费用的数额　　　　　　B.以前年度少计费用的数额

C.以前年度多计收益的数额　　　　　　D.以前年度少计收益的数额

3.某商店2016年2月销售金银首饰100万元，其中包括首饰盒款4万元、首饰成本60万元、首饰盒成本2万元，企业按照100万元直接收款并开具普通发票，则企业的会计处理中，正确的会计分录为（　　）。

A.借：银行存款　　　　　　　　　　　　　　　　1 000 000

    贷：主营业务收入　　　　　　　　　　　　　　854 700

      应交税费——应交增值税（销项税额）　　145 300

B.借：银行存款　　　　　　　　　　　　　　　　　40 000

    贷：其他业务收入　　　　　　　　　　　　　　　34 200

      应交税费——应交增值税　　　　　　　　　　5 800

C.借：主营业务成本　　　　　　　　　　　　　　620 000

    贷：库存商品　　　　　　　　　　　　　　　　600 000

      周转材料　　　　　　　　　　　　　　　　　20 000

D.借：其他业务成本　　　　　　　　　　　　　　　20 000

    贷：周转材料　　　　　　　　　　　　　　　　20 000

4.某石油产品生产企业，当期将自己生产的柴油用于厂房建设用的机器中，则不正确的会计处理有（　　）。

A.借：在建工程

    贷：库存商品

B.借：在建工程

    贷：主营业务收入

      应交税费——应交增值税（销项税额）

C.借：在建工程

    贷：库存商品

      应交税费——应交增值税（销项税额）

D.借：在建工程

　　贷：库存商品

　　　　应交税费——应交增值税（销项税额）

　　　　应交税费——应交消费税

5.外商投资企业接受捐赠先进国产设备一台，设备公允价值为220万元，则该企业可能涉及的会计处理包括（　　　）。

A.借：固定资产

　　　应交税费——应交增值税（进项税额）

　　贷：营业外收入

B.借：固定资产

　　贷：营业外收入

C.借：银行存款

　　贷：固定资产

D.借：所得税费用——递延所得税费用

　　贷：递延所得税负债

6.下列项目中，属于作为增值税一般纳税人的企业应计入收回委托加工物资成本的有（　　　）。

A.支付的委托加工费

B.随同加工费支付的取得的增值税专用发票上注明的增值税（已通过税务认证）

C.收回后用于继续生产应税消费品，已经由受托方代收代缴的消费税

D.随同加工费支付的取得普通发票包含的增值税

7."应交税费——应交增值税"科目下设三级明细科目，其中属于借方核算的三级科目有（　　　）。

A.应交税费——应交增值税（进项税额）

B.应交税费——应交增值税（转出未交增值税）

C.应交税费——应交增值税（进项税额转出）

D.应交税费——应交增值税（出口退税）

8.某企业于2015年7月应纳增值税10万元，欠税未缴。2015年9月末留抵税额为3万元，10月末留抵税额为8万元。以下会计分录正确的有（　　　）。

A.9月：

借：应交税费——应交增值税（进项税额）　　　　　　　　　（30 000）

　　贷：应交税费——未交增值税　　　　　　　　　　　　　　　　（30 000）

B.10月：

借：应交税费——应交增值税（进项税额）　　　　　　　　　（70 000）

　　贷：应交税费——未交增值税　　　　　　　　　　　　　　　　（70 000）

C.9月：

借：应交税费——应交增值税（进项税额）　　　　　　　（100 000）

　　贷：应交税费——未交增值税　　　　　　　　　　　　　　（100 000）

D.10月：

借：应交税费——应交增值税（进项税额）　　　　　　　（80 000）

　　贷：应交税费——未交增值税　　　　　　　　　　　　　　（80 000）

9.下列有关各项税金的说法，正确的有（　　　　）。

A.非房地产开发企业销售不动产，计算应缴纳的增值税，记入"固定资产清理"科目

B.企业收到出口退回的增值税时，应按实际收到的金额，借记"银行存款"，贷记"税金及附加"

C.企业根据所得税会计准则确认的应纳税暂时性差异对所得税的影响通过"递延所得税资产"科目进行核算

D.企业调整增加以前年度利润或减少以前年度亏损，贷记"以前年度损益调整"科目

10.某金店进行金银首饰以旧换新活动，旧首饰作价3 000元，新首饰零售价5 000元，实收现金2 000元，下列分录中正确的是（　　　　）。

A.销售时：

借：库存商品　　　　　　　　　　　　　　　　　　　　3 000

　　库存现金　　　　　　　　　　　　　　　　　　　　2 000

　　贷：主营业务收入　　　　　　　　　　　　　　　　　　4 709.40

　　　　应交税费——应交增值税（销项税额）　　　　　　　290.60

B.销售时：

借：库存商品　　　　　　　　　　　　　　　　　　　　3 000

　　库存现金　　　　　　　　　　　　　　　　　　　　2 000

　　贷：主营业务收入　　　　　　　　　　　　　　　　　　4 273.50

　　　　应交税费——应交增值税（销项税额）　　　　　　　726.50

C.销售时：

借：库存现金　　　　　　　　　　　　　　　　　　　　2 000

　　贷：主营业务收入　　　　　　　　　　　　　　　　　　1 709.40

　　　　应交税费——应交增值税（销项税额）　　　　　　　290.60

D.计提消费税时：

借：税金及附加　　　　　　　　　　　　　　　　　　　85.47

　　贷：应交税费——应交消费税　　　　　　　　　　　　　85.47

11.下列税金应在管理费用中列支的有（　　　　）。

A.房产税　　　　　　　　　　　　　　B.城镇土地使用税

C.车辆购置税　　　　　　　　　　　　D.契税

三、业务题

W公司为增值税一般纳税人，除农产品外，其余商品适用的增值税税率为17%。商品销售价格除特别注明外均为不含税价格，销售实现时结转成本。2015年2月，W公司销售商品的情况如下：

（1）2月1日，收到A公司来函，要求对2015年1月15日所购商品在价格上给予10%的折让（W公司在该批商品售出时确认销售收入200万元，已开具发票未收款）。经查实该批商品外观存在质量问题。W公司同意了B公司提出的折让要求。当日收到A公司交来的税务机关开具的"开具红字增值税专用发票通知单"，并开具了红字增值税专用发票。

（2）2月6日与B公司签订预收货款销售合同，销售商品一批，销售价格为100万元。合同约定，B公司应当于2月6日支付预付款50万元；W公司应于2月6日按全额开具B公司增值税专发票，货物应于3月20日发出。2月6日，W公司按合同规定开具了发票注明：价款100万元，税款17万元，并将预收款存入银行。该批商品的实际成本80万元。

（3）2月15日，向C公司销售商品一批，增值税专用发票注明销售价格300万元，增值税税额51万元。提货单和增值税专用发票已交C公司，2月16日收C公司款项并存入银行。该批商品的实际成本为225万元。

（4）2月直接销售商品给消费者个人，收取含税价款58.50万元，货款存入银行。商品的实际成本为35万元。

（5）2月16日从D公司购入不需要安装的生产用设备一台，取得增值税专用发票注明价款50万元，增值税8.50万元。

（6）2月18日从F公司购进商品，合同规定，不含税销售额200万元，取得F公司开具的增值税专用发票；货物由G公司负责运输，运费由W公司负担，G公司收取运输费用10万元，开具运费专用发票。货物已验收入库，运费通过银行付讫，货款尚未支付。

（7）2月20日从农场购进免税农产品，收购凭证上注明支付货款20万元。将收购农产品的50%用于职工福利消费，50%捐赠给受灾企业，假设成本利润率为10%。

（8）其他资料：当月期初增值税留抵税额为30万元。

问题：（1）根据上述资料，编制W公司2月份发生的经济业务的会计分录。（2）分别计算W公司2月份应缴纳增值税的销项税额、进项税额和应缴增值税税额。

第五章

企业与税务机关的征纳关系管理

税收征纳关系是伴随着税收分配活动的客观存在而产生的征税主体和纳税主体的关系。企业从事生产经营活动，不可避免地涉及纳税义务，向征税主体纳税，成为纳税义务人。我国的征税主体主要包括各级税务机关和海关（以下简称税务机关）。企业要按照税法规定的要求如实、准确、及时地履行自己的纳税义务，税务机关要按照国家税法规定履行自己的征税职责。目前税务机关对纳税人的税务管理模式为纳税服务、纳税评估和税务稽查并存。因为"纳税服务"的目的是帮助纳税人履行纳税义务，"纳税评估"的目的是发现纳税人的不遵从行为并督促其遵从，"税务稽查"的目的是打击严重不遵从行为，三者共同构成税务管理的重要内容，缺一不可。企业与税务机关是税收法律关系主体的两个方面，企业的纳税活动不可避免地要与税务机关产生联系。一方面，企业在接受税务机关税务管理时要积极同税务机关进行沟通，接受税务机关对企业纳税工作的指导；另一方面，实际工作中，对于相同的涉税业务，企业和税务机关从不同的角度看，可能会产生争议。企业与税务机关的争议一旦发生，如果处理不当会遭受本不应有的损失。对企业与税务机关的征纳关系进行有效管理，与税务机关建立良好的征纳关系，对企业具有十分重要的意义。

第一节 企业日常纳税活动与税务机关的协调

一、明确企业作为纳税人的权利与义务

企业与税务机关是税收法律关系主体的两个方面。税收法律关系的主体一方面是纳税主体，其中企业是主要的纳税主体，是税收法律关系中负有纳税义务的一方当事人；税务机关为征税主体，是税收法律关系中享有征税权利的一方当事人，我国的征税主体除各级税务机关外，还包括海关。

在税收法律关系中，代表国家行使征税权的征税机关与负有纳税义务的纳税人的权利义务是不相同的，双方是征收与缴纳的关系。代表国家行使征税权的征税机关，按照税法规定享有无偿地向纳税人征收税款的权利，而纳税人承担按时足额地向税务机关缴纳税款，而不直接取得任何相应回报的单方面义务。征税机关与纳税人是一种管理与被管理的关系，征纳双方既享有权利又承担义务。

作为征税主体的税务机关的权利主要包括以下几个方面：税务管理权、税款征收权、税务检查权、税务行政处罚权；税务机关的义务主要表现在以下几个方面：依法征税的义务、提供服务的义务、保守秘密的义务、保护纳税人合法权益的义

务、依法告知义务、举行听证的义务、受理税务行政复议的义务和受理行政赔偿申请的义务。

作为纳税主体的企业的权利主要表现在以下几个方面：知情权、保密权、税收监督权、纳税申报方式选择权、申请延期申报权、申请延期缴纳税款权、申请退还多缴税款权、依法享受税收优惠权、委托税务代理权、陈述与申辩权、对未出示税务检查证和税务检查通知书的拒绝检查权、税收法律救济权、依法要求听证的权利和索取有关税收凭证的权利、企业的纳税义务主要表现在以下几个方面：依法进行税务登记的义务，依法设置账簿、保管账簿和有关资料以及依法开具、使用、取得和保管发票的义务，财务会计制度和会计核算软件备案的义务，按照规定安装、使用税控装置的义务，按时和如实申报的义务，按时缴纳税款的义务，代扣、代收税款的义务，接受依法检查的义务，及时提供信息的义务和报告其他涉税信息的义务。

虽然作为纳税人的企业与税务机关的权利与义务不对等，但两者不是对立的关系。两者之间应该建立的是和谐的税企关系。一方面，企业准确、及时地履行纳税义务，另一方面，税务机关在履行征税权的同时，做好为企业纳税服务的工作。与税务机关打交道是企业的必修课，只有与税务机关建立良性的税企征纳关系，才能实现企业税收利益最大化。

二、明确企业与税务机关沟通与协调工作中的责任人

企业与税务机关及税务人员的沟通和协调工作非常重要，工作的专业性也非常强。为了更好地完成该项工作，企业应设立与税务机关进行沟通与协调的负责人，直接对企业主管负责，有利于企业与税务部门建立良好的关系。

三、多方面、多渠道加强与税务机关的沟通与协调

1.从税务机关及时获取国家最新的税收法律、法规与规章。

税法是调整税收活动中发生税收关系的法律规范的总称，包括各级有权机关制定的税收法律、法规、规章。虽然企业可以在各级公报、政府网站及公开发行的报纸上搜集到国家最新发布的税收法律、法规与规章，但是对于税收法律、法规、规章的理解可能存在不足。目前我国各级税务机关普遍建立了税收法律、法规及规章的反馈制度，能够为企业及时获取国家最新的税收法律、法规与规章提供帮助。企业应该与税务机关建立定期的国家最新的税收法律、法规与规章反馈制度，以便及时了解最新的税收法律、法规与规章，更好地服务于企业纳税管理工作。

2.积极参加税务机关举办的税法辅导、业务培训活动。

为企业提供纳税服务是税务机关的义务。其中举办税法辅导、业务培训活动是为纳税人提供服务的重要内容。企业应该积极参加税法辅导、业务培训活动，通过辅导与培训更好地掌握税法的知识。

3.及时同税务机关沟通，落实税收优惠政策。

为了发挥税收的引导作用，国家颁布高新技术企业、小微企业、残疾人就业及

再就业、西部开发等相关税收优惠政策。企业享受这些优惠政策是要具备相应的条件或达到一定的标准的，在资料的报送和审核上也有严格的要求，企业应积极与税务机关沟通，做好这方面工作。

【例5-1】某环保企业研发了一种燃气罐装设备，将废弃的秸秆在罐内燃烧后产生沼气，该项技术已经获得国家级星火技术证书。企业对生产的该种燃气罐在销售时能否享受税收优惠政策把握不准，于是向主管税务机关进行咨询，寻求帮助。

税务机关通过研讨，认为目前国家只对销售沼气有优惠，而对销售制造沼气的燃气罐没有增值税的优惠。企业可以申请高新技术企业资格来享受企业所得税低税率等所得税优惠。

4.办理日常涉税事项时，及时同税务机关沟通以降低纳税风险。

企业在办理日常涉税事项时，首先应该及时同本企业的税收专管员进行沟通，获取业务指导。如果企业对涉税事项的理解与专管员的理解有差异，企业应该及时同主管税务机关沟通，也可以利用12366热线寻求帮助。

【例5-2】某公司最近一批货物发货后，公司还没有收到货款。公司的财务人员对这笔业务是否应该缴税把握不准。考虑到以后公司会经常遇到拖欠货款的情况，是否需要缴税是一个必须明确的问题。公司向省国税局打电话咨询。

解析：

咨询顾问准确地告诉企业，根据《增值税暂行条例》及细则的规定，增值税纳税义务发生时间为收讫销售款项或者取得销售款项凭据的当天；如果工期超过12个月，为收到预收款或合同约定的收款日期的当天；先开具发票的，为开具发票的当天。企业如果不按期申报纳税，税务机关将按照《税收征收管理法》的规定处2 000元以下的罚款，造成少缴税款的，属于偷税行为，按照《税收征收管理法》的规定进行处罚。该公司的货款符合纳税义务发生的条件，其必须按时履行纳税义务。咨询顾问的解答让公司的纳税管理人员非常清楚，尽管工程款没有到位，缴纳税款会影响公司的资金流转，但是税法对此有明确规定，纳税人必须遵守。最终，该公司及时缴纳了税款。

5.企业重要决策的涉税事项应该及时向税务机关报告。

企业因内部组织架构、经营模式或外部环境发生重大变化，以及受行业惯例和监管的约束而产生的重大税务风险，可以及时向税务机关报告，以寻求税务机关的辅导和帮助。

6.根据企业的实际情况争取获得税务机关的个性化服务。

目前税务机关在开展纳税服务活动中针对不同纳税人的特殊情况提供个性化服务，如对纳税人实行户籍管理、分类管理、评定纳税信誉等级等。企业可以根据自身的实际情况，积极同税务机关进行沟通，以取得税务机关的个性化服务。目前，税务机关提供个性化服务的形式多种多样，例如定期上门服务、开辟"绿色通道"等。

第二节　企业接受纳税评估与税务机关的协调

一、纳税评估制度的主要内容

纳税评估是指税务机关利用获取的涉税信息，运用数据信息对比分析的方法，对纳税人及扣缴义务人纳税申报情况的真实性和合法性进行审核评价，并做出相应处理的税收管理活动。纳税评估是在纳税人履行申报缴纳税款义务之后，税务机关进行税源管理的必经程序，是具有法律效力的执法行为。纳税评估是税源管理工作的基本内容，是处置税收风险、促进纳税遵从的重要手段。

（一）纳税评估的对象及范围

纳税评估的对象为各地主管税收征收机关管辖的所有外商投资企业、外国企业和外籍个人以及扣缴义务人。

纳税评估的范围涵盖纳税人每一纳税期内申报缴纳的由税务机关负责管理的所有税种（关税除外）以及扣缴义务人按税法规定应当代扣代缴的税收。

税务机关要将综合审核对比分析中发现有问题或疑点的纳税人作为重点评估分析对象；重点税源户、特殊行业的重点企业、税负异常变化、长时间零税负和负税负申报、纳税信用等级低下、日常管理和税务检查中发现较多问题的纳税人要列为纳税评估的重点分析对象。

（二）纳税评估工作的程序

纳税评估工作程序主要是通过宏观分析与税收征管海量数据的测算，总结纳税人税收经济关系的规律特征，设置相应的预警标准建立预警体系，通过预警体系筛选重点纳税评估对象；对纳税评估对象申报纳税资料进行案头的初步审核比对，以确定进一步评估分析的方向和重点；通过横向数据对比分析、纵向数据规律分析和数据指标逻辑关系的相关合理性分析，推断和确认纳税人申报数据的真实性和疑点问题，估算纳税人的潜在生产经营收入，推断纳税人的实际纳税能力；就评估出的问题、疑点和推断的纳税能力，与纳税人进行约谈。纳税人如能认可、接受评估结果，按评估税源情况查补税款；纳税人如不能接受评估结果，将评估资料转稽查部门立案稽查。具体包括以下步骤：

1.风险识别。

风险识别是税务机关采取计算机和人工相结合的方法，分析识别纳税人纳税申报中存在的风险点，按户归集，依纳税人风险高低排序，确定其风险等级，明确相应应对措施的过程。

税务机关根据税收征管资源配置情况，统筹安排，将税收风险级别高的纳税人确定为案头审核对象。对税收风险级别低的纳税人，税务机关可采取纳税辅导、风险提示等方式督促其及时改正。经分析识别未发现税收风险的纳税人，终止对其实施的纳税评估。

2.案头审核。

案头审核是指纳税评估人员在其办公场所，针对纳税人的风险点，选择运用相应的纳税评估方法，分析推测纳税人的具体涉税疑点，对需要核实的疑点明确有关核实内容和方式的过程。纳税评估人员应根据案头审核对象的不同类型，选择运用针对性强的纳税评估方法进行审核分析，并对疑点核实方式提出建议。

3.调查核实。

调查核实是指税务机关根据疑点的大小和复杂程度，采取电话、信函、网络、约谈、实地核查等其他便捷有效的方式进行核实的过程。对在风险识别和案头审核环节经通知改正而拒不改正的纳税人，以及通过案头审核环节，纳税人疑点没有排除的，应实施调查核实。

约谈须经所属税务机关批准并事先发出询问通知书，提前通知纳税人。对存在共性问题的多个纳税人，可以采取集体约谈的方式进行。约谈的对象可由评估人员根据实际情况确定，主要是企业财务会计人员、法定代表人或者其他相关人员。

纳税人对税务机关约谈的疑点可以进行自查举证。纳税人可以委托具有执业资格的税务代理人进行约谈。税务代理人代表纳税人进行约谈时，应向税务机关提交纳税人委托代理合法证明。约谈的时间、地点由征纳双方协商确定。约谈内容应当形成约谈记录，并经约谈双方签章（字）确认。

4.评定处理。

经调查核实，疑点被排除的，税务机关应当制作税务事项通知书，载明根据已掌握的涉税信息未发现少缴税款行为等内容，送达纳税人，纳税评估终止。

存在的疑点经约谈、举证、税务检查等程序认定事实清楚，不具有偷、逃、骗、抗税等违法嫌疑，无须立案查处的，税务机关应当根据已知的涉税信息，确定纳税人应纳税额，制作税务事项通知书，送达纳税人，责令其限期缴纳。

经纳税评估，发现纳税人有偷、逃、骗、抗税或其他需要立案查处的税收违法行为，需要进一步核实的，应移交税务稽查处理。

稽查部门不立案查处的，应及时退回承担纳税评估工作的部门。承担纳税评估工作的部门经复核认为案情重大，确实需要立案的，经税务局长批准，稽查部门应立案查处。

稽查部门立案查处后，应当及时将处理结果向有关管理部门反馈。

二、企业接受纳税评估与税务机关的沟通与协调

税务机关在纳税评估中，通过风险识别，对风险程度不同的纳税人会采取不同的评估程序，企业应该针对不同的情况采用不同的方式与税务机关沟通与协调。

（一）税收风险级别低的纳税人与税务机关及人员的沟通、协调

由于纳税评估工作是税务机关对纳税人及扣缴义务人纳税申报情况的真实性和合法性进行审核评价，并作出相应处理的税收管理活动。如果认为税收风险级别低，税务机关一般会采取纳税辅导、风险提示等方式督促其及时改正。当接受纳税

辅导、风险提示时，企业一定要认真对待，虚心接受，严格管理，健全企业内部控制以防止纳税风险。

（二）企业被确定为案头审核对象时与税务机关及人员的沟通、协调

如果企业被税务机关确定为案头审核对象，说明企业纳税存在风险。税务机关对企业进行案头审核时，会对企业申报数据与财务会计报表数据进行比较，会与同行业相关数据或类似行业同期相关数据进行横向比较或与历史同期相关数据进行纵向比较。在比较过程中发现疑点，可以要求企业提供有关核实资料，说明存在问题的原因，企业应积极配合，认真整理资料，及时反馈。经案头审核，如果事实清楚，不具有偷、逃、骗税等违法行为，无须立案查处，则对存在的问题应责令纳税人及时改正。这时企业一定要特别重视，结合税务机关责令改正的要求及时进行改正，并查找原因与责任人，健全企业纳税管理的内部控制，以降低纳税风险。

【例5-3】某贸易公司为增值税一般纳税人，主要业务为销售钢材。2015年5月，企业接到主管税务机关的通知，要求企业说明2014年12月—2015年2月的增值税纳税申报情况。税务机关称根据采集的数据分析，发现该企业这3个月的进项税额的变动率指标超过下限、增值税的负税率低于预警值。

解析：

企业接到通知后，立刻查账，分析原因。经过分析，2015年1月进项税额高主要是由公司预计国内市场春节后价格会有所上升，故大量囤货造成的，而2015年2月进项税额低的原因是春节后钢材的价格确有上升，钢材的销售量增加，企业未能进货；增值税税负率低确有发出商品未计销售的原因，当时处理业务的会计人员认为等开票后再确认收入也不迟。企业将原因及时反映给税务机关的调查人员，并表示要对未确认的收入补税。税务机关经过案头审核，认为事实清楚，不具有偷、逃、骗税等违法行为，无须立案查处，要求纳税人及时改正，补缴增值税。

（三）企业在调查核实阶段与税务机关及人员的沟通、协调

当税务机关经过风险识别和案头审核环节发现问题通知纳税人改正而拒不改正，以及经案头审核纳税人疑点没有排除的，应进入实施调查核实阶段。税务机关调查核实的方式主要有电话、信函、网络、约谈等。企业在接受调查核实时一定要重视，尤其当税务机关通知企业约谈时，企业应该做好充分的准备。当企业对税务机关指出的疑点无异议，且无偷、逃、骗税等违法行为时，应当开展全面自查，办理补充申报，并缴纳应补缴的税款、滞纳金。税务机关对纳税人的补充申报无异议的，纳税评估终止。税务机关对纳税人的补充申报有异议的，会进行实地核查。

税务机关在实地核查时，针对疑点，可以采取税收征管法及其实施细则规定的税务检查的方式方法。实施实地核查须经所属税务机关批准并事先发出税务检查通知书，提前通知纳税人。实地核查要如实进行核实记录，实施约谈和实地核查的税务人员一般不少于两名。

【例5-4】某公司为增值税一般纳税人，主要进行异型钢管的生产及销售。2015年5月收到税务机关向企业发出的询问核实通知书，要求企业负责人和财务负

责人前来约谈以下情况：其他业务收入中的边角料收入问题；主营业务利润同主营业务收入的增长不同步问题；管理费用同收入的增长不同步问题。

企业的负责人和财务负责人反映和证实了以下情况：

（1）关于废料管理方面。企业进行了认真的调查，发现企业废料管理方面存在问题。2014年新来的废料管理人员法制意识淡薄，部分废料的出售通过现金交易直接进行，收入变成了部门的小金库，企业的管理层也未注意到该问题。通过检查，企业发现了管理的漏洞，今后会健全内部控制。

（2）主营业务利润同主营业务收入增长不同步问题。企业认为存货的成本核算没有问题，主营业务利润与主营业务收入不同步是由材料上涨引起的。

（3）管理费用增长同收入不同步的问题。由于会计人员的疏忽，其超过标准列支了职工福利费2万余元。

税务机关对企业的约谈结束后，认为有的问题没有说清，决定进行实地核查。企业收到了税务机关的税务检查通知书。在对企业的会计账簿进行检查时发现，企业在税务机关备案的存货发出计价方法是加权平均法，但是实际核算并不规范，经常采取"倒扎""估算"等简单的处理方法。根据税务机关计算的加权平均单价，企业多结转产品销售成本7万余元，应该调增应纳税所得额。检查人员在检查"管理费用"明细账时发现，管理费用中列支了企业高层管理人员的个人消费，金额达21 000元。企业对税务机关指出的疑点无异议，及时办理了补充申报。

以上是企业在接受税务机关纳税评估的不同阶段与税务机关的沟通与协调工作。由于纳税评估指标全面、多样，企业应提高企业财务人员的综合素质，充分了解纳税评估指标的内涵，定期根据纳税评估指标进行自查，发现问题及时改进。建立纳税档案并由专人负责保管，定期汇总装订成册。

第三节　企业接受税务检查时与税务机关的协调

一、税务检查制度的内容

税务检查是税务机关以国家税收法律、税收行政法规为依据，对纳税人、扣缴义务人等缴税或代扣、代收税款及其他相关税务事项进行审理、稽查、监督、管理的活动。税务检查是税收征收管理的一个重要环节，是一种事后监督。税务检查是一种行政执法行为。税务检查的主体是国家税务机关，对象是负有纳税义务的纳税人和负有代扣代缴义务的扣缴义务人。税务检查是贯彻国家税收政策、保证税收收入及时足额入库、严肃纳税纪律的重要手段。

（一）税务检查的内容

税务检查的内容主要包括以下几个方面：

1.检查纳税人执行国家税收政策和税收法规的情况。

2.检查纳税人遵守财经纪律和财会制度的情况。

3.检查纳税人的生产经营管理和经济核算情况。

4.检查纳税人遵守和执行税收征收管理制度的情况，检查其有无不按纳税程序办事和违反征管制度的问题。

（二）税务机关在税务检查中的权利

1.根据《税收征收管理法》的规定，税务机关有权进行下列税务检查：

（1）检查纳税人的账簿、记账凭证、报表和有关资料；检查扣缴义务人代扣代缴、代收代缴税款账簿、记账凭证和有关资料。

（2）到纳税人的生产、经营场所和货物存放地检查纳税人应纳税的商品、货物或其他财产；检查扣缴义务人与代扣代缴、代收代缴税款有关的经营情况。

（3）责成纳税人、扣缴义务人提供与纳税或者代扣代缴、代收代缴税款有关的文件、证明材料。

（4）询问纳税人、扣缴义务人与纳税或者代扣代缴、代收代缴税款有关的问题和情况。

（5）到车站、码头、机场、邮政企业及其分支机构检查纳税人托运、邮寄应纳税的商品、货物或者其他财产的有关单据、凭证。

（6）经县以上税务局（分局）局长批准，凭全国统一格式的检查存款账户许可证明，查询从事生产、经营的纳税人、扣缴义务人在银行或其他金融机构的存款账户。

税务机关在调查税收违法案件时，经市、自治州以上税务局（分局）局长批准，可以查询案件涉嫌人员的储蓄存款。税务机关查询所获得的资料，不得用于税收以外的用途。

2.税务机关对从事生产、经营的纳税人以前纳税期的纳税情况依法进行税务检查时，发现纳税人有逃避纳税义务行为，并有明显的转移、隐匿其应纳税的商品、货物以及其他财产或者应纳税的收入的迹象的，可以按照《税收征收管理法》规定的批准权限采取税收保全措施或者强制执行措施。

3.税务机关依法进行税务检查时，有权向有关单位和个人调查纳税人、扣缴义务人和其他当事人与纳税或者代扣代缴、代收代缴税款有关的情况，有关单位和个人有义务向税务机关如实提供有关资料及证明材料。

4.税务机关调查税务违法案件时，对与案件有关的情况和资料，可以记录、录音、录像、照相和复制。

（三）企业在接受税务检查时的权利与义务

企业在接受税务检查时，有权拒绝未出示税务检查证和税务检查通知书的检查；有权拒绝税务机关超出法定范围或违反法定程序的检查；有权要求税务人员为其保守秘密；有权拒绝提供与税收无关的资料，或拒绝回答与税收无关的问题；对检查结果产生异议时，在依法缴纳查补的税款、滞纳金、罚款后，有权依法提起税务行政复议或诉讼。

企业必须接受税务机关依法进行的税务检查，并如实反映情况，提供有关资料，不得拒绝、隐瞒。具体说来，企业在税务机关实施税务检查过程中应履行的义务主要有两方面：一是企业必须接受税务机关依法进行的税务检查，"依法"，是指税务机关应当根据法律、行政法规的规定，依照法定的职权和法定的程序来进行税务检查；二是企业必须如实反映情况，提供有关资料，不得拒绝、隐瞒，企业在接受税务机关的检查时向税务机关提供的情况和资料是否真实、准确，直接影响税务检查的结果，只有如实反映情况，提供有关资料，才能保证税务检查这种行政执法活动有效进行，任何拒绝税务检查和隐瞒情况及资料的行为，都是违反税务管理的违法行为。

（四）税务检查的方式、方法

1.税务检查的方式。

在税务检查过程中，税务人员可能会采取记录、录音、录像、照相和复制等方式，记录与被查企业的纳税或代扣代缴税款有关的资料、情况和档案。对税务人员记录、录音、录像、照相和复制的资料、档案，被查企业可以要求查看，对税务人员记录或复制的资料、档案，还需要被查企业予以核查并按照要求确认。

在税务检查过程中，税务人员可能根据需要将被查企业的账簿凭证资料调回税务机关进行检查，调取账簿及有关资料时，税务人员必须填写调取账簿资料通知书、调取账簿资料清单，这一切需要被查企业的配合与协作。需要被查企业注意的是，调取被查企业以前年度的账簿凭证资料，税务人员应在3个月内完整退还。一般情况下，税务人员不可以将被查企业当年的账簿凭证资料调回检查，但是在特殊情况下，经市、自治州以上税务局局长批准，税务人员也可以将被查企业当年的账簿凭证资料调回检查，但是必须在30日内退还。被查企业在税务人员调取或被查企业取回账簿凭证资料时，应当认真核对调取账簿资料通知书、调取账簿资料清单。

2.税务检查的方法。

税务机关进行税务检查，一般采用以下三种方法：

（1）税务查账。

税务查账是对纳税人的会计凭证、账簿、会计报表以及银行存款账户等核算资料所反映的纳税情况所进行的检查，这是税务检查中最常用的方法。

（2）实地调查。

实地调查是对纳税人账外情况进行的现场调查。

（3）税务稽查。

税务稽查是指税务稽查部门的专业检查，是由税务稽查部门依法组织实施的对纳税人、扣缴义务人履行纳税义务、扣缴义务情况及涉税事项进行检查处理，以及围绕检查处理开展的其他相关工作。税务稽查主要是对涉及偷、逃、抗、骗税的大案要案的检查。税务稽查专业性相对较强，要求稽查人员具有较高的政策水平，是高标准的税务检查。税务稽查的方法主要有：全查、抽查等。

（五）税务检查中的程序

1.告知被查企业税务检查的相关内容。

在税务检查前，应就税务检查的内容、时限、相关的税收政策、双方权利义务等内容事先告知被查企业。

2.向被查企业出示税务检查证和税务检查通知书。

税务机关派出的人员在对被查企业的涉税事项进行税务检查时，应当出示税务检查证和税务检查通知书，但是在下列情况下，税务人员依法不必事先通知：

（1）公民举报有税收违法行为的。

（2）稽查机关有根据认为被查企业有税收违法行为的。

（3）预先通知有碍稽查的。

如果税务机关的派出人员未出示"税务检查证"和"税务检查通知书"，被查企业有权要求补齐手续，或拒绝接受检查。

3.对被查企业实施税务检查。

税务人员将在税务检查中，按照规定的检查内容，采取适当的检查方式对被查企业实施税务检查。

4.为被查企业提供可能的税务帮助。

在税务检查开始前，税务人员会为被查企业提供可能的税务帮助，对被查企业和所在行业其他纳税人的负责人和财务人员集中进行辅导，也可以应被查企业的申请，为被查企业提供有针对性的个别辅导。辅导的内容包括：税收法律、法规、规章及征管规定。

5.听取被查企业的意见。

税务人员会在税务检查结束前，就税务检查的结论征询被查企业的意见，听取并核实被查企业的陈述申辩。

6.向被查企业出具税务检查结论。

税务人员将在检查结束后，向被查企业出具税务检查最后结论，税务检查结论是正式的税务文书，被查企业应当按照规定执行税务检查决定。

二、企业接受税务机关检查时与税务机关的沟通与协调

企业应热情接待税务检查人员，态度不卑不亢、实事求是，企业在接受税务检查的过程中，应与税务检查人员保持愉快的沟通，建立与检查人员相互信赖、相互尊重的关系，避免产生不必要的怀疑，使检查工作顺利进行。

（一）根据检查通知书的内容做好检查的准备工作

根据《税收征收管理法》的规定，税务机关在对企业进行税务检查前，除税法规定的特殊情况外，应就税务检查的内容、时限、相关的税收政策、双方权利义务等内容事先告知被查企业。企业应该认真做好接受检查的相关工作，完善交易手续，及时补充资料，使纳税相关资料内容与形式相吻合，降低纳税风险。

（二）税务检查中与检查人员的沟通

1.请求检查人员表明身份。

当检查人员进入企业进行税务检查时，企业有权要求检查人员出示税务检查证和税务检查通知书；未出示税务检查证和税务检查通知书的，纳税人有权拒绝检查。

对于税务人员检查证的使用，国家税务总局《税务检查证管理暂行办法》规定：税务检查证是税务机关的法定专用检查凭证，由国家税务总局统一制定，采用全国统一编号，发放对象为各级税务机关专门从事税务检查工作的税务人员，只限于持证人本人使用，但各级税务机关聘用的从事税收工作的临时人员、协税员、助征员、代征员等不核发税务检查证。税务检查证必须经发证机关加盖税务检查证专用印章后方为有效。税务检查证的使用期限为5年。

税务检查通知书是根据《中华人民共和国税收征收管理法实施细则》规定，由国家税务总局制定的。

2.纳税人认为可能对公正执法有影响的稽查人员，有权向税务机关提出回避要求。

税务人员在核定应纳税额、调整税收定额、进行税务检查、实施税务行政处罚、办理税务行政复议时，与纳税人、扣缴义务人或者其法定代表人、直接责任人有下列关系之一的，应当回避：①夫妻关系；②直系血亲关系；③三代以内旁系血亲关系；④近姻亲关系；⑤可能影响公正执法的其他利害关系。

3.企业在税务检查中要如实反映情况。

企业在接受税务机关依法进行的税务检查中，要如实反映情况，提供账簿、记账凭证、报表等资料，接受稽查人员询问与纳税或者代扣代缴、代收代缴税款有关的问题和情况，接受稽查人员记录、录音、录像、照相和复制与案件有关的情况和资料，接受检查人员到企业的生产、经营场所和货物存放地检查应纳税的商品、货物或者其他财产。

4.涉及企业的商业秘密要特别说明。

税法规定纳税人、扣缴义务人有权要求税务机关为纳税人、扣缴义务人的情况保密。企业的商业秘密对企业来说至关重要。企业应该将税务检查中涉及的商业秘密进行特别说明，以防税务机关不了解情况而非故意泄密，避免引发不必要的税企争议。

5.详细记录税务机关调取的账簿、记账凭证、报表和其他有关资料的情况。

税务机关调取账簿、记账凭证、报表和其他有关资料时，按照规定会履行一定的手续。当账簿、记账凭证、报表和其他有关资料被调出时，企业要认真核对后指定负责人签章确认，并记录应退还的日期；调出的账簿、记账凭证、报表和其他有关资料归还时，企业应认真审核，并履行相关签收手续。

6.税务检查中行使陈述权时与税务机关的沟通。

税务机关在税务检查结束前，检查人员可以将发现的税收违法事实和依据告知被查对象；必要时，可以向被查对象发出税务事项通知书，要求其在限期内提供书面说明，并提供有关资料；被查对象口头说明的，检查人员应当制作笔录，由当事人签章。企业收到税务事项通知书时，应该积极准备陈述理由，并提供可靠的证据和依据，澄清事实。

（三）税务检查后与税务机关的沟通

1.被要求查补税款。

税务机关进行税务检查中，如果发现企业对有关税法的理解与运用存在偏差，则会认为在处理经济业务时，其可能并没有意识到将会造成少缴纳税款。在经过税务检查后，税务机关经过检查的工作程序，下达税务处理决定书，要求被检查企业补缴税款及滞纳金。被检查的企业收到税务处理决定书后，如果对所被查补税款没有争议，应该尽快缴纳税款及滞纳金。如果企业对查补税款的决定不服，应该自收到税务处理决定书后，按照规定缴纳税款及滞纳金或提供纳税担保，然后申请行政复议。

2.被处以税务行政处罚。

税务机关的调查机构对税务案件进行调查取证后，如果认为被检查企业的税务违法行为应当给予行政处罚，要制作税务行政处罚事项告知书并送达当事人，告知当事人做出处罚的事实、理由和依据，以及当事人依法享有的陈述、申辩或要求听证的权利。税务行政处罚的种类有：罚款、没收违法所得、停止办理出口退税、吊销税务行政许可证。

听证是税务机关在对当事人某些违法行为做出处罚决定之前，按照一定形式听取调查人员和当事人意见的程序。听证是针对税务行政处罚争议的一种解决途径。税务机关对公民做出2 000元以上（含本数）罚款或者对法人或者其他组织做出1万元以上（含本数）罚款的行政处罚之前，应当向当事人送达"税务行政处罚事项告知书"，告知当事人已经查明的违法事实、证据、行政处罚的法律依据和拟将给予的行政处罚，并告知当事人其有要求举行听证的权利。纳税人在规定期限内提出听证申请的，主管税务机关受理听证申请，在规定时间内组织听证。

要求听证的当事人，应当在税务行政处罚事项告知书送达后3日内向税务机关书面提出听证；逾期不提出的，视为放弃听证权利。当事人要求听证的，税务机关应当组织听证。当事人提出听证后，税务机关发现自己拟做出的行政处罚决定对事实的认定有错误或者偏差时，应当予以改变，并及时向当事人说明。听证过程中，由本案调查人员就当事人的违法行为予以指控，并出示事实证据，提出行政处罚建议。当事人或者其代理人可以就所指控的事实及相关问题进行申辩和质证。听证主持人可以对本案所涉及事实进行询问，保障控辩双方充分陈述事实，发表意见，并就各自出示的证据的合法性、真实性进行辩论。辩论先由本案调查人员发言，再由当事人或者其代理人答辩，然后双方一起辩论。辩论终结，听证主持人可以再就本案的事实、证据及有关问题向当事人或者其代理人、本案调查人员征求意见。

税务机关的调查机构应当充分听取当事人的陈述、申辩意见，并对陈述、申辩情况进行记录或制作"陈述申辩笔录"。审查机构应自收到本级税务机关负责人审批意见之日起3日内，根据不同情况分别制作以下处理决定书报送本级税务机关负责人签发，有应受行政处罚的违法行为的，根据情节轻重及具体情况予以处罚，制作税务行政处罚决定书。

第一种情况：企业对税务机关处以行政处罚的结论无争议。企业在收到税务机关送达的税务行政处罚事项告知书后。由于企业对税务机关拟进行的税务行政处罚没有争议，认为自己的违法情况属实，在与税务机关进行沟通与协调时，要保证态度端正。在收到税务行政处罚决定书后，应在行政处罚决定规定的期限内予以履行。

第二种情况：如单位或个人对做出的税务处罚决定有争议。在收到税务机关送达的税务行政处罚事项告知书后，企业如果认为处罚不当或处罚程序存在瑕疵，应该积极地向税务机关进行陈述、申辩，提供可靠的证据。如果提供的是口头陈述、申辩意见，要在审理人员制作的"陈述申辩笔录"上签章。企业如果被处以1万元以上的罚款或被处以吊销税务行政许可证，可以要求听证。听证的要求应该在收到税务行政处罚事项告知书后的3日内提出。企业行使陈述权、申辩权和听证的权利，有利于让税务机关全面了解企业情况，客观研究和处理问题。

如果企业在行使了陈述权、申辩权和听证的权利后，收到了税务行政处罚决定书，企业可以自收到"税务行政处罚决定书"之日起60日内，依法向上一级地方税务机关申请行政复议。

如果企业对税务机关处以行政处罚申请税务行政复议，要严格按照2010年国家税务总局发布的《税务行政复议规则》进行。企业在进行行政复议的过程中，应该注重和解与调解的运用。通过协调与和解可以化解纠纷，降低企业的纳税成本。《税务行政复议规则》规定：对税务机关行使自由裁量权做出的具体行政行为，如行政处罚、核定税额、确定应税所得率等具体行政行为，按照自愿、合法的原则，申请人和被申请人在行政复议机关做出行政复议决定以前可以达成和解，行政复议机关也可以调解。

申请人和被申请人达成和解的，应当向行政复议机构提交书面和解协议。和解内容不损害社会公共利益和他人合法权益的，行政复议机构应当准许。经行政复议机构准许和解终止行政复议的，申请人不得以同一事实和理由再次申请行政复议。

按照《税务行政复议规则》的规定，行政复议机关在征得申请人和被申请人同意后，可以对税务行政复议事项进行调解。听取申请人和被申请人的意见，提出调解方案，达成调解协议并制作行政复议调解书。行政复议调解书经双方当事人签字，即具有法律效力。企业如果同意调解书的内容，应该在行政复议调解书上签字，如果签字，意味着调解书具有法律效力。

【例5-5】某企业未按照规定将财务会计制度以及财务会计处理方法报送税务机关备查，当地税务机关决定对企业处以2 000元的罚款，企业认为处罚太重，向上一级税务机关提出行政复议请求。行政复议期间，企业又想通过复议和解的方式解决问题，但对该处罚事项如何应用复议和解又不清楚，那么企业在税务行政复议期间应如何申请复议和解呢？

解析：

（1）和解并非适用于所有行政复议案件。行政复议和解只适用于特定范围的行政复议案件，即对税务机关行使自由裁量权做出的具体行政行为不服而申请行政复议的案件。本例中的企业可以对税务机关的行政处罚案件申请复议和解。

（2）复议和解必须符合法定的形式。申请人与被申请人要签订书面和解协议。

（3）达成和解必须经过行政复议机关的准许。

（4）和解过程中双方的法律地位平等。

（5）达成和解协议要履行相应的法律义务。

企业对税务机关做出行政处罚的决定采取行政诉讼的，应该自收到税务行政处罚决定书之日起3个月内依法向人民法院起诉。当事人应在行政处罚决定规定的期限内予以履行。当事人在法定期限内不申请复议又不起诉，并且在规定期限内不履行处罚决定的，税务机关可申请人民法院强制执行。

思 考 题

1.企业在日常纳税活动中如何处理与税务机关的关系？

2.企业在接受纳税评估的过程中如何处理与税务机关的关系？

3.企业在接受税务机关检查的过程中如何处理与税务机关的关系？

案 例 分 析 题

某市一家建材公司主营业务为销售散装水泥，2016年3月该公司将散装水泥改为袋装水泥，并在水泥价款之外以每条4元的价格向客户售出水泥袋20 000条，收取水泥袋款80 000元，记入与水泥袋厂的往来账户中。当年5月15日，该市国税稽查局在对该建材公司的税务检查中发现，以上水泥袋收入没有申报纳税，在依法履行了告知程序后，于5月20日做出税务处理决定书，责令该建材公司于5月30日前，补交税款及滞纳金，同时处以所欠税款6倍的罚款。建材公司承认其水泥袋款收入应缴纳税款，但对于税务机关的6倍罚款不服，在缴纳了税款和滞纳金后，于5月23日向人民法院提起税务行政诉讼，人民法院受理此案，5月28日，税务机关采取强制执行措施，从建材公司的银行账户中划走罚款。

根据以上材料分析：（1）税务机关的行政行为是否有不当之处？（2）建材公司应采取何种措施保障自己的权益？

第六章

企业纳税风险管理

　　企业纳税风险是企业的涉税活动因未能正确有效遵守税收法规而导致企业未来利益的可能损失，虽然这种风险是客观存在的，但对纳税人而言其并不一定承担这种风险。防范纳税风险的主体是企业，企业特别是大企业必须建立起科学、完善的纳税风险防控体系，提高识别和防范纳税风险的能力，制定防范各种纳税风险的应对措施。

第一节　企业纳税活动的相关风险

一、企业纳税风险的概念

　　企业纳税风险是企业的涉税活动因未能正确有效遵守税收法规而导致企业未来利益的可能损失，具体表现为企业涉税活动影响纳税准确性，进而可能导致利益受损。企业纳税风险的大小因企业状况的不同而不同，它既取决于企业周围的客观因素，也取决于企业内部的主观因素。纳税风险主要有三种：

　　1. 纳税遵从风险。

　　纳税遵从风险是指企业的经营行为未能有效适用税收政策而导致未来利益损失的不确定因素。纳税遵从风险的发生可能表现为以下情况：

　　（1）由于自身的原因未享受到税收优惠。

　　例如企业经过数年生产经营后，发现自己应该享受到低税率优惠而未享受，导致其多年来按照高税率缴纳企业所得税。

　　（2）适用税率的错误。

　　企业错误地采用增值税税率，导致需要补交税款和罚款，或者需要和税务机关协调解决多缴纳增值税的问题。

　　（3）未履行代扣代缴的义务。

　　例如企业对外支付专家费用，未代扣代缴个人所得税，导致需补交税款并受到支付罚款和滞纳金的处罚。

　　由于税收法律越来越复杂，纳税人甚至是税务人员、财税专家对税收法律与政策的理解难免会发生差错。纳税人一旦对税收法律与政策的理解出现偏差，未能有效适用税收政策，将会产生税收遵从风险。因此，税收遵从风险是企业纳税风险的重要内容。

　　2. 交易风险

　　交易风险是指企业各种商业交易行为和交易模式因本身特点可能影响纳税准确

性，导致未来交易收益损失的不确定因素。交易风险的发生可能表现为以下情况：

（1）企业实施对外兼并，由于未对被兼并企业的纳税情况进行充分了解，兼并完成后，才发现被兼并企业存在以前年度大额偷税问题，兼并企业不得不承担被兼并企业的补税和罚款。

（2）企业在采购原材料的过程中，由于未能对供货方资信情况进行全面了解，导致从供货方取得的增值税专用发票为假发票，因此企业支付的进项税额不能抵扣，原材料的成本也不能税前扣除。

（3）企业转向经营或改组销售模式，未能全面考虑对纳税的影响，导致改变后税负大幅度上升，企业利润下降。

（4）企业采购存货因未能取得增值税专用发票，导致少抵扣进项税额，增加企业的税负。

3.纳税违法风险

纳税违法风险是指纳税人把自身利益与公共利益对立起来，有意识地采取多种办法逃避纳税。在生产经营过程中，有一部分纳税人以化解和减除税款负担为目的，违反税收法律法规的规定偷税、逃税。其实，这种违法手段不仅不能化解税款负担风险，反而会产生新的违法风险。纳税人偷税除了必须补交所偷逃的税款之外，还会被税务机关处以所偷税款50%以上5倍以下的罚款，并按日加收0.2‰的滞纳金。如果情节较为严重，纳税人还将被处以刑罚。因此，这种纳税风险更严重，更容易导致公司倒闭、破产。纳税人违法并被有关部门处罚，不仅会在经济上产生直接的损失，同时纳税人还会有信誉、商誉或者名誉上的损失，即其他有关经济主体会因为纳税人的偷税等违法行为而对该纳税人的信用产生怀疑，不愿与其合作；或者纳税人因违反税收法律法规的规定而丧失享受某些税收优惠的资格。如在我国，纳税人不履行某些增值税纳税义务或者违反某些增值税规定，将不得申请认定为增值税一般纳税人，不得使用增值税专用发票等，在很多时候，这种无形的损失比有形的处罚损失更为严重。在现代社会，税收法律越来越复杂，纳税人甚至是税务人员、财税专家对税收法律与政策的理解也难免会产生差错。纳税人一旦对税收法律与政策理解出现偏差，在计算与缴纳税款方面就很容易违反税收法律与政策的规定，在实质上构成税收违法。因此，在现代社会，税收违法的风险在不断增大。

二、纳税风险可能给企业造成的危害

（一）因纳税违法造成的损失

在生产经营过程中，有一部分企业以化解和减除税款负担为目的，违反税收法律法规的规定偷税、逃税。这种做法不仅不能减轻企业的纳税负担，反而会因纳税违法而承担相应的税务处罚。

（二）因信誉损失造成的危害

企业因纳税违法，不仅会在经济上产生直接损失，同时纳税人还会有信誉、商誉或者名誉损失。相关经济主体会因为纳税人的违法行为而对该纳税人的信用产生怀疑，不愿与其合作，纳税人还会因违反税法规定而丧失享受某些税收优惠的资格。

国家税务总局发布了《纳税信用管理办法（试行）》和《纳税信用评价指标和评价方式（试行）》，将纳税人的纳税信用级别设为 A、B、C、D 四级，公众可以通过网上查询纳税人的信用级别，对不同信用级别的纳税人采用不同的征管措施。例如对纳税信用评价为 A 级的纳税人，税务机关给予激励措施：主动向社会公告年度 A 级纳税人名单；一般纳税人可单次领取 3 个月的增值税发票，需要调整增值税发票用量时可即时办理；普通发票按需领用。连续 3 年被评为 A 级信用级别的纳税人，可以由税务机关提供绿色通道或专门人员帮助办理涉税事项等。

三、企业纳税风险的成因

（一）来源于税收立法层面的纳税风险

1.税法的立法基础更关注对国家利益的保障

我国的税法体系首先建立在保障国家利益的基础上，对国家行政权利的保护远远大于对纳税人利益的保护。税法赋予税务机关较多的自由裁量权，在征纳双方意见不一致的情况下，税务机关可以利用"税法解释权归税务机关或财政部和国家税务总局规定的其他情形"支持自己的观点，否定纳税人的做法，从而增加企业的纳税风险。

2.我国目前的税法体系还不够完善

我国现行税收法律正式立法的较少，行政法规、规章较多，还未建立起完善的税法体系。现行税种中，只有《企业所得税法》、《个人所得税法》和《车船税》为税收法律，其他税种还是暂行条例、暂行办法或规定等法律形式。

3.税收政策变化较快

2015 年，仅从国家税务总局网站上可以查到的全年税收政策就有 212 项，这还不包括非公开的税收政策，可见，我国税收政策的出台和更新是比较快的。另外，还有一些税收政策具有不定期或相对较短的时效性。这些情况都给企业的纳税活动带来很大的不确定性，使企业产生纳税风险。

4.存在个别税收法规、政策内容界定不明晰的情况

我国个别税收法规、政策存在定义不确切、内容不全面、条文弹性空间太大、合法与非法界限不明等现象，不利于纳税人贯彻执行，增加了企业的纳税风险。

（二）来源于税收行政执法方面的纳税风险

1.缺乏对税务行政机关行使税法解释权和自由裁量权的约束

由于现行税收法律法规对具体的税收事项留有一定的弹性空间，加之税务机关在一定范围内拥有税法解释权和自主裁量权，现行法律、法规、规章中没有对税务行政机关使用税法解释权和自由裁量权做出相应的约束，这就有可能造成税务机关及税务官员行使税法解释权和自由裁量权不当，从而构成对企业权益的侵害，使企业承担纳税风险。

2.税务行政执法人员的专业素质滞后于经济发展

我国目前的税务行政执法人员年龄两极分化现象严重，年龄较大的学习主动性不强，新加入税务部门的专业技术不够熟练，这就造成税收政策在执行上可能出现偏差，企业可能要承担纳税风险。

3.税收执法监督乏力

由于税务机关内部没有设立专门的税收执法管理机构，致使税收执法监督乏力，严重影响了税收执法的严肃性和透明度，由此会间接地导致企业产生纳税风险。

4.税收机关与纳税人的信息不对称

我国目前相当一部分具有适用性、比照性的政策处于非公开的状况，税收机关与纳税人的信息严重不对称。税务机关对于政策法规的宣传力度不够，一般仅限于有效范围的解释，对于新出台的税收政策，缺乏提醒纳税人关注的说明。

（三）来源于纳税人自身

1.纳税人依法纳税的观念有待加强

（1）在执行具体法律法规时，纳税人没有完全树立与征税机关的平等地位，因此往往以税务人员个人的意见作为确定税务责任的界限。纳税人与税务人员意见相左时，往往采取息事宁人、得过且过的方式放弃正确的权利主张。

（2）纳税人往往形成一种错觉：和税务人员处理好私人关系远甚于双方面对面就政策进行开诚布公的讨论。

2.企业办税人员的专业素质偏低

一般来讲，企业的纳税风险随着办税人员的业务素质提高而降低，反之亦然。由于企业办税人员的业务素质较低，对税法的掌握不够准确，虽然主观上有依法纳税的诉求，但在实际操作中因没有充分理解税法规定，导致企业不是因少缴税被认定为偷税，就是出现多缴税的情况，给企业带来了纳税风险。

以上是企业纳税风险产生的原因。企业纳税风险的存在不一定必然形成涉税风险，但涉税问题的产生都与纳税风险的存在有关。因此，企业特别是大企业必须建立起纳税风险防控体系，提高识别和防范纳税风险的能力，制定防范各种纳税风险的应对措施。

第二节　企业纳税风险管理的主要内容

一、明确企业纳税风险管理的主要目标

企业纳税风险管理的主要目标包括：①税务规划具有合理的商业目的，并符合税法规定；②经营决策和日常经营活动考虑税收因素的影响，符合税法规定；③对税务事项的会计处理符合相关会计制度或准则以及相关法律法规；④纳税申报和税款缴纳符合税法规定；⑤税务登记、账簿凭证管理、税务档案管理以及税务资料的准备和报备等涉税事项符合税法规定。

为了达到这一管理目标，企业应倡导遵纪守法、诚信纳税的纳税风险管理理念，增强员工的纳税风险管理意识，并将其作为企业文化建设的一个重要组成部分。

企业应该结合自身经营情况、纳税风险特征和已有的内部风险控制体系，建立相应的纳税风险管理制度。企业的纳税风险管理制度主要包括：①建立企业纳税风险管理组织机构并明确纳税风险岗位和职责；②建立企业纳税风险识别和评估机制；③制定企业纳税风险控制和应对机制及措施；④建立与完善企业纳税信息管理体系和沟通机制；⑤建立与完善企业纳税风险管理的监督和改进机制。

企业的纳税风险管理由企业董事会负责督导并参与决策。董事会和管理层应将防范和控制纳税风险作为企业经营的一项重要内容，促进企业内部管理与外部监管的有效互动。企业应建立有效的激励约束机制，将纳税风险管理的工作成效与相关人员的业绩考核相结合。企业应把纳税风险管理制度与企业的其他内部风险控制和管理制度结合起来，形成全面有效的内部风险管理体系。

二、建立企业纳税管理机构

（一）企业纳税管理机构的设立

企业可结合生产经营特点和内部纳税风险管理的要求设立企业纳税风险管理组织（或称"纳税管理机构"）和岗位，明确岗位的职责和权限。组织结构复杂的企业，可根据需要设立纳税管理部门或岗位：①总分机构，在分支机构设立纳税部门或者纳税管理岗位；②集团型企业，在地区性总部、产品事业部或下属企业内部分别设立纳税部门或者纳税管理岗位。

（二）企业纳税管理机构的职责

企业纳税管理机构主要履行以下职责：①制定和完善企业税务风险管理制度和其他涉税规章制度；②参与企业战略规划和重大经营决策的税务影响分析，提供税务风险管理建议；③组织实施企业税务风险的识别、评估，监测日常税务风险并采取应对措施；④指导和监督有关职能部门、各业务单位以及全资、控股企业开展税务风险管理工作；⑤建立税务风险管理的信息和沟通机制；⑥组织税务培训，并向本企业其他部门提供税务咨询；⑦承担或协助相关职能部门开展纳税申报、税款缴纳、账簿凭证和其他涉税资料的准备和保管工作等。

（三）企业纳税管理机构职责分工

企业应建立科学有效的职责分工和制衡机制，确保税务管理的不相容岗位相互分离、制约和监督。税务管理的不相容职责包括：①税务规划的起草与审批；②税务资料的准备与审查；③纳税申报表的填报与审批；④税款缴纳划拨凭证的填报与审批；⑤发票购买、保管与财务印章保管；⑥税务风险事项的处置与事后检查；⑦其他应分离的税务管理职责。

（四）企业涉税业务人员的业务要求

企业涉税业务人员应具备必要的专业资质、良好的业务素质和职业操守，遵纪守法。企业应定期对涉税业务人员进行培训，不断提高其业务素质和职业道德水平。

【例6-1】某大型企业集团业务较为复杂，企业总部既有常规的贷款业务，又有自营债券买卖、股票买卖等业务，同时还有黄金期货交易等业务。该企业没有专设税务管理部门，企业的涉税业务由财务人员兼任。2009年国家税务总局发布了《大企业税务风险指引》后，该大型企业集团逐渐熟悉了"税务风险"这个名词，增设了专门的税务管理部门，但人员全部是原来的办税人员。在防范税务风险的具体操作上，该企业认为本企业审计机关制定的企业整体内部控制制度比较完善，没有必要建立专门针对税务风险的内部控制制度。从防范税务风险的角度看，评价该企业的税务风险管理组织工作。

解析：

人是企业防范税务风险的基础性和关键性因素，尤其是涉及总分机构的大型企业集团。因此，大型企业在其总部和各分支机构设立专门的税务部门和岗位的同时，一定要聘请能力较强的专家型人才专门负责企业内部的涉税事项，包括进行税务综合测评和研究，组织企业高层及相关部门负责人进行重大战略讨论，评估企业外部信息对税务风险的影响，与税务机关等部门接洽等。在此基础上，大型企业每年还应拨出专款，专门对相关的财务人员进行培训，加强绩效考核，创新针对企业内部办税人员的考核制度。

制度建设在完善企业纳税风险内部控制机制方面也起着非常重要的作用。企业应该根据自己的实际情况，逐步建立一整套完善的纳税风险管控制度，这些制度既要独立于企业内部的其他制度，又要与企业内部的其他内控制度相呼应，以保证整个企业在税务政策不断变化、各项业务活动流转、对外经济活动变动等情况下，都能时刻紧绷税务风险这根弦。也就是说，要通过制度设计，通过制定严谨的工作程序，确保能够及时发现问题并解决问题，从而从根本上切实提高税法的遵从度。

三、企业纳税风险识别和评估

（一）企业纳税风险的识别

企业应全面、系统、持续地收集内部和外部相关信息，结合实际情况，通过风险识别、风险分析、风险评价等步骤，查找企业经营活动及其业务流程中的纳税风险，分析和描述风险发生的可能性和条件，评价风险对企业实现税务管理目标的影响程度，从而确定风险管理的优先顺序和策略。

企业应结合自身纳税风险管理机制和实际经营情况，重点识别下列纳税风险因素：①董事会、监事会等企业治理层以及管理层的税收遵从意识和对待纳税风险的态度；②涉税员工的职业操守和专业胜任能力；③组织机构、经营方式和业务流程；④技术投入和信息技术的运用；⑤财务状况、经营成果及现金流情况；⑥相关内部控制制度的设计和执行；⑦经济形势、产业政策、市场竞争及行业惯例；⑧法律法规和监管要求；⑨其他有关风险因素。

企业税务风险的识别方法有：日常的纳税自查和结合年度企业所得税的汇算清缴进行识别。纳税自查有两种：一种是经常性的自查，一种是税务专项检查前的自查。企业进行自查时，要重点关注以下内容：①核查会计核算内容的真实性、完整性和准确性，重点关注企业对涉税事项是否及时进行了会计处理；②在正确进行会计核算的基础上是否进行了正确的纳税申报。一年一度的企业所得税汇算清缴会在年度结束后开始。企业所得税汇算清缴，是指由纳税人自行计算年度应纳税所得额和应缴所得税额，根据预交税款情况，计算全年应缴应退税额，并填写纳税申报表，在税法规定的申报期内向税务机关进行年度纳税申报，经税务机关审核后，办理税款结清手续。企业所得税的汇算清缴工作对于企业的纳税风险识别度很高，企业应该结合汇算清缴进行纳税风险的识别。

（二）企业应定期进行税务风险评估

评估涉税风险就是企业具体经营行为涉及税务风险需进行识别和明确责任人，是企业纳税风险管理的核心内容。税务风险评估由企业税务部门协同相关职能部门实施，也可聘请具有相关资质和专业能力的中介机构协助实施。

【例6-2】甲企业是一家大型制造业企业，2016年初甲企业组织自身的纳税管理部门和委托的注册会计师事务所开展了税务风险评估工作。由于该项工作过去没有系统地开展过，因此2016年初选择了比较容易出现问题的几项费用进行了纳税风险的评估，其中之一是业务招待费。以下是评估的基本情况：

评估人员首先调查了该企业业务招待费包括的具体内容。该企业业务招待费主要包括日常性业务招待费，如招待客人的餐饮费、住宿费、接送交通费、香烟、水果、茶叶等。由于行业内的竞争越来越激烈，2015年公司计划对部分重要的客户追加高档礼品并安排客户出国旅游。这部分支出企业业务人员认为应该属于业务招待费用，评估人员认为此处存在纳税风险。

评估人员在检查管理费用项目的组成内容时发现，企业每年的会议费数额较大，并包含了业务招待费的内容。企业所得税法对于会议费及差旅费的扣除没有比例限制，即只要是与取得收入有关的、合理的会议费及差旅费，都可以在计算应纳税所得额时扣除。但是该企业部分会议费的开支并不合理。比如单位在开会时，经常租用当地的酒店或宾馆，而且在中午或晚上安排统一的餐饮。该企业将这部分餐饮支出统一计入会议费。评估人员认为如果是自己单位内部人员开会，这部分餐饮费可以计入会议费，如果含有外单位人员就不应该全部计入会议费，评估人员认为这也是一个纳税风险点。

评估中，该企业的业务人员向注册税务师咨询有关业务招待费的发票问题。在企业实际列支业务招待费的过程中，经常会遇到无法取得正规发票的情况。由于正规发票不足，2015年企业业务招待费税前扣除指标不够用，业务人员想通过关联企业购买部分票据，评估人员认为这也是一个纳税风险点。

（三）企业应对纳税风险实行动态管理，及时识别和评估原有风险的变化情况以及新产生的纳税风险

企业纳税风险不是固定不变的。由于企业面临的经营环境不断变化，企业的纳税管理人员应该超前谋划，及时发现新形势下新的纳税风险。例如随着"营改增"

改革的进行，房地产业改征增值税后要面临诸多纳税风险。房地产业应及时评估纳税风险的变化情况，在新政策到来之前做好应对准备。

四、企业纳税风险应对策略

1.建立有效的内部控制机制。

企业应根据税务风险评估的结果，考虑风险管理的成本和效益，在整体管理控制体系内，制定税务风险应对策略，建立有效的内部控制机制，合理设计税务管理的流程及控制方法，全面控制税务风险。

企业应根据风险产生的原因和条件从组织机构、职权分配、业务流程、信息沟通和检查监督等多方面建立税务风险控制点，根据风险的不同特征采取相应的人工控制机制或自动化控制机制，根据风险发生的规律和重大程度建立预防性控制和发现性控制机制。

企业应针对重大税务风险所涉及的管理职责和业务流程，制定覆盖各个环节的全流程控制措施；对其他风险所涉及的业务流程，合理设置关键控制环节，采取相应的控制措施。

【例6-3】沿用【例6-2】相关资料，甲企业根据评估的业务招待费用企业所得税的税前扣除风险制定风险控制机制。

首先，企业的纳税管理部门要准确划分业务招待费用的具体内容。对于特殊情况，在自己难以把握的时候与税务机关多沟通，在得到税务机关认可的情况下才可以税前扣除。

业务招待费用的具体内容确定以后，要同相关的业务部门沟通。《中华人民共和国企业所得税法实施条例》规定：企业发生的与生产经营有关的业务招待费支出，按照发生额的60%扣除，但最高不得超过当年销售（营业）收入的5‰。也就是说，在这里采用的是"两头卡"。那么，如何才能既充分使用业务招待费的限额，又最大限度地减少纳税调整事项呢？我们不妨设个方程式看看，设某企业当期销售（营业）收入为x，当期列支业务招待费为y，那么按照规定，当期允许税前扣除的业务招待费金额为60%y，同时要满足≤5‰x的条件，由此可以推算出，在$60\%y=5‰x$这个点上，可以同时满足企业既充分使用业务招待费的限额又最大限度地减少纳税调整事项的要求。对上述等式变形后可以得出$8.3‰x=y$，即在当期列支的业务招待费等于销售（营业）收入的8.3‰这个临界点上，企业就可以充分利用好上述政策。有了这个数据，企业在预算业务招待费时可以先估算当期的销售（营业）收入，然后按8.3‰的这个比例大致测算出合适的业务招待费预算值。

严格把握真实性与合理性。作为企业，想让自己的业务招待费被税务机关认可并顺利地在税前扣除，首先必须保证业务招待费支出的真实性，即要以充分、有效的资料和证据来证明这部分支出是真实的支出。而所谓的合理，就是说企业列支的业务招待费，必须与经营活动直接相关并且是正常的和必要的。另外，企业当期列支的业务招待费应与当期的业务成交量相吻合。企业在列支业务招待费的过程中，应在满足基本扣除原则的前提下，合理安排业务招待费的列支。

2.企业就重大税务风险及时同税务机关沟通。

企业因内部组织架构、经营模式或外部环境发生重大变化，以及受行业惯例和监管的约束而产生的重大税务风险，可以及时向税务机关报告，以寻求税务机关的辅导和帮助。

3.企业税务部门应参与企业战略规划和重大经营决策的制定，并跟踪和监控相关税务风险。

企业纳税风险的存在不仅仅表现在税收的核算和申报、发票的领购和使用、涉税事项的报批备案等税务管理的具体事项上，也表现在企业重大决策环节上。企业的重大投资、并购、重组、利润分配，以及会计准则与税法的各类差异点等事项中，往往都蕴含着巨大的涉税风险。因此，企业税务部门应参与企业战略规划和重大经营决策的制定。企业战略规划包括全局性组织结构规划、产品和市场战略规划、竞争和发展战略规划等。企业重大经营决策包括重大对外投资、重大并购或重组、经营模式的改变以及重要合同或协议的签订等。

4.企业税务部门应参与企业重要的经营活动，并跟踪和监控相关税务风险。

（1）参与关联交易价格的制定，并跟踪定价原则的执行情况。

（2）参与跨国经营业务的策略制定和执行，以保证符合税法规定。

5.企业税务部门应协同相关职能部门，管理日常经营活动中的税务风险。

（1）参与制定或审核企业日常经营业务中涉税事项的政策和规范。

（2）制定各项涉税会计事务的处理流程，明确各自的职责和权限，保证对税务事项的会计处理符合相关法律法规。

（3）完善纳税申报表的编制、复核和审批，以及税款缴纳的程序，明确相关的职责和权限，保证纳税申报和税款缴纳符合税法规定。

（4）按照税法规定，真实、完整、准确地准备和保存有关涉税业务资料，并按相关规定进行报备。

五、建立企业纳税风险信息与沟通机制

1.建立税务风险管理的信息与沟通制度。

企业应建立税务风险管理的信息与沟通制度，明确税务相关信息的收集、处理和传递程序，确保企业税务部门内部、企业税务部门与其他部门、企业税务部门与董事会、监事会等企业治理层以及管理层的沟通和反馈，发现问题应及时报告并采取应对措施。

【例6-4】全面"营改增"后，企业业务人员因出差发生的住宿费，如果取得增值税专用发票就可以抵扣进项税额。一般纳税人企业的财务人员，应将这一信息报告给单位相关部门的业务人员，这样，企业就可以有效规避因未取得增值税专用发票而多缴税款的纳税风险。

2.企业应与税务机关和其他相关单位保持有效的沟通，及时收集和反馈相关信息。

（1）建立和完善税法的收集和更新系统，及时汇编企业适用的税法资料并定期更新。

（2）建立和完善其他相关法律法规的收集和更新系统，确保企业财务会计系统的设置和更改与法律法规的要求同步，合理保证会计信息的输出能够反映法律法规的最新变化。

3.企业应根据业务特点和成本效益原则，将信息技术应用于税务风险管理的各项工作，建立涵盖风险管理基本流程和内部控制系统各环节的风险管理信息系统。

（1）利用计算机系统和网络技术，对具有重复性、规律性的涉税事项进行自动控制。

（2）将税务申报纳入计算机系统管理，利用有关报表软件提高税务申报的准确性。

（3）建立年度税务日历，自动提醒相关责任人完成涉税业务，并跟踪和监控工作完成情况。

（4）建立税务文档管理数据库，采用合理的流程和可靠的技术对涉税信息资料进行安全存储。

（5）利用信息管理系统，提高法律法规的收集、处理及传递的效率和效果，动态监控法律法规的执行。

思 考 题

1.企业纳税风险的内容是什么？

2.企业纳税风险的成因是什么？

3.企业纳税风险管理的主要目标是什么？

4.如何进行企业纳税风险的识别与评估？

5.企业纳税风险的应对措施有哪些？

案 例 分 析 题

某企业在进行2016年度企业所得税汇算清缴工作时发现，该企业2015年11月份从乙企业购入一批原材料，合同约定收到货款后开具发票，该企业收到原材料后，按当时不含税市场价格46 000元暂估入账，以该批原材料生产的产品在2016年已全部售出并结转了成本。截至2016年度企业所得税汇算清缴时，企业因疏忽仍未支付货款取得发票。该企业应如何操作才可以有效规避此项业务产生的纳税风险？

主要参考文献

［1］中国注册会计师协会．税法［M］．北京：经济科学出版社，2014.

［2］盖地．税务会计与纳税筹划［M］．10版．大连：东北财经大学出版社，2014.

［3］全国注册税务师职业资格考试教材编写组．税法［M］．北京：中国税务出版社，2014.

［4］安仲文，蒙丽珍．纳税会计实务［M］．大连：东北财经大学出版社，2013.

［5］梁文涛．纳税筹划［M］．北京：清华大学出版社，2012.

［6］赵军红．企业纳税管理［M］．上海：上海财经大学出版社，2007.

［7］伊虹，王建聪．税法实务 M］．上海：上海财经大学出版社，2016.

［8］伊虹．纳税筹划［M］．北京：清华大学出版社，2014.

［9］马海涛．中国税制［M］．北京：中国人民大学出版社，2014.

［10］谷义．国家税收［M］．北京：经济科学出版社，2012.

附录　相关税收法规

1. 全国人民代表大会. 中华人民共和国企业所得税法. 2007-03-16.

2. 全国人民代表大会. 中华人民共和国个人所得税法. 2011-06-30.

3. 全国人民代表大会. 中华人民共和国车船税法. 2011-02-25.

4. 全国人民代表大会. 中华人民共和国税收征收管理法. 2001-04-28.

5. 国务院. 中华人民共和国发票管理办法. 2010-12-20.

6. 国务院. 中华人民共和国增值税暂行条例. 2008-11-10.

7. 国务院. 中华人民共和国消费税暂行条例. 2008-11-10.

8. 国务院. 中华人民共和国车辆购置税暂行条例. 2000-10-22.

9. 国务院. 中华人民共和国耕地占用税暂行条例. 2007-12-01.

10. 国务院. 中华人民共和国房产税暂行条例. 1986-09-15.

11. 国务院. 中华人民共和国资源税暂行条例. 2011-09-30.

12. 国务院. 中华人民共和国印花税暂行条例. 1988-08-06.

13. 国务院. 中华人民共和国土地增值税暂行条例. 1993-12-13.

14. 国务院. 中华人民共和国城镇土地使用税暂行条例. 2006-12-31.

15. 国务院. 中华人民共和国契税暂行条例. 1997-07-07.

16. 国务院. 中华人民共和国企业所得税法实施条例. 2007-12-06.

17. 国务院. 中华人民共和国个人所得税法实施条例. 2011-07-19.

18. 国务院. 中华人民共和国车船税法实施条例. 2011-12-05.

19. 财政部 国家税务总局. 中华人民共和国增值税暂行条例实施细则. 2008-12-18.

20. 财政部 国家税务总局. 中华人民共和国消费税暂行条例实施细则. 2008-12-18.

21. 财政部 国家税务总局. 关于全面推开营业税改征增值税试点的通知. 财税〔2016〕36. 2016-03-23颁布，2016-05-01施行.